KB090520

제3판

Consumer and Lifestyle

소비자 그리고 라이프스타일

서여주 저

(주)백산출판사

현재 우리는 소비자가 단순히 물건을 구매하는 존재를 넘어 자신의 정체성을 표현하고, 사회적 지위를 형성하며, 삶의 질을 향상시키는 중요한 주체로 변모하는 것을 목격하고 있습니다. 기술 발전과 불황, 환경의 위협 앞에 소비자들이 자신에게 가장 중요한 것을 재평가하는 시기가 오고 있습니다. 소비자들은 그 어느 때보다 다양한 선택지를 접하게 되었으며, 이에 따라 소비문화와 라이프스타일도 급격히 변화하고 있습니다.

이 책은 이러한 변화의 중심에서 소비자와 라이프스타일을 다각도로 탐구하는 종합적인 안내서입니다. 먼저, 소비와 소비자에 대한 기본 개념을 다루며, 소비문화의 형성과 진화 과정을 살펴봅니다. 소비문화는 단순한 경제 활동을 넘어서서 사회적, 문화적 현상으로 자리 잡고 있으며, 이를 이해하는 것은 현대사회를 이해하는 중요한 열쇠가 됩니다.

소비문화 이론들은 소비자 행동을 설명하는 다양한 관점을 제공하며, 이를 통해 우리는 소비자들이 왜 특정 상품이나 서비스를 선택하는지, 그 이면에 숨겨진 동기와 가치를 탐구할 수 있습니다. 이 책에서는 소비문화 이론들의 최신 연구 동향을 소개하고, 이를 바탕으로 소비자 가치와 라이프스타일의 연관성을 분석합니다.

라이프스타일은 개인의 가치관, 태도, 관심사, 행동패턴을 반영하는 중요한 지표로, 이는 소비자 행동에 큰 영향을 미칩니다. 다양한 라이프스타일 유형을 이해하고, 이에 영향을 미치는 요인들을 분석함으로써 우리는 소비자들의 복잡하고 다변화된 욕구를 더욱 잘 이해할 수 있습니다.

특히, 최근 몇 년간 급격하게 변화하고 있는 소비트렌드는 주목할 만합니다. 밀레니얼 세대와 Z세대의 부상, 지속가능성과 친환경 소비의 확산, 디지털 전환과 온라인 쇼핑의 급성장 등은 새로운 소비패턴을 만들고 있습니다. 이 책에서는 이러한 최신 소비트렌드를 면밀히 분석하고, 향후 트렌드를 예측하는 방법론과 툴을 소개합니다.

또한, 이론적 논의에 그치지 않고 실제 사례를 통해 소비자 라이프스타일을 구체적으로 살펴봅니다. 다양한 소비자 세그먼트를 분석하고, 그들의 라이프스타일이 어떻게 소비패턴에 반영되는지 탐구합니다. 이를 통해 독자들은 실제 현장에서의 적용 가능성을 높일 수 있을 것입니다.

끝으로, 이 책은 변화하는 소비 환경 속에서 기업과 마케터들이 소비자와 더 효과적으로 소통하고, 성공적인 마케팅 전략을 구축할 수 있도록 지원하고자 합니다. 또한, 소비자 중심의 사고방식과 라이프스타일에 대한 깊이 있는 이해는 미래 시장에서의 경쟁력 유지에 필수적이며, 소비자 자신이 역량을 강화하는 데도 중요한 기초가 될 것입니다.

이 책이 독자 여러분께 소비자와 라이프스타일에 대한 풍부한 통찰을 제공하고, 급변하는 소비시장에서의 나침반 역할을 할 수 있기를 바랍니다.

새로운 모습으로 출판되도록 독려해 주신 백산출판사의 진욱상 대표님과 편집과 마케팅에 힘써준 분들께 이 자리를 빌려 깊은 감사를 드립니다.

2024년 7월

서여주

매년 새해가 되기 전에는 한 해를 이끌 트렌드 신조어가 공개되고 있다. 우리나라에서는 서울대 소비트렌드분석센터에서 2007년부터 매년 이듬해 소비트렌드를 주요 키워드로 분석·제시한 『코리아트렌드』 책이 인기인데, 2022년 호랑이의 해를 맞아 10대 트렌드의 앞글자를 따서 '타이거 오어 캣(TIGER OR CAT)'이라는 단어를 제시했다. △극도로 세분되고 파편화된 사회를 뜻하는 '나노사회', △투자와 투잡에 혈안이 된 '머니러시' △상품 과잉 시대에 희소한 상품을 얻을 수 있는 '득템력' △도시에 살면서도 소박한 촌스러움을 추구하는 '러스틱 라이프' △고통을 감수하는 대신 즐겁게 건강을 지키는 '헬시플레저' △X세대(1965~80년생)를 시장을 떠받치는 기둥으로 바라본 '엑스틴 이즈 백' △자기 관리에 철저한 신인류를 뜻하는 '바른생활 루틴이' △실제와 가상의 경계가 사라지는 '실재감테크' △소셜미디어(SNS) 발달에 따른 상시 쇼핑 시대를 알리는 '라이크커머스' △자기만의 서사가 필요하다는 '내러티브(서사) 자본'이다.

글로벌 시장조사 회사인 유로모니터 인터내셔널(Euromonitor International, 유로모니터)은 글로벌 소비자 트렌드 10가지(Top 10 Global Consumer Trends 2022)를 발표했다. △대안 소비 △친환경 가치 소비 △디지털 시니어 △금융 유목민 △인생 재설계 △메타버스의 비상 △활발한 중고거래 △시골형 도시인 △"우리는 '셀럽'" △변화하는 사회활동 등이다.

소비트렌드의 예측은 소비자의 라이프스타일을 반영한다. 라이프스타일은 소비자들이 원하고 꿈꾸는 삶의 모습이고, 소비자 개인 가치관으로 형성된 행동패턴이다. 소비자는 늘 변해 왔고 시장 역시 변해 왔다. 이러한 변화에 시장을 선도하고자 하는 입장에서는 가장 필수적인 것이 미래를 예측하는 것이고, 미래를 알기 위해서는 과거와 현재, 현재와 미래 그 변화를 읽어야 한다.

본 책은 소비자에 대한 명확한 이해와 라이프스타일 개념 및 트렌드 분석방법 그리고 소비자 라이프스타일 실재를 다루었다.

본 책은 총 4부 12장으로 구성하였다.

제1부는 소비, 소비자, 소비문화에 관한 내용으로 소비와 소비자, 소비와 소비문화, 소비문화 이론을 다루었다.

제2부는 소비 가치와 라이프스타일에 관한 내용으로 소비 가치, 소비자의 정체성과 라이프스타일, 라이프스타일의 영향요인에 관하여 다루었다.

제3부는 소비트렌드와 분석방법에 관한 내용으로 소비트렌드, 소비자트렌드 분석방법에 대하여 설명하였다.

제4부는 소비자 라이프스타일 실재에 관한 내용으로 세대, 환경-ESG(Environment, Social, Governance), 건강과 여가, 은퇴에 대하여 설명하였다.

본 책의 소비자 그리고 라이프스타일에 관한 사례를 통해 독자들이 흥미와 관심을 갖게 되기를 바라면서 지속적인 사랑과 제언을 기대한다.

끝으로 이 책이 나오기까지 여러분들이 도움을 주셨는데 무리한 일정에도 기꺼이 출판을 허락해 주신 백산출판사 진욱상 대표님과 책을 만드느라 애써주신 편집부 및 마케팅부 여러분께도 진심을 담아 감사의 말씀을 드린다.

2022년 7월
희망차고, 건강하고, 행복하게
서여주

PART Ⅰ 소비, 소비자, 소비문화

PART Ⅱ 소비 가치와 라이프스타일

PART III 소비트렌드와 분석방법

PART Ⅳ 소비자 라이프스타일 실제

소비자 그리고 라이프스타일

소비,
소비자,
소비문화

소비와 소비자

Chapter

1. 소비의 개념

모든 인간은 출생부터 삶을 마감하는 순간까지 소비를 한다. 즉 소비는 삶의 연속적인 과정이며, 이 가운데서 어떻게 소비하는가에 따라 다양한 소비의 유형 및 소비자의 유형이 달라질 수 있다.

그렇다면 과연 소비란 무엇인가?

우선 소비라는 용어에 주목해 보자. 이 소비라는 용어는 소비한다(consume)이지만 con은 altogether, 즉 모든 것을 의미하며, sume(re)는 take up 즉 취하고 없앤다는 것을 의미한다. 여기에는 완전히 사용하여 파괴하는 의미도 포함되어 있다. 따라서 본래 소비라는 것은 물건을 구입하여 최종적으로 써서 없애는 일련의 과정 모두를 포함한다.

소비(consumption)는 생활을 위해 재화와 용역을 구입하고 이용하는 것으로 정의되고 있다. 즉 소비는 생활의 영위를 위하여 상품이나 서비스를 구입하고 사용하는 모든 과정을 의미한다고 할 수 있다. 일반적으로 소비는 재화와 용역의 이용으로 이해되고 있으나 소비의 개념은 단순히 재화와 용역의 이용만이 아니라 재화와 용역의 이용결과까지 관심을 갖는 생활의 연속적인 과정으로 이해하여야 할 것이다. 그러한 관점에서 소비는 계획, 구매, 사용, 처분까지 모두 포함된다고 말할 수 있을 것이다.

소비의 궁극적인 목적은 선택과 소유, 이용, 처리를 통하여 효율성을 극대화하며, 삶의 질 향상과 동시에 만족감을 추구하는 것이다. 이는 궁극적으로 쾌락자가 될 위험성을 어느 정도 내포하고 있다는 것이다. 특히 우리 사회에서는 초기 산업화시기에 국가 경쟁력 향상을 우선순위에 두어 기업 위주 정책을 펼친 결과 소비자보다는 생산자가 우선시되는 사회구조적인 모순으로 인하여 많은 소비자 피해가 만연되었던 것이 사실이다. 특히 소비자 집단은 이질적이고 개인적인 집단이므로 기업에 대항할 조직력이 부족하였으나, 최근에는 소비자중심의 시장 권력이 재편되면서 생산자보다 더 강력한 소비자, 기업의 마케팅 활동을 무력화시키는 소비자, 좀 더 새롭고 창조적인 뭔가를 요구하는 소비자 등 진화를 거친 새로운 소비자들이 몰려오고 있다.

또한 소비자는 소비담당자로서의 소비자, 생산자로서의 소비자, 구매행동자로서의 소비자, 거래주체로서의 소비자, 가격결정자로서의 소비자, 자본주의 경제 통제자로서의 소비자, 수요 및 산업과 소비자, 기업 및 정부정책의 영향자로서의 소비자, 생산자원의 배분자로서의 소비자로도 인식되고 있다.

소비라는 용어의 사용 관점에서 보면, 18세기 중엽 무렵부터 경제 용어 속에서 한 부분의 용어로 사용되어 왔고, 산업사회의 발전 속에서 생산과 소비의 기능이 확실히 분리되면서 소비는 생산의 반대어로 사용되었다. 즉 소비는 파괴하다(destroy), 다 써버리다(use up), 낭비하다(waste), 고갈시키다(exhaust) 등의 부정적인 의미를 가졌다. 또한 고전 경제학자나 마르크스에게 있어서도 모든 소비는 생산자를 재생산하는 비용으로 생산의 함수로 간주되었고 소비는 생산의 결과나 파생물로서, 생산에 비해 부정적이면서 부차적인 것으로 인식되었다. 다시 말해 무(無)에서 유(有)로, 새로운 가치를 창조하는 것이 생산이라면 유에서 무로 가치를 소모하는 것이 소비라는 것이다. 여기에는 단순히 재화와 용역을 구입하는 고객 혹은 단순한 이용자만은 아니라는 것이다.

소비는 즉 구입 혹은 교환이라는 의미를 포함하는 경우가 많으며, 또한 실제로는 모든 소비사회 전체 속에서 소비의 과정, 그 과정의 내용이 현대에서는 더욱 중요한 관점이 되고 있다. 따라서 소비자는 인류 공동의 부의 견지에서 개인인 나만의 이익이 아닌 공동체의 이익을 위한 사회 통합적 차원에서 소비의 수준 및 소비의 표준을 재정립하고자 하는 확고한 공동의 소비문화 정립이 필요하다.

2. 생계방식과 소비

인간의 궁극적인 목적은 삶의 질 향상과 생계 문제의 해결일 것이다. 역사적으로 볼 때 주어진 환경을 통해 여러 단계를 거쳐 왔다.

1) 생계방식의 변화와 소비

(1) 수렵채집사회

인간은 수렵채집사회에서 자연환경을 그대로 이용했다고 볼 수 있다. 즉, 경작이나 가축 사용 등으로 인한 생산이 아니라 자연 그대로의 생산물을 이용하였다. 따라서 이러한 사회에 적응하기 위해서는 특유의 기술 또한 존재하였으며, 화살, 도끼, 돌도끼 등을 통한 다양한 기술로 대처하였다.

이때에는 오히려 채집이 주식이 되는 경우가 많았고, 수렵은 권위적인 행동으로 여겨지는 경향이 있었다고 한다. 왜냐하면 저장이 힘들고, 항상 사냥할 수 있는 것은 아니었기 때문이다. 그러므로 주로 여자들이 행하는 채집이 식량으로 되어 여성들의 채집에 많이 의존하는 경향이 농후하였다. 그리고 자연 생산물의 사용을 위하여 이리저리 옮겨 다니는 유랑적인 경향이 많았으며, 사냥과 채집의 대상을 찾아서 친족으로 형성된 캠프를 형성하고 사냥물의 크기, 종류에 따라 구성원이 매우 유동적으로 되었다.

따라서 사회조직이 생계유지에 따라 매우 유동적이므로 핵가족이 많은 것을 볼 수 있으며, 비교적 남녀가 평등한 사회였다고 볼 수 있다. 그리고 특정한 지역에서의 정착보다는 이동이 많고, 생산과 소비에 대한 개념조차 생성되지 않은 것으로 보인다.

(2) 유목사회

유목사회는 인간이 가축으로 생계를 유지하는 사회로, 이 단계부터 생산으로 돌입했다고 볼 수 있다. 그러나 산악지대, 건조기후 등으로 농업을 하기 어려운 여건이거나 농업을 할 인력의 부족 등으로 인하여 유목 자체만으로는 주식이 부족하였다. 따라서 농업을 하는 곳과 유대관계를 유지하지 않으면 안 되어 농업 경작을 겸하는 방법을 택하게 되었다고 볼 수 있다.

유목사회는 부분적인 정착과 부분적인 이동이 많았던 사회이므로 본격적인 생산과 소비에 대한 개념은 이 시기에도 생성되지 않은 것으로 보인다.

(3) 초기 농경사회

초기 농경사회는 단순하고 비논리적인 기술로 농경을 시작하는 사회로, 호미가 주된 농기구라고 볼 수 있다. 따라서 이 시기에는 토지에 비하여 수확량과 잉여 생산이 적으며, 인구의 밀도 또한 낮았다고 볼 수 있다. 예컨대, 밀림에 숲을 치거나 불을 질러서 준비하는 경작지 마련은 남자의 역할이며, 농토에 경작을 하는 것은 여자의 역할이므로 남녀 간의 노동 분배가 어느 정도는 이루어지고, 부계 모계 모두 있지만 어느 사회보다 모계가 가장 많다고 볼 수 있다.

특히 초기 농경사회에서는 소비자의 생활에서 토지의 중요성이 대두되었으며, 부분적인 정착이 이루어진 것으로 보이고, 부분적인 생산과 소비에 대한 개념이 시작된 것으로 보인다.

(4) 집약 농업사회

집약 농업사회는 가레를 사용하고, 끄는 짐승이 생겨났으며, 물과 토양의 통제를 위하여 관개시설 및 비료를 쓰게 되었다. 휴경지를 없애 보다 많은 생산을 하였으며, 수확량도 많아서 인구밀도가 높아지게 되었고, 지역에 따라서는 이모작, 삼모작도 가능하게 되었다. 초기 농경사회보다 수십 배 이상의 가족부양이 가능하게 되었으며, 또한 노동력을 많이 요구하게 되어 가족의 수가 증가하고 함께 거주하는 세대로 확대되어 대가족의 유형을 띠게 되었다.

특히 보다 많은 생산을 위하여 자본 투자가 증가하게 되었다. 도시가 발달하여 직업이 전문화되었으며, 빈부의 격차로 사회계층이 발생하게 되었다. 또한 정치가 발생하여 국가라는 정치조직이 영토를 중심으로 형성되었다.

이 시기에는 부계사회가 많아졌으며, 방대한 친족조직이 발달된 농경사회에서 대우를 받게 되었고, 땅의 사유화가 발생하였다. 또한 인간 사회에서 중요한 자원인 토지와 노동력이 힘의 중심으로 작용하였던 것으로 보이며, 본격적인 생산과 소비가 생성된 것으로 보인다.

(5) 초기 산업사회

초기 산업사회는 기계화, 상품화, 대량생산의 초기를 의미한다. 예컨대, 과거에 애덤 스미스(Adam Smith)는 "소비는 모든 생산의 유일한 목표이며 목적이다. 그리고 생산자의 이익은 소비자의 이익을 증진시키는 한에서만 고려되어야 한다. 그러나 소비자의 이익이 생산자의 이익 때문에 거의 변함없이 희생되며, 또한 이는 소비자가 중요한 체계가 아니라 생산을 모든 산업과 상업의 궁극적 목표와 목적으로 간주하는 것처럼 보인다."고 하였다. 이는 생산의 증가를 위한 자극제로 소비의 중요성을 의미하는 것으로, 대량생산 이전의 인식이라고 할 수 있다. 즉, 소비자의 요구 및 욕구, 그리고 선호가 생산을 좌우하는 시대로 소비 및 소비자가 위대한 시대였다. 또한 주어진 상품이나 정보의 한계로 소비자의 욕구가 그다지 많지 않던 시대였다.

산업사회인 현대사회는 모든 면에서 급속한 변화가 있었지만, 특히 경제적 측면, 직업적인 측면에서 많은 변화가 있었고, 특히 성(性) 역할의 분업화가 굳어졌으며, 가정의 기능보다 사회의 기능이 중요하게 자리 잡혀 갔으며, 생산을 위해 소비의 중요성을 강조하였다.

이 시기에 중요한 점은 본격적인 생산과 소비가 대두되면서 생산을 위해 소비가 더 강조된 사회라는 점이다.

(6) 후기 산업사회

최근에는 더욱 소비 중심적인 경제사회로 급변하고 있는데 이러한 변화를 야기하는 요인은 여러 가지이지만 개략적으로 살펴보면 다음과 같다.

① 도시화 현상과 산업구조의 변화를 들 수 있다. 경제발전은 도시를 중심으로 집중되어 많은 인구의 이동과 유입을 야기하였으며 도시의 발전뿐만 아니라 그에 따른 많은 문제들 또한 야기하고 있다.

② 소비자 선택의 증가를 들 수 있다. 생산기술의 고도화로 인하여 다양한 신상품이 개발되고 대량생산을 이루며 다양화된 상품과 서비스를 받을 수 있어 현대의 소비자는 선택의 폭이 넓어졌을 뿐만 아니라 이를 둘러싼 비용과 이득 면에서도 최대의 효과와 만족을 얻기 위하여 현명한 판단을 해야만 한다.

③ 국제화 및 세계화를 들 수 있다. 국내의 생산품은 주로 국내에서만 소비되던 것이 교역의 국제화가 이루어져 국가 중심의 교역보다는 사회 중심의 교역이 더 강조되고 있다.

④ 사회설비의 변화를 들 수 있다. 기계문명의 발달로 인하여 시간과 에너지 절약이 가능하게 되었으며 사회설비가 확충되었다.

⑤ 시장노동에서의 변화를 들 수 있다. 기술의 발전과 변화는 생활양식 및 가치관의 변화로 인하여 가사노동과 시간노동의 가치 변화를 수반하고 있다.

⑥ 다양한 매체의 변화를 들 수 있다. IT기술의 발전으로 인하여 다양한 매체가 발달하여 가상공간화 시대에 돌입하였다.

⑦ 가치관의 변화를 들 수 있다. 소비 중심적인 경제시대의 돌입에 있어 가장 두드러지는 요인은 아마도 많은 사람들의 가치관의 변화일 것이다.

이러한 소비 중심적인 경제적 변화는 개인, 가계, 사회에 많은 영향을 미쳐 개인 및 가정을 생산 중심에서 소비 중심적인 곳으로 변화시켰다. 과거 농경사회에서는 가정 내에서 생산 및 소비가 함께 이루어지는 자급자족의 형태였으나,

오늘날 가정은 가정 밖에서 노동의 대가로 들여온 화폐라는 금전소득을 통해 소원의 욕구를 충족시켜야만 한다. 따라서 개인 및 가정은 소득의 증대뿐만 아니라 한정된 소득으로 합리적인 소비 생활을 지향해야 하며 그러기 위해서는 더욱 현명한 소비가 필요하다.

〈표 1-1〉 생계방식에 따른 소비양식의 변화

구분	수렵채집, 유목사회	농경사회	산업사회	탈산업사회
생산소비방식	생산재=소비재	소비자〉생산재	소비재〉생산재	소비재1 : 생산재1
생산물의 형태	생산과 소비의 개념이 없음	정기성 상인의 등장 장터의 의미 강함	대량생산 대량소비	소품종 생산 소품종 소비
소비욕구의 형태	욕구의 개념 없음, 욕구보다는 필요	주변적인 시장 사회	고차원적이고 다양한 욕구	욕구의 개성화, 고도화
소비형태	생존을 위한 소비	의식주 생활을 위한 최소한의 재화 소비	필수재 소비중심에서 선택재 소비로 증가	감각적, 지성적 소비에서 선택재의 필수재로 변화

(7) 4차 산업혁명에서 '생산과 소비의 혁명'

① 생산과 소비의 혁명의 의미

'생산과 소비의 혁명'이 미래 사회에 미칠 영향력은 2015년 미래준비위원회가 발표한 〈10년 후 대한민국, 미래이슈 보고서〉의 '제조혁명' 이슈로부터 살펴볼 수 있다. 〈10년 후 대한민국, 미래이슈 보고서〉에서는 전문가 설문조사, 학술 자료, 포털 사이트 뉴스 키워드 등의 입체적 분석을 통해 미래이슈가 다른 미래 이슈들이나 핵심기술들과 어떻게 영향을 주고받을 것인지 분석한 바 있다.

미래이슈와 핵심기술 간 연관관계를 분석한 결과, '제조혁명' 이슈는 [그림 1-1]에서 볼 수 있듯이 미래이슈들 중 핵심기술들과 가장 높은 관련성을 갖는 것으로 나타났다. '제조혁명' 이슈는 핵심기술들 중 3D 프린터와 연관관계가 가장 높았으며, 이외에 인공지능, 사물인터넷, 가상현실 등과도 연관을 보였다.

이러한 핵심기술들에 의해 이루어지는 '제조혁명'은 생산과 소비 전반을 변화시킬 수 있다. 지능정보기술로 세상의 연결성이 높아지고 사물이 지능화되면서,

제조를 비롯한 생산 활동이 소비와 밀접하게 결합할 것이기 때문이다. 예를 들어, 미쉐린 등의 타이어 기업은 센서를 부착한 타이어를 물류회사에 판매하고, 타이어 비용과 유류비용을 최적화하는 서비스를 제공할 수 있다. 이용과정에서 생성되는 센서 데이터는 소비자 의견과 함께 분석되어 다시 제품의 생산과 결합된다. 이렇듯 '제조혁명'은 향후 제품과 서비스를 생산하고 소비하는 방식을 바꿔놓을 것이다. 이러한 관점에서 '제조혁명' 이슈는 자연스럽게 '생산과 소비의 혁명' 이슈로 확장될 수 있다.

출처 : 미래준비위원회, 〈10년 후 대한민국, 미래이슈 보고서〉, 지식공감, 2015, p.64

[그림 1-1] '제조혁명' 이슈와 핵심기술과의 연관관계

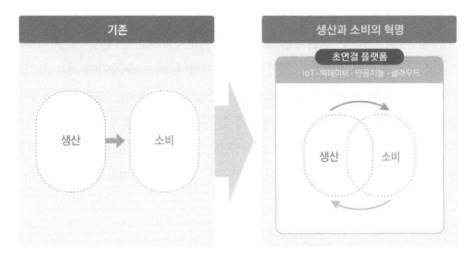

기존

생산과 소비의 혁명

초연결 플랫폼

IoT · 빅데이터 · 인공지능 · 클라우드

생산 → 소비

생산   소비

[그림 1-2] '생산과 소비의 혁명' 의미

'생산과 소비의 혁명'이란 이러한 초연결 플랫폼이 기술·경제·사회 전반에 확산되면서 생산과 소비의 전 과정이 지능화되고, 또한 서로 긴밀하게 상호작용하게 되는 혁명적 변화를 가리킨다([그림 1-2] 참조).

제품과 서비스를 생산하고 소비하는 경제 활동은, 생산자가 가치를 만들어 소비자에게 전달하는 가치사슬(value chain)의 관점에서 살펴볼 필요가 있다. 가치사슬이란 고객에게 가치를 주는 기업 활동, 기업 활동을 가능하게 하는 생산과정, 기업 활동을 통하여 소비자의 욕구가 충족되는 과정 전체를 의미한다. 가치사슬에서 기업의 활동이 가치를 가질 수 있도록, 기업은 소비자가 원하는 가치를 반영한 제품과 서비스를 신속하게 제공하려고 노력한다. 따라서 기업은 상호 협력하는 공급자와 정보를 공유하고 지속적으로 소비자의 정보를 파악한다. 그런데 앞서 언급한 사물인터넷, 빅데이터, 인공지능이 형성하는 초연결 플랫폼을 통해 소비와 생산을 직접 연결하고, 생산과 소비의 프로세스들 간에도 거의 실시간으로 정보를 공유할 수 있게 되었다. 즉, 판매 현장에서 나타나는 소비자의 요구가 실시간으로 기획이나 디자인, 제조 단계에 반영될 수 있게 된 것이다. 다시 말해, 소비와 생산이 결합되는 것이다.

② 생산과 소비의 프로세스의 변화

[그림 1-3]을 보자. 기존에는 생산 공정이 순차적으로 관리되므로 소비자의 요구가 생산에 반영되려면 상당한 시간이 필요했다. 즉, 소비자가 원하는 가치를 만족시키는 것에 제한이 있을 수밖에 없었다([그림 1-3] 왼쪽). 그러나 초연결 플랫폼에 의하여 소비자의 요구가 생산에 실시간으로 반영될 수 있게 됨에 따라 소비자 만족과 생산성이 획기적으로 향상될 것이다([그림 1-3] 오른쪽). 이러한 현상은 초연결이라는 변화가 만들어낸 생산과 소비의 혁명이라고 할 수 있다.

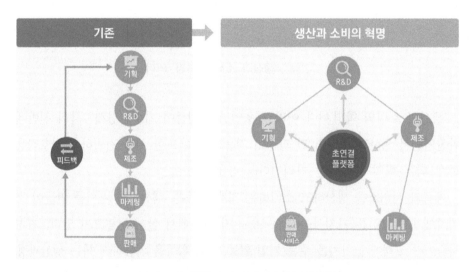

[그림 1-3] **생산과 소비 프로세스의 변화**

이러한 변화는 가치사슬 자체의 성격에도 변화를 가져온다. 2000년대에는 ICT의 발전과 지식경제의 확산으로, 가치사슬상 부가가치에서 제조 부분의 비중이 상대적으로 낮아지며 스마일 커브의 모양을 띠게 되었다([그림 1-4] 참조). 이에 따라 다국적 기업들이 제조 시설을 인건비가 저렴한 아시아 국가 등으로 이전하고 모기업은 R&D와 서비스에 집중하게 되었다. 가치사슬의 국제적 분담이 이루어진 것이다. 우리나라의 대기업들도 제조시설을 중국, 동남아시아로 이전하고, 국내에서는 핵심R&D, 판매, 서비스를 수행했다.

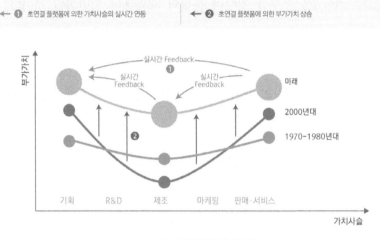

[그림 1-4] **가치사슬의 변화**

그러나 4차 산업혁명으로 가치사슬과 부가가치에 변화가 일어나며 스마일 커브의 형태가 바뀌고 있다. 가치사슬 프로세스 내에 지능정보기술이 적용되고 정보가 공유됨에 따라(화살표 ①), 가치사슬 전체의 부가가치가 상승하면서 제조 부분의 비중이 다시 높아지게 된다(화살표 ②). 이에 따라, 선진국들은 한동안 홀대하던 제조 부분을 재조명하게 되었다. 최근 선진국의 기업들이 제조시설을 본국으로 되돌리는 리쇼어링(reshoring) 현상도 이러한 맥락에서 이해할 수 있다.

이러한 '생산과 소비의 혁명'에 대해 다음과 같이 예측하고 있다(미래창조과학부 미래준비위원회 외, 2017). 첫째, 새로운 산업혁명은 2040년경까지 계속될 것이고, 그 속성들이 상호작용하면서 21세기 말까지 광범위하게 영향을 미칠 것이다. 둘째, 맞춤형 생산의 기회가 더욱 많아질 것이며, 기업들은 대량 맞춤화(mass customization)나 대량 개인화(mass personalization)를 통해 고객들에게 더욱 넓은 선택의 폭을 제공할 것이다. 셋째, 제품·서비스의 생산이 글로벌 가치사슬에 걸쳐 확산되고, 고비용 국가, 저비용 국가마다 역할을 맡으며 사업 기회를 찾아갈 것이다. 넷째, 특정 그룹 고객을 대상으로 하는 틈새시장(niche market)이 세계적으로 성장할 가능성이 커지면서, 기업들은 특정 영역에서 전문화할 기회를 더 많이 얻게 될 것이다. 다섯째, 생산자는 더욱 높아진 환경 의식으로 인해 지속가능성(sustainability)을 추구할 것이며 물질의 재활용이 일반화될 것이다.

2) 생계방식에 따른 시장, 교환, 소비자, 소비 구조의 변화

생계방식에 따른 시장의 변화, 교환의 변화, 소비자의 유형과 소비목적, 소비
구조의 변화는 다음과 같다.

〈표 1-2〉 **생계방식에 따른 시장, 교환, 소비자, 소비구조의 변화**

구분		수렵채집, 유목사회	농경사회	산업사회
시장	형태	종족과 종족 간 교환	개인 간 교환, 교역 생산자＝구매자	교환보다 개인 간 거래의 의미 중시 생산자, 판매자, 구매자의 확연한 구분
	성격	비정기성 종족 간 협의에 의한 형성 과 소멸	정기성 상인의 등장 장터의 의미가 강함	시장의 의미나 범위 확대 자본주의 체제＝시장경제 체제
	시장의 구조	시장이 없는 사회	주변적인 시장사회	시장 지배사회
교환	교환형태	호혜적 교환	재분배교환 물물교환	시장교환(화폐교환)
	사회적 배경	공동사회를 구성하고 소 규모 부족 경제 수준에서 발생	정치, 경제의 중앙집권사 회로서 경제적＋사회적 행위	사회적 관계가 경제체제 속에 묻힘(이익, 효용창출 중심)
	교환	집단적 교환	불평등적, 개인적 교환	평등적, 개인적 교환
소비자	소비자유형	사용자	교환, 구매자	폐기처분자, 상호작용자
	소비자 행위 목적	생존영위 행위	1차적, 기본적인 필요충 족 행위	사회경제, 문화적 행위
	소비의 의미	없음	소유, 축적	사용, 처분
	소비형태	단순, 일률적	다양화	개성화
	구매공간	시장	상점	전 세계 네트워크
	소비주도층	양반, 귀족	중산층	다양화
	소비정보	시장을 통해서 습득	제한된 정보 기업주도의 소비정보	다양한 정보습득 소비자주도의 정보
	상품가치	거래의 공평성 가격	내재적 속성(성능, 품질 등) 중시	외재적 속성(디자인, 서비 스 등) 중시

출처 : 이승신 · 김시월(2004)

3) 소비의 중요성

소비가 왜 중요한가. 소비의 중요성은 무엇인가. 이를 논하기 전에 인간은 왜 소비하는지를 먼저 생각해 보자.

인간이 소비하는 이유를 간단히 말하면 다음과 같다. 첫째는 '물리적 복지 향상'이고, 둘째는 '정신적인 복지 추구'를 위해서이고, 셋째는 '인간과 인간과의 관계에서 비롯되는 욕구 추구'라고 말할 수 있다. 즉 욕구의 추구가 인간의 소비 이유이다. 또한 개인적인 욕구, 심리적인 관습, 사회적인 관습 등이 소비습관의 주관적인 요인이라고 할 수 있다. 또한 물가수준의 변동, 자산가치의 변화, 이자율의 변화, 재정정책의 변화, 기대의 변화 등을 객관적인 요인으로 첨가할 수 있는데 이들은 중요한 역할을 한다. 이에 케인스는 소비에 영향을 미치는 요인 중에서 화폐소득액이 주된 요인이라고 하였다.

현대의 소비사회에서는 이들의 이유가 모두 복합적으로 나타난다. 예를 들면, 자동차를 구입한다는 것은 그 자체가 물질적 욕구 때문이고, 또 그 자동차로 드라이브를 한다면 이는 정신적인 욕구를 만족시킬 수 있게 된다. 따라서 사회에 따라 자동차는 그 사회에서의 위치와 지위를 나타내기도 한다. 이 속에서 물질적인 욕구는 비교적 수량화되어 구체적인 관찰의 대상이 되며 실증연구로도 쉽게 사용되고 있다.

소비가 왜 중요한가. 소비의 중요성은 무엇인가.

이는 소비자의 관점에서 보면, 생계 및 욕구 충족과 관련된 삶의 일부분으로 중요하고, 경영자의 관점에서는 생산을 위한 중요한 매체이므로 중요할 것이다. 각자의 관점에 따라 추구하는 목적은 다르지만 궁극적으로 서로의 욕구충족이라는 의미에서는 관련성이 많다.

욕구충족은 단순한 의미에서 출발하지만, 더욱더 나은, 더욱더 높은, 더욱더 먼 곳으로의 방향 이동성으로 인하여 소비가 중요하기보다는 소비의 방향, 즉 바람직한 소비문화로의 이동이 중요하다. 특히 현대 소비자의 삶에서 다양한 변화를 가져올 수 있는 환경요소의 빠른 변화는 소비자의 심리적 변화에 지대한 영향을 미친다.

3. 최신 소비환경의 변화

미래학자 토머스 프리드먼은 뉴욕타임스에 기고한 "Our New Historical Divide: B.C. and A.C."를 통해 인류사는 이제 B.C.(Before COVID-19)와 A.C.(After COVID-19) 즉, 코로나 이전과 이후로 나뉠 거라 말했다. 역사학자 유발 하라리 또한 현재 일어나는 변화들, 비상 대책들이 우리 삶에 고착화되어 근본적이고 장기적인 변화를 가져올 것이라 말했다. 중앙방역대책본부의 정례 브리핑에서도 "코로나19 발생 이전 세상은 다시 오지 않는다. 이제는 완전히 다른 세상으로, 생활 속에서 감염병 위험을 차단하고 예방하는 방역활동이 우리의 일상이다"라는 발언이 화제가 됐다.

코로나19는 계절과 시간의 변화에 따라 규칙적으로 일어나던 일들을 완전히 바꾸어 놓았다. 어떤 업종에는 돌이킬 수 없는 위기가 올 수 있고, 또 다른 업종에는 새로운 기회가 될 수도 있다. 다시 말해, 코로나의 끝이 아닌 새로운 시작을 알리는 '위드 코로나' 시대가 열렸다. 코로나19로 탄생한 'C세대'가 앞으로 살아갈 위드 코로나의 세상은 집 혹은 개인 공간(가상공간)을 통해 생활하고 경제활동을 하며 일상 생활의 변화를 맞이할 것이다. 뉴노멀을 외치는 현 시점에서, 딜로이트, 유로모니터, 신한카드, KOTRA, Retail Talk 등을 통합하여가 소비자 라이프스타일에 맞춰 앞으로 겪게 될 다양한 트렌드 변화와 대응 방안 등을 살펴봤다.

1) 극단적 소비패턴

극단적 소비패턴은 소비자들이 저렴한 제품을 추구하는 '가격 추구' 성향과 상품의 질에 대한 높은 요구를 반영하는 '상품 추구' 성향이 동시에 나타나는 경향을 의미한다. 이는 소비자들이 한정된 자원 내에서 최대한의 가치를 추구하는 경향을 반영하며, 특히 경제 불황 시기에 두드러지게 나타나고 있다.

무엇보다 한국은행이 발표한 2023년 4분기 가계신용 잔액(가계대출 + 판매신용)은 1,886조 4,000억 원으로 집계됐다. 가계신용은 가계대출과 신용카드 등 판매신용을 합친 것으로 2002년 통계 작성이 시작된 이래 역대 최대치를 경신했다.

그동안 저금리, 코로나19, 자산가치 상승 등으로 가계 부채가 폭발적으로 늘어난 상황에서, 고금리 기조가 지속

출처 : 한국은행

되고 있어 소비에 부담으로 작용할 전망이다.

따라서 한동안은 극단의 가성비 또는 극단의 가심비를 추구하는 소비패턴이 더욱 강해질 것으로 보인다. 소비자들이 쓸 수 있는 돈은 한정돼 있고 또 이미 수년 전부터 소비자들은 합리적 소비패턴을 학습해 왔기에 저렴하면서도 좋은 상품을 추구하는 '가격 추구' 성향과 꼭 소유하고 싶은 제품은 아무리 비싸도 구매하는 '상품 추구' 성향이 동시에 나타날 것으로 보인다. '짠테크'나 '무지출 챌린지', '요노(YONO : You Only Need One)' 등과 같은 극도의 절약패턴을 보이면서도 한편으로는 '플렉스'와 '욜로(YOLO: You Only Live Once)'를 외치는 것으로 설명할 수 있다.

이러한 극단적 소비패턴은 소매업체들에게는 새로운 마케팅 전략이 필요하게 만들며, 저렴한 가격과 높은 품질을 동시에 제공하는 브랜드들에게는 새로운 경쟁력을 부여한다. 따라서 유통업계는 이러한 소비행동의 변화를 지속적으로 모니터링하고, 이에 맞춘 전략을 세우는 것이 중요하다.

추가적으로 딜로이트 보고서(2024)에서도 경제 상황과 개인 재정에 대해 조심스럽게 낙관하지만, 미래에 대한 불안감은 여전하다고 지적한다. 자세한 내용을 살펴보면, 자국 경제 상황에 대해 낙관한다는 응답이 약 1/3(Z세대 32%/밀레니얼

세대 31%)에 달했다. 이는 지난해에 비해 개선되었고 팬데믹 이전인 2020년 이후 최고 수준을 기록한 것이다. 이러한 낙관론은 개인 재정으로까지 확산돼, Z세대 48%와 밀레니얼 세대 40%가 개인 재정이 나아질 것이라 기대했다. 그럼에도 재정 불확실성은 중대한 우려로 남았다. Z세대 30%와 밀레니얼 세대 32%는 재정적으로 불안하다고 답했고, MZ세대 절반 이상은 매달 근근이 살아가고 있다고 답했다. 또한 다수 국가에서 주요 선거가 치러지는 만큼, 사회·정치적 불확실성에 대한 우려도 나타났다. 응답자들은 대부분 MZ세대가 자국에서 전반적인 사회·정치적 방향을 결정할 수 있을 만큼의 영향력을 가지고 있지 않다고 답했으나, 기후변화와 정신건강, 교육 등 사회적 문제와 관련해 변화를 주도할 힘과 자율성이 확대됐다고 답한 응답자가 늘었다.

2) 소비와 공급의 파편화

과거와 비교되지 않을 정도로 콘텐츠 채널이나 출처가 다양해지면서 소비자들이 접하는 정보도 거의 무한해졌다. 소비의 파편화는 콘텐츠와 정보의 다양성이 증가하면서 소비자의 취향이 세분화되는 상황을 의미한다. 과거와 달리 소비자들은 더 이상 일괄적인 제품이나 서비스에 만족하지 않고, 자신의 개별적인 취향과 필요에 맞춘 맞춤형 상품을 원하게 되었다.

예를 들어, 온라인 쇼핑몰에서는 소비자들에게 개인 맞춤형 추천 서비스를 제공하여 소비자의 구매 경로를 개인화하고 있다. 이는 소비자들이 더욱 개인적이고 직접적인 구매 경험을 할 수 있도록 돕는 것이다. 또한, 소셜미디어 플랫폼에서는 다양한 소비자 취향에 맞춘 광고 캠페인이 활발하게 진행되고 있으며, 이는 소비자들이 다양한 제품과 브랜드를 발견하고 구매할 수 있는 기회를 제공한다.

또한, 제품과 서비스의 다양화는 소비자들이 더욱 많은 선택지를 갖게 만들었다. 예를 들어, 화장품 업계에서는 다양한 피부 타입에 맞춘 맞춤형 제품 라인이 등장하고 있으며, 이는 소비자들이 자신에게 가장 적합한 제품을 선택할 수 있도록 돕는다.

공급 측면도 마찬가지다. 누구나 브랜드를 론칭하고 판매할 수 있게 되면서 '공급의 파편화'가 진행되고 있다. 브랜드가 늘어나면 히트상품 주기는 짧아질 수밖에 없다.

이런 환경에서 유통업계는 빠르게 변하는 유행에 대응하고, 지속해서 집객을 유도하는 전략이 필요하다. 백화점 업계의 팝업스토어 시도가 대표적인 예라고 할 수 있다.

이러한 수요와 공급의 파편화로 제품 노출이 실제 구매로 이어질 확률이 점점 낮아지고 있다.

유통업체에는 새로운 마케팅 전략과 구매 경로를 모색하게 만들며, 소비자에게는 더욱 다양하고 맞춤형의 구매 경험을 제공하는 기회를 제공한다. 따라서 유통업계는 소비의 이러한 세분화된 패턴을 이해하고 이에 맞춘 전략을 개발하는 것이 중요하다.

3) 이커머스 경쟁구도 변화

이커머스 시장에서는 최근 서비스 부문의 성장이 두드러지고 있다. 이는 전통적인 상품 판매 모델과는 다른 새로운 경쟁 환경을 형성하고 있다. 예를 들어, 음식 및 여행 서비스와 같은 서비스 산업은 이커머스의 성장을 견인하고 있으며, 이는 소비자들이 제품 외에도 다양한 서비스를 통해 구매 경험을 추구하고 있다.

이커머스 업계의 경쟁구도 변화는 다양한 온라인 플랫폼들 사이에서의 경쟁을 심화시키고 있다. 예를 들어, 국내 이커머스 시장에 중국 기반의 플랫폼들이 진출하면서 경쟁이 치열해지고 있다. 알리바바 그룹의 알리익스프레스와 핀둬둬의 자회사 테무가 국내 시장에 진출한 사례는 이러한 경향을 보여준다.

또한, 이커머스 업체들은 소비자들에게 더욱 편리하고 개인 맞춤형의 구매 경험을 제공하기 위해 다양한 기술적 혁신을 도입하고 있다. 예를 들어, AI기술을 활용한 맞춤형 추천 시스템이나 빅 데이터 분석을 통한 소비자 행동 예측 서비스가 이러한 노력의 일환으로 등장하고 있다. 또한, AI는 고객 서비스에서도 자동화된 응답 시스템을 통해 신속한 문제 해결을 지원하여 유통업체들이 경쟁력을 강화하는 데 기여하고 있다.

이러한 이커머스의 경쟁구도 변화는 유통업체들에게 새로운 경쟁 전략을 모색하게 만들며, 소비자들에게는 더욱 다양하고 편리한 구매 경험을 제공하는 기회를 제공한다. 따라서 유통업계는 이러한 변화를 이해하고 적절히 대응하는 것이 중요하다.

4) 인공지능(AI)의 전방위 활용

모든 기관에서 향후 AI에 대한 영향을 언급하고 있다.

유로모니터는 AI를 활용한 새로운 툴들은 소비자를 위한 '공동 크리에이터'로 진화하고 있으며, 소비자의 결정에 영향을 미치고 브랜드 참여에 대한 기대치를 재편하고 있다. 이러한 플랫폼들은 이제 소비자들의 일상에 완전히 자리 잡을 것이다.

또한 가사·육아 외주화 및 생성형 AI 활성화 등으로 고정된 노동 시간에서 해방해 주는 서비스가 활성화되고, 팬데믹을 경험하며 발달한 디지털·비대면 기술은 예약의 일상화 등을 통해 시간을 창조하고 보다 적극적인 삶의 변혁을 가능케 했다. 시간 대비 효율을 의미하는 '시성비'를 느낄 수 있는 서비스가 증대됨에 따라 시간의 주권을 개인이 가지는 경향이 나타났다.

따라서 기업은 개인화를 강화하고 전반적인 고객 경험 개선을 위해 생성형 AI를 필수로 활용해야 한다. 예를 들어, 많은 이커머스 플랫폼들은 AI를 이용하여 사용자의 검색 이력, 구매 패턴 등을 분석하고 이에 따라 맞춤형 상품 추천을 제공한다. 이는 소비자 경험을 개인화하고, 소비자들이 더 많은 만족감을 느낄 수 있도록 돕는다. 또한, AI기술은 고객 서비스 영역에서도 사용되어 자동 응답 시스템을 구축하거나, 고객의 문의를 신속하게 처리하는 데 도움을 준다. 뿐만 아니라, 유통업체들은 빅 데이터와 AI를 결합하여 수요 예측, 재고 최적화, 가격 동적 조정 등의 전략을 수립하고 있다. 이는 시장 변화에 빠르게 대응하고, 경쟁력을 유지하는 데 중요한 역할을 한다.

인공지능 기술의 발전은 또한 유통업계 외에도 생산공정의 자동화, 물류관리의 최적화 등 다양한 분야에서도 중요한 역할을 하고 있다. 예를 들어, 스마트 물류 시스템은 인공지능과 IoT 기술을 활용하여 실시간으로 재고를 관리하고 물류비용을 절감하는 데 기여하고 있다. 따라서 인공지능기술은 유통업계에 혁신적인 변화를 불러오고 있으며, 앞으로도 이 기술의 발전과 활용이 더욱 확대될 것으로 기대된다.

딜로이트 보고서에서는 생성형 AI가 본인의 커리어에 미치는 영향을 아직 알 수 없다는 입장을 보였다. 하지만 직장에서 생성형 AI를 자주 활용하는 응답자들은 그렇지 않은 응답자보다 생성형 AI기술에 대한 기대와 신뢰가 높은 것으로 나타났다. 이들은 생성형 AI 덕분에 여유시간이 더 많아지고 일의 방식이 개선되고 일과 삶의 균형도 나아질 것이라 기대했다. 하지만 한편으로는 생성형 AI 기반 자동화로 일자리가 사라지거나 미래 세대는 사회에 진입하기 더 어려워질 것이라는 우려도 표했다. 이에 대해 Z세대와 밀레니얼 세대 모두 스킬(skill, 업무 능력) 재훈련이나 자동화에 덜 취약한 일자리 기회 모색 등의 적응방법을 고민하는 것으로 나타났다. 소속 기업이 생성형 AI로 인한 변화에 직원들을 적절히 대비시키고 있다는 응답자는 거의 없었으나, 1/3 이상(Z세대 38%/밀레니얼 세대 36%)은 향후 12개월 내 생성형 AI 교육에 참여할 계획이라고 답했다.

5) 워라밸과 유연성 그리고 가정의 협업이 최고의 가치

팬데믹 이후 사무실 복귀로 혼재된 결과가 나타나자 워라밸 및 유연성이 부상하고 있다.

MZ세대가 직장을 선택할 때 가장 중요시하고 가장 높게 평가하는 업무환경 요인 중 하나로 다시금 워라밸이 꼽혔다. 2023년 이후 사무실 복귀 정책으로 돌아간 기업들이 늘어난 가운데, 응답자 약 2/3는 소속 기업이 전면 사무실 근무 혹은 하이브리드 업무 형태로 사무실 복귀를 명령했다고 답했다. 이로 인한 결과는 혼재 양상을 보였다. 일부 응답자들은 업무 참여도, 동료와의 상호연결과 협업, 업무 체제와 루틴 등이 개선됐다고 답했으나, 일부 응답자들은 스트레스는 늘고 생산성은 떨어졌다고 답했다. 또한 MZ세대는 업무 시간과 장소의 유연성을 계속 중요시하고 있다. 이에 따라 파트타임 일자리, 직무공유제(job sharing), 부업 등 상대적으로 비전통적인 고용 모델이 인기를 얻고 있다.

덧붙이자면, 딜로이트 보고서에서 MZ세대는 가족과 친구에 이어 일이 자신의 정체성을 형성하는 핵심 요인이라 여기고 있다. 따라서 직장 내 스트레스가 심각한 만큼, 기업들은 직원 정신건강에 계속 관심을 기울여야 한다.

신한카드에서도 '협업 가족'의 부상을 언급했다. 협업 가족은 여성의 사회 진출이 늘어나면서 다양한 가족 구성원이 육아·살림 등을 함께 분담하는 새로운 협업 가족이 늘어나는 현상을 지칭한다. 경제력을 갖춘 조부모 세대가 가정 내 양육 및 돌봄의 주체로 떠오르며 육아 관련 업종에서 소비가 증가하고, 남성의 가정 및 육아에 대한 인식 변화 등으로 남성의 자녀 육아 참여가 확대되고 관련 소비도 늘어나는 변화가 관찰된다.

6) 환경 지속가능성은 모두의 공동 책임

지속가능성은 환경보호와 윤리적 소비의 중요성이 더욱 부각되고 있는 현대사회에서 중요한 키워드다. 기업들은 지속가능한 제품 생산과 소비를 촉진하고 있으며, 이는 소비자들과 사회적 책임을 공유하는 데 중요한 역할을 한다.

예를 들어, 많은 기업이 탄소 배출을 줄이고 재생 가능 에너지를 활용하는 등의 환경보호 활동을 강화하고 있다. 또한, 지속가능한 재료와 생산과정을 이용하여 제품을 생산하고, 이는 환경보호에 긍정적인 영향을 미친다.

또한, 소비자들은 지속가능성에 대한 관심이 높아지면서, 환경친화적인 제품을 선호하고 있다. 예를 들어, 유기농 식품이나 재활용할 수 있는 포장재료를 사용한 제품은 소비자들 사이에서 인기가 있으며, 이는 기업에 지속가능성을 강조하는 새로운 마케팅 기회를 제공한다.

지속가능성은 기업들의 사회적 책임과 관련이 깊다. 많은 기업이 사회적 이슈에 대한 긍정적 기여를 목표로 하고 있으며, 이는 소비자들에게 더 나은 이미지를 제공하고 사회적 신뢰를 구축하는 데 기여한다.

딜로이트 보고서에서도 환경 지속가능성이 MZ세대의 커리어 결정과 소비자 행태에 중요한 요인으로 작용한다고 언급했다. MZ세대는 환경 지속가능성을 여전히 직접적 우려사안으로 꼽았다. 전체 응답자 10명 중 6명(Z세대 62%/밀레니얼 세대 59%)은 지난 1개월 내 기후변화에 대해 불안하거나 우려의 감정을 느낀 적이 있다고 답했다. 이는 지난해 서베이에서 2%포인트씩 오른 수준이다.

MZ세대는 환경 영향을 최소화하기 위한 행동에도 적극적이다(Z세대 73%/밀레니얼 세대 77%). 또한 기업들이 기후행동을 확대하도록 정부가 더 큰 역할을 맡아야 하며(Z세대 77%/밀레니얼 세대 79%), 소비자들이 더욱 지속가능한 구매를 할 수 있도록 기업들이 더욱 노력해야 한다고 주장했다(Z세대 79%/밀레니얼 세대 81%).

또한 환경보호는 기업들이 주도적으로 행동하고 영향을 미칠 수 있는 사회적 문제라는 인식도 공유했다. 이러한 인식은 MZ세대의 커리어 결정과 소비자 행태에도 반영된다.

전체 응답자의 약 절반(Z세대 54%/밀레니얼 세대 48%)은 본인과 직장 동료가 소속 기업에 기후 행동에 나서라는 요구를 하고 있다고 답했다. 이는 2022년 이후 꾸준히 강화되는 추세인데, 2022년 당시 같은 대답을 한 비율은 Z세대 48%, 밀레니얼 세대 43%를 기록했다. 또한 일부 응답자는 소속 조직 내 변화를 주도할 수 없다면, 다른 기업이나 심지어 다른 업종으로 이직할 의향이 있다고 답했다.

유로모니터 보고서에서도 '그린워싱 아웃(Greenwashed Out)'이라는 키워드로 지속가능성에 대하여 언급했다. 소비자는 보다 지속가능한 삶을 살려고 노력하지만, 기업과 정부가 의미 있는 영향을 창출하기 위해 가용자원을 충분히 활용하고 있는지 의문을 제기한다. 소비자들은 기업이 환경 책임 서약(eco pledges)에 대한 증거를 보여주기를 원한다.

따라서 지속가능성은 기업들에게 환경보호와 사회적 책임을 실현하는 데 중요한 키워드이며, 앞으로도 이러한 추세는 더욱 강화될 것으로 기대된다.

7) 웰빙 실용주의자

내 몸은 내가 챙기고, 내 안전은 내가 지킨다. 팬데믹이라는 인류 공통의 경험은 사람들의 마음속에 '건강'이라는 화두를 각인시켰다. 사람들은 단순히 오래 사는 것을 넘어 얼마나 '건강'하게 사느냐에 관심을 갖게 되었다. 사회기반기설이나 제도에만 기대지 않고 스스로 건강을 챙기려는 대중의 니즈에 맞춘 제품들과 서비스가 속속 등장하며 새로운 소비트렌드로 떠오르고 있다.

유로모니터는 소비자들이 신체적·정신적 웰빙을 모두 개선할 수 있는 빠르고 효과적인 솔루션을 원한다고 했다. 입증된 효과를 찾는 소비자는 이전보다 더욱 중요해지고, 소비자 구매 결정에 핵심으로 자리 잡을 전망이다. 85%의 소비자가 효과나 이점이 입증된 뷰티 제품에 더 많은 비용을 지급할 의사가 있는 것으로 나타났다.

또한 평범하고 지루한 일상에서 벗어나 일상의 스트레스와 불안으로부터 벗어나고자 매일 기분 전환 쇼핑을 하는 소비자가 늘고 있다. 고가의 '한방' 소비보다 매일의 스트레스를 그때그때 해소할 수 있는 새로운 개념의 '소확행'이 떠오르고 있다. 즉 소비자는 유쾌한 산만함(delightful distractions)을 찾는 쇼핑의 엔터테인먼트 기능이 더욱 커지고 '오픈런' '한정판 구매' '완판 행렬 동참' 등 일상을 리프레시하는 소비형태는 더욱 다양해지고 그 범위도 늘어날 전망이다. 소비자의 약 29%는 브랜드가 자신의 감정을 추적하고 기분에 따라 경험을 개인화하는 것에 만족한다고 답했다.

최근 저속노화(Delayed Aging)에 대한 관심은 인간의 노화과정을 느리게 하여 더 오래 건강하게 사는 것을 목표로 하는 개념으로 이는 생물학, 의학, 기술 및 생활 방식의 변화를 통해 노화의 속도를 늦추고, 노화로 인한 질병과 기능 저하를 방지하거나 최소화하려는 노력을 포함한다. 이는 유전학, 의학, 생활 습관, 기술적 혁신 등 다양한 분야의 연구와 실천을 포함하며, 궁극적으로 사람들의 삶의 질을 높이고자 한다. 이러한 노력은 개인의 건강 관리뿐만 아니라 사회적, 경제적 측면에서도 중요한 의미가 있다.

또한 개인 건강과 안전에 대한 관심은 매우 중요한 이슈로 부상하고 있다. 기업들은 소비자들의 건강을 존중하고, 건강에 유리한 제품과 서비스를 제공하는 것을 목표로 하고 있다. 예를 들어, 많은 기업은 건강식품과 유기농 제품을 활성화시키고 있으며, 이는 소비자들이 더욱 건강한 삶을 살도록 돕는다. 또한, 온라인 플랫폼들은 건강 관리와 관련된 다양한 정보와 서비스를 제공하여 소비자들이 건강에 대한 지식을 증진시키는 데 기여하고 있다.

뿐만 아니라, 많은 기업들은 안전성과 관련된 이슈에도 주목하고 있다. 예를 들어, 식품 안전에 대한 엄격한 기준을 충족시키는 데 집중하고 있으며, 소비자들에게 신뢰할 수 있는 제품을 제공하는 데 중요한 역할을 한다.

따라서 건강은 매우 중요한 이슈로 자리 잡고 있으며, 앞으로도 이는 더욱 강화될 것으로 예상된다. 소비자들의 건강과 안전에 대한 관심은 기업들에게 새로운 비즈니스 기회를 제공하고, 이는 사회적 책임과 경제적 성장을 동시에 추구하는 데 중요한 요소가 될 것이다.

4. 소비자 개념과 유형

1) 소비자의 개념

숨 쉬지 않고 살 수 있는 사람이 없는 것처럼 오늘날 우리 모두는 소비하지 않고 살 수 없기 때문에 호흡하는 것만큼 당연하게 소비한다. 이렇게 우리의 생활에 깊숙이 파고든 소비생활은 인간의 다양한 역할 가운데서도 소비자로서의 역할을 크게 부각시켰다. 소비자의 개념이 수많은 논쟁의 주제로 떠오르고, 생산자와 노동자의 입장에만 관심을 쏟아왔던 학문세계에서도 소비와 소비자를 연구대상으로 삼기 시작했다.

현대 사회에서 소비자의 수요와 지출이 차지하는 비중은 압도적이어서 소비자의 올바른 경제행위 없이 시장경제가 제대로 작용하기 어렵게 되었다.

소비자의 선택은 시장경제의 핵을 이루고 소비자 소비패턴의 변화는 경제에서 매우 중요한 변수로 작용하게 되었다.

우리 모두는 소비자이다. 누구나 포함되는 소비자는 흔히 잊기 쉽고 끊임없이 변화하는 집단이다. 모든 사람은 소비자이지만, 순간적으로 소비자의 역할에서 빠져 나와 정반대의 관심과 문제를 갖고 소득과 임금을 벌기 위해 노동자의 역할에 놓이곤 한다. 그러나 소비자의 개념을 규정하는 것은 일하는 사람으로서 갖게 되는 관심과는 차별되는 독특한 공통관심을 추구하고 실현하고자 한다는 점에 있다.

일반적으로 소비자는 소비생활을 위하여 상품이나 서비스를 구입·소비하는 사람들을 가리킨다. 소비자(comsumer)란, '장래 시장의 구성원' '상품이나 서비스를 사적인 용도로 제공받는 사람' 그리고 '타인이 공급하는 물품이나 서비스를 소비생활을 위해 구입·이용하는 자' 등으로 정의한다. 그러나 우리나라 소비자기본법에서는 "소비자라 함은 사업자가 제공하는 물품 및 용역(시설물 포함)을 소비생활을 위하여 사용하는 자 또는 생산 활동을 위하여 사용하는 자로서 대통령령이 정하는 자"라고 규정되어 있다.

자신의 생산물을 사용 또는 소비하는 경우나 사업자로부터 구입하더라도 자신의 소비 생활을 위한 것이 아닐 경우에는 소비자가 아니라 하겠다. 이와 같이, 소비자는 사업자가 제공하는 제품이나 서비스를 자신의 생활을 위해 구입, 사용하는 자로, 거래 과정의 말단에 위치하는, 그리고 최종소비자로서 생활을 영위하는 생활자를 뜻한다. 보통 소비자라 하면 이러한 최종소비자만을 가리킨다.

넓은 의미의 소비자에는 개인은 물론, 가계·학교·교회와 같은 조직도 포함된다. 이는 소비자를 개인 소비자와 조직 소비자 또는 최종소비자와 산업 사용자로 대별하는 데서 알 수 있다. 그러나 일반적으로 소비자라 하면 '최종소비자'를 가리키고, 사업상 재화(生産財)를 구입하는 소비자, 즉 중간 소비자 내지 산업 사용자는 포함시키지 않는다.

한편, 소비자와 상반되는 개념인 사업자(事業者)는 물품을 제조, 수입, 판매하거나 용역을 제공하는 자를 말하고, 생산자, 도매업자 및 소매업자 등이 그 예다. 사업자란, '제품 및 서비스의 공급자로, 이윤 추구 목적으로 사업을 영위하는 사람'이라고 할 수 있다.

2) 소비자의 성격과 특성 변화

(1) 소비자의 성격

소비자는 기본적으로 제품 및 서비스를 소비하는 소비자인 동시에 그 제품의 생산자이며 구매자이다. 더 나아가 소비자는 거래의 주체이면서 가격 결정자이고, 또 자본주의경제의 통제자이기도 하다. 여기서 소비자들이 갖는 성격에 대하여 구체적으로 살펴보고자 한다.

① 소비 상담자로서의 소비자

일반적으로 소비자라 하면 개인적 소비, 즉 개인의 욕구 충족을 목적으로 상품의 사용가치를 최종적으로 소모하는 최종소비자를 말한다. 이러한 최종소비자는 산업사용자처럼 상품 생산을 위해 원재료나 노동력을 구매, 사용하지 않으며, 또 유통업자처럼 재판매를 목적으로 상품을 구입하지 않는다. 그리고 최종소비자의 소비는 그 형태와는 관계없이 소비자 자신이 갖고 있는 내적 욕망의 발현이라 할 수 있다. 즉, 소비자 개개인의 욕망이 사회적 욕망으로 집적되어, 생산력 향상과 기술 진보를 유발시키고, 신제품을 시장에 출현되도록 한다는 것이다. 이와 같이 인간의 욕망이 신제품을 요구하게 되고, 신제품은 또 다른 욕망이나 필요를 창조하게 된다. 따라서 소비자 개개인의 욕망은 역사적 · 사회적 · 문화적 소산으로, 새로운 발명 · 발견이나 신제품을 낳게 한다고 할 수 있겠다.

② 생산자로서의 소비자

소비자는 생산된 상품을 소비하는 동시에 생산요소를 제공하는 사람이다. 즉, 생산자로서의 노동자는 노동력의 대가인 임금으로 받은 화폐로 소비용품을 구입, 소비하기도 하지만, 노동자나 그 가족으로서의 소비자는 소비생활을 영위하면서 노동력을 재생산해 생산요소를 제공하기도 한다.

모든 욕망, 분배, 교환, 그리고 소비가 현실적으로 생산과 직접적인 관계를 맺고 있으며, 또 생산은 소비, 분배, 그리고 교환과의 상호관계를 규정하고 있다. 즉, 모든 소비자들이 어떠한 형태로든 사회적, 물질적 생산 활동에 직 · 간접적으로 관련되어 있으므로 소비자를 '소비만을 위해 소비하는 사람'이라고 단정할 수는 없다고 본다. 또한 소비자가 소비의 대상인 상품을 생산하는 생산사회의 일원이라는 점에서 생산을 매개로 한 사회적 관계와 소비를 매개로 한 사회적 관계를 함께 갖고 있는데, 이러한 양자 간의 관계는 생산의 고도화와 분업의 발달로 더욱 밀접해지고 있다.

③ 구매행동자로서의 소비자

소비자들은 욕구 충족을 위해 자신의 구매력 범위 내에서 상품을 선택, 구매하게 되며, 또 이 과정에서 나름대로의 구매의사결정과정을 거친다. 소비자의 의사결정은 경제학에서 제시한 한계효용 극대화(maximization of marginal utility)를 위해 항상 합리적·이성적 판단으로만 이루어지는 것은 아니다. 소비자의 구매의사결정에는 합리적 지향과 비합리적 지향이 함께 반영되고, 구매자 특성, 제품 특성, 판매자 특성, 상황적 특성, 그리고 문화적 특성 등의 영향을 받는다.

그리고 '소비자들이 어떻게 특정 제품을 특정 상점에서 구매하는가'에 대한 규명은 소비자행동 연구의 핵심 과제이며, 소비자의 구매행동, 특히 구매의사결정은 소비자행동 이론의 중심 영역이다. 또한, 소비자 및 소비자 구매행동에 대한 조사·연구는 합리적인 기업 경영과 마케팅 관리에 매우 중요한 일이다. 소비자의 욕구 및 구매의사결정에 대한 정확하고 올바른 파악이 기업 경영의 성패를 좌우하기 때문이다.

④ 거래 주체로서의 소비자

시대의 변천, 특히 경제 및 생산기술의 발전에 따라 소비자의 구매 상품과 생활양식도 변화되어 왔다. 인간으로서의 생활을 영위하기 위하여 소비자는 상품을 구매·소비하지 않을 수 없으며, 또 판매자와 함께 거래의 주체가 될 수밖에 없다.

이와 같이 소비자를 거래의 주체로 보면, 그 주체가 인간이라는 점과 거래 목적이 생활이라는 점이야말로 소비자가 갖는 기본적인 성격이라고 할 수 있다. 그리고 오늘날 상품이 인간 생활 전반에 걸쳐 영향을 미치는 것은 어쩌면 당연한 일이나, 점차 늘어나는 결함 및 불량 상품들이 소비자의 생활에 적지 않은 피해를 준다는 점에서 문제시된다.

⑤ 가격 결정자로서의 소비자

자유경제체제하에서 가격은 주요한 마케팅 믹스(marketing mix) 요소인 동시에 마케팅 수단이다. 뿐만 아니라, 소비자행동 및 경제 운영의 중심이 될 정도로 매우 중요하다. 상품 가격은 원활한 시장경쟁 과정을 통해 결정되어야 하고, 또 그 결정과정에 소비자들이 참여해야 하는데, 현실적으론 그렇지 못한 실정이다. 뿐만 아니라, 오늘날 대부분의 소비자들이 상품의 품질, 성능 등을 명확히 인식하지 못한 상태에서 구매행위를 하고 있다.

⑥ 자본주의 경제 통제자로서의 소비자

경제 통제자로서의 소비자란, 제반 경제활동에 대해 감독기능을 수행하는 소비자를 뜻한다. 즉, 소비자가 상품 가격 등에 대하여 유·무형의 영향을 미치며, 기업 등의 경제활동을 관찰, 감독한다는 것이다. 그리고 이러한 소비자의 감시·감독 기능이 생산자의 의사결정에 영향을 미치고, 더 나아가 현대 자본주의경제를 다소나마 통제하는 역할도 한다.

⑦ 기업 및 정부 정책 영향자로서의 소비자

기업 이익은 가격, 비용, 판매량, 소비자 및 생산자의 의사결정 등에 의해 결정되는데, 이들 중 소비자야말로 기업의 매출과 이익에 가장 크게 영향을 주는 요소라고 할 수 있다. 왜냐하면, 소비자는 자신의 상표 선택을 통해 기업활동, 특히 매출이나 이익에 크게 영향을 미치며, 또 정치적 투표를 통해 정부의 경제정책 수립에도 영향력을 발휘하기 때문이다. 따라서 소비자들이 갖는 경제적 힘은 다른 어느 이해자 집단보다 크다고 하겠다.

⑧ 생산자원 배분자로서의 소비자

'소비자는 이중적·양면적인 존재'라고 할 수 있다. 이는 소비자의 한 얼굴은 생산요소의 공급자이고, 다른 한 얼굴은 생산된 제품의 수요자임을 의미한다.

그리고 소비자는 재화 생산의 최종 감독 단계에서 기업 및 산업에 대한 생산자원의 배분에도 영항을 미친다. 이때 생산 활동에 대한 소비자들의 영향력은 그들이 생산 활동에 대해 수행하는 역할에 따라 다르다. 이는 텔레비전의 수요가 그의 생산에 소요되는 토지, 노동 및 자본에 대하여 파생수요(derived demand)를 유발한다는 사실에서 알 수 있다.

기업 및 산업의 생산시설 규모와 그 가동률은 그들이 생산하는 제품에 대한 소비자 수요에 달려 있다. 이러한 소비자 수요가 산업의 완전가동을 실현시킬 수 있을 때 비로소 시설의 최적 이용에 의한 전체 평균비용이 감소하게 되며, 보다 많은 이윤의 확보도 가능할 수 있다. 이와 반대로 소비자 수요가 일정 수준 이하로 감소될 경우에는 규모의 경제가 실현되지 못해 결과적으로 총 평균 비용이 상승함은 물론, 기계설비의 이용률마저 떨어져 기업은 파탄에 이르게 된다.

(2) 소비자 특성의 변화

소비자를 둘러싸고 있는 환경요소들이 변함에 따라 소비자 또한 다음과 같이 변할 것으로 보인다.

① 소비자들은 교육수준이 높아지고, 결과적으로 볼 때 훨씬 비판적, 사회 지향적으로 될 것이다. 즉, 소비자들의 교육수준이 전반적으로 향상됨으로써 의식수준의 향상을 통해 더욱 합리적, 비판적이 될 것이다.

② 소비자는 환경적 · 사회적 문제해결에 기업이 보다 많은 역할을 할 것으로 기대하고, 여성들이 마케팅 활동을 더욱 많이 수행할 것으로 본다. 왜냐하면, 기업이 사회에 미치는 영향력이 증대되고, 여성의 사회활동 또한 점차 활발해지고 있기 때문이다.

③ 가족이 더욱 소규모화되며, 지금보다는 대여에 의해 소비 · 사용하는 제품들이 많아질 것이다. 특히 대가족사회에서 생활의 수단이었던 토지, 주택 등의 전통적 소유물들이 그러할 것이다.

④ 소비자들의 지위, 경쟁, 그리고 물질적 성공에 대한 관심이 감소하는 반면,

인간적 성취도 등에 대한 관심은 증가할 것이다. 즉, 소비자들은 자신의 기본적 욕구가 충족됨으로 인해 좀 더 고차원적인 욕구를 실현하기 위해 노력할 것으로 보인다.

⑤ 소비자들이 여가시간의 증대와 더불어 나름대로의 라이프스타일(lifestyle) 을 구성, 유지시켜 나갈 것이다. 이는 미래 소비자는 자신의 생활설계 및 프로그램에 따라 능동적으로 생활을 구성, 연출한다는 의미이다.

⑥ 앞으로 소비자행동은 소득이나 구매력의 영향도 받겠지만 사회 전체의 욕구 구조, 가치관, 생활의식 · 관습 등의 영향을 많이 받을 것으로 본다. 이는 커뮤니케이션 매체의 확산이 개인소비자의 감정적 · 심리적 요소에 미치는 영향이 커지고, 또 개인이 갖는 타인과의 관련성이 높아지기 때문이다.

⑦ 소비자는 소비자운동, 공해 방지 운동, 환경보호운동 등과 같은 사회운동에 보다 능동적, 자주적, 적극적으로 참여할 것이다.

⑧ 소비자는 생산 및 소비의 논리나 능률의 논리에 따르는 단순한 '소비의 반복자'로부터 탈피하게 될 것이다. 다시 말해, 소비자가 생활의 논리, 정신적 욕망 충족의 논리, 여가 및 복지의 논리에 따르는 독자적인 인간으로서 생활의 질을 향상, 혁신시키는 소위 '생활의 재생산자'로 변할 것으로 보인다.

(3) 다양한 소비자 용어

고객은 기업에 있어서 가장 중요한 사람이다. 고객이 없으면 기업도 없고 서비스도 없다. 그래서 '고객서비스'라고 묶어서 칭하기도 한다. 이처럼 서비스는 고객에 의해서, 그리고 고객을 위해서 존재하는 것이다. 고객을 위한 최상의 서비스를 제공하기 위해서는 서비스의 목적이자 주체인 고객에 대한 개념을 명확히 파악해야 한다. 서비스의 주체를 알아야 주체인 고객이 만족하고 감동하는 서비스를 생산, 제공할 수 있기 때문이다. 좁은 의미의 고객은 단순히 우리의 상품과 서비스를 구매하거나 이용하며 서비스를 제공하는 일련의 과정에 관계된 자기 이외의 모든 사람을 지칭한다. 즉 현대사회에서는 나 이외에 모두가 고객이다.

① 고객

고객이라는 용어는 한자로 '顧客'이라고 쓴다. '顧'는 돌아보다, 생각하다, 찾다, 사랑하다, 보살피다 등으로 사전에서 정의하고 있다. 그리고 '客'은 사람, 상객(지위가 높은 사람), 단골손님, 손님 등의 뜻을 가지고 있다. 따라서 한자의 어원적 정의는 "불특정 다수의 사람을 상객(上客)으로 모시고, 단골손님으로 만들어 항상 돌보고, 생각하고, 찾아보고, 사랑하고, 보살펴야 하는 존재"라고 정의할 수 있다.

② Guest

Guest는 Host(초대한 사람)의 반대개념으로 초대받은 손님, 환대받을 손님, 귀하게 여겨야 할 손님이란 의미이다. 경제주체로서 사용되는 'Guest'의 의미는 고급 서비스를 제공하는 서비스 기업에서 고객을 지칭하는 용어이다. 주로 호텔, 고급 레스토랑에서 많이 사용된다. 그러나 현재는 서비스의 중요성이 인식되면서 일반기업 및 관공서까지도 확산되어 널리 사용되고 있다. 또한 최근에는 대중매체인 TV · 라디오 · 오케스트라의 특별출연자 · 객원연주자들을 칭하기도 한다.

③ Customer

일반 서비스 기업에서의 고객은 'Customer'라고 표현하고 있다. 상점 등에서 정기적으로 물건을 사는 손님을 지칭한다. 'Customer'란 용어의 어원은 '어떤 물건이나 대상을 습관화하는 것' 혹은 '습관적으로 행하는 것'을 의미하는 'Custom'에서 유래하였다.

이 용어는 기업들에게 구매자를 단순히 끌어들이기보다는 고객을 개발하고 키워나가는 것이 더욱 필요하다는 것을 느끼게 한다. 즉 고객은 습관적으로 물건을 사는 사람을 의미한다. 여기서 'Customer'란 일정 기간, 여러 번 구매와 상호작용을 통해 형성되는 것이다. 접촉이나 반복구매를 한 적이 없는 사람은 고객이 아니라 단지 구매자에 불과하다. 진정한 의미에서의 고객은 장시간에 걸쳐 만들어진다.

④ Consumer

'Consumer'는 최종소비자를 지칭하는 용어이다. 중간 도매상이나 제조업자, 재생산업자가 구매한 경우에는 사용하지 않는 용어이다. 이 용어는 상품을 소비하는 대상자를 지칭한다.

현대 사회에 이르러 고객에 대해 많은 사람들이 아주 다양하게 표현하고 있다. 고객을 신이나 왕으로까지 표현하는 것은 고객이 기업 경영의 도구가 아니라 기업 경영의 목표이고 중심이 되어 있다는 것을 말해준다. 특히 서비스 기업에 있어서는 고객과 언제나 함께한다는 의미에서 고객을 더욱 소중히 여겨야 한다.

서비스 기업에서 고객은 가장 중요한 사람이며, 우리는 고객에게 의존하고 있다는 것을 항상 염두에 두어야 한다. 우리가 그들에게 서비스를 제공할 기회를 줌으로써 호의를 베푸는 것이 아니라, 그들이 우리에게 서비스 제공할 기회를 줌으로써 생존할 수 있게 되는 것이다.

따라서 고객이란 그들의 욕구를 충족시켜서 서비스 및 상품을 지속적으로 구매하도록 하고 그로 인한 수익으로 기업이 유지될 수 있게 하는 매우 중요한 대상이다.

(4) 고객의 구분

앞에서 설명한 고객을 보다 자세하게 설명하면 다음과 같다. 일반적으로 기업에 있어 상품을 구매하고 이용하는 고객은 하나이다. 하지만 고객의 가치를 생산하는 관점에서 내부고객과 그러한 가치를 구매하고 이용하는 시각에서 외부고객이 있다. 어떠한 고객이 내부고객이며 왜 중요한지, 외부고객과의 관계는 어떠한지, 그리고 외부고객은 무엇을 의미하는지를 살펴보자.

① 내부고객

고객이란 일반적으로 조직의 외부에 존재하면서 마케터(marketer)가 제공하는 고객의 가치 패키지(package)를 제공받고 대가를 지불하는 외부고객을 의미한다. 반면 외부고객에게 제공하는 고객가치 패키지를 개발하고 제공하는 데 협력하는 조직 내부의 구성원들을 내부고객이라 한다. 기업에서 내부고객은 기업 내 조직에 포함되어 있는 각각의 구성원들이다. 예를 들어 기업에서 상품을 기획하는 부서는 기획되고 생산된 상품을 판매하는 영업부서와 밀접한 관계를 유지하고 있다. 이처럼 어느 한 기업의 부서는 독립되어 있으면서도 상호관계를 지속적으로 유지한다.

따라서 각 부서 구성원 개개인이 하나의 커다란 상품가치를 창조하게 된다.

한 기업이 외부고객과 효과적으로 상호작용하고 지속적으로 관계를 유지할 수 있도록 하는 것은 각 부서에 해당하는 구성원을 적절히 채용하고 채용된 구성원을 계속적으로 교육시키며 적절한 보상과 자부심을 가질 수 있는 환경을 만드는 데 있다. 특히 상품을 외부고객에게 전달하는 경우 이는 내부고객에게 주어지는 환경에 따라 달라진다. 때문에 기업 구성원의 내부 마케팅(internal marketing)에의 관심은 매우 중요시되고 있다. 내부 마케팅은 기업이 외부고객과의 약속(혹은 요구)을 지킬 수 있게 구성원을 교육하고, 동기를 부여하며, 적절한 보상을 위해 수행하는 활동이다.

최일선에서 상품을 전달하는 서비스 프로듀서가 외부고객에게 훌륭한 서비스를 제공할 의지나 능력이 없다면 그 기업은 고객의 욕구를 충족시키지 못하게 되고, 상품의 질은 저평가된다. 따라서 내부고객의 만족은 외부고객 만족이라는 가정에 바탕을 두고 있으며, 내부고객을 중시하지 않는 한 진정한 고객지향적 조직은 존재할 수 없을 것이다.

② 외부고객

외부고객은 내부고객에 의해 생산된 서비스의 가치를 최종적으로 이용하거나 구매하는 대상을 의미하며, 일반적으로 '고객'으로 통용되는 용어이다. 상품 서비스의 존재는 이러한 외부고객의 가치를 이해하는 것으로부터 시작한다. 외부고객은 상품이 존재할 수 있도록 하는 기준이며 목적인 셈이다.

최종적으로 서비스를 이용·구매하는 외부고객의 가치를 인식하여 내·외부 고객의 통합적인 서비스가 이루어져야 한다. 즉 서비스의 가치를 생산하는 기업 내부 구성원인 내부고객과 서비스의 가치를 이용하는 외부고객 간의 원만한 유기적인 관계가 유지되어야만 고객의 가치 창출을 이룰 수 있다.

[그림 1-5]는 내·외부고객과 수익과의 관계를 도식화한 것이다.

[그림 1-5] **내·외부 고객과 수익과의 관계**

서구 라이프스타일과 소비자의 역사

1. 부르주아(Bourgeois)

라이프스타일을 물질과의 관계로 정의한다면 부르주아는 물질을 삶의 중심에 두는 '물질주의' 계급이다. 여기서 물질이 반드시 돈을 의미하는 것은 아니다. 신분, 조직, 경쟁, 근면 등 물질주의 사회를 지탱하는 가치도 포함된다. 다수의 부르주아는 노력과 능력에 대한 정당한 보상을 받는 것을 정의롭다고 생각한다. 여기서의 보상은 물질적인 측면에만 국한되지 않는다. 부르주아는 물질적 성공을 정신적, 윤리적으로 정당화한다. 부르주아의 라이프스타일은 소비 영역에서 가시적으로 드러난다. 부르주아에 진입한 사람들은 자기표현이나 자아실현을 위해 소비하는 것이 아니라 신분과 계층의 규범에 따라 소비한다. 또한 이들은 가능한 다른 부르주아와 모여 사는 것을 선호하며, 서로 모인 후에는 물리적·문화적 장벽을 통해 자신을 외부와 격리하는 게이티드 커뮤니티(gated community)를 형성한다.

2. 보헤미안(Bohemian)

보헤미안 운동은 19세기 초에 등장했다. 파리 예술가를 중심으로 부르주아 계급과 물질주의에 대한 저항에서 출발했다. 자연주의, 미술 공예 운동, 바우하우스(Bauhaus), 사회복지, 환경주의, 사회주의 등 수많은 유산을 남긴 19세기 보헤미안 운동은 제1차 세계대전을 기점으로 막을 내린다. 19세기 보헤미안은 시간이 지나면서 예술의 힘으로 시장에서 경쟁하는 노력이 시작됐다. 수공업 형태로 시작된 보헤미안 기업은 공예, 디자인, 산업 디자인, 대중문화 등 콘텐츠 산업을 개척했고, 갤러리, 옥션, 아트페어를 통해 전통 미술을 산업화했다.

3. 히피(Hippie/Hippy)

1960년대 미국에서 처음으로 출현한 자연주의 저항 문화다. 이들은 기성의 사회 통념이나 제도, 가치관을 부정하고 인간성의 회복, 자연에의 귀의(歸依) 등을 강조하며 반사회적인 행동을 하면서 평화주의를 주장했다. 사회의 지배적인 문화에 정면으로 반대하고 적극적으로 도전하는 저항 문화의 일종이라 할 수 있다. 반문화로 시작된 히피의 생활 혁명은 이제 우리 일상의 일부가 됐다. 미국인들이 즐겨 소비하는 그래놀라, 콤부차, 아몬드 우유 등 요즘 유행하는 식품 대다수가 히피문화에서 유래됐다는 것이다. 유기농, 로컬푸드, DIY, 핸드 메이드, 천연 염색 등 실제로 선진국에서 주류 문화로 자리 잡은 의식주

트렌드도 그 기원을 히피 문화에서 찾을 수 있다.

4. 보보스(Bobos)

보보(스)는 '부르주아(Bourgeois)'와 '보헤미안(Bohemian)'의 합성어로 칼럼니스트 David Brooks가 쓴 저서 『Bobos in Paradise』에서 처음 사용했다. 보보(스)는 진보 가치를 추구하는 기업가나 고소득 전문직을 뜻한다. 부르주아는 산업 사회의 엘리트로 전형적인 물질주의 가치를 추구하고, 보헤미안은 그 부르주아 문화의 대척점에 있다. 보보는 그 이름의 유래처럼 경제적으로 부르주아를, 정치나 생활 면에서는 보헤미안의 가치를 지향한다.

5. 힙스터(Hipster)

힙스터는 '무엇에 대해 더 잘 알고 있는'이라는 뜻의 힙(hip)에 사람을 뜻하는 접미사(-ster)가 붙은 말로, 한국에서는 최신 트렌드를 따르거나 만드는 것에 관심이 많은 사람으로 이해된다. 힙스터가 탄생한 미국에서의 개념은 단순히 외적인 구분을 넘어선다. 특히 환경, 인권, 동물 권리 등에 대한 자신의 철학을 고집하는 힙스터는 기존의 사회의 가치와 다른 가치를 추구하는 다름에서 정체성을 찾지만, 결국 자신의 가치를 다른 사람에게 강요하는 또 다른 획일성을 야기하는 문제에 봉착한다.

6. 노마드(Nomad)

2010년 이후 공유 경제가 확산되면서 이제는 프리랜서와 플랫폼 노동자 같은 노마드가 일상적인 직업으로 자리 잡았다. 그중 일부는 플랫폼과 연결된 1인 기업으로 새로운 비즈니스 영역을 개척한다. 노마드 부상이 중요한 이유는 라이프스타일 비즈니스의 수렴 현상 때문이다. 최소한의 규모와 최대한의 기동성을 무기로 자유롭고 독립적으로 일하는 노마드 기업이 1인 경제와 반문화 경제의 중심으로 떠오른다.

출처 : 모종린(2021), 인문학, 라이프스타일을 제안한다.

소비와 소비문화

Chapter **02**

1. 소비경제에서 소비문화로

1) 소비문화로서의 소비 개념

　풍요로운 소비사회에서 소비자가 진정으로 풍요를 향유하고 소비로부터 즐거움과 충만감을 얻을 수 있기 위해서는 소비 욕구의 본질과 소비생활의 사회, 문화적 의미에 대하여 소비자가 자각하고, 소비생활을 뒷받침하는 기업의 시장 활동이 조화를 이루어야 한다. 소비사회가 고도화될수록 시장의 발달은 궁극적으로 스스로에게 책임 있는 소비를 할 수 있는 소비자의 능력에 달려 있다. 소비자의 관점에서 바라본 소비문화에 대한 통찰은 이러한 소비자의 소비 능력을 개발하는 토대가 될 것이다.

　앞 장에서 언급한 바대로, 역사적으로 소비라는 단어가 구체성을 가진 것은 생산과 소비가 분리된 산업 시대의 자본주의 경제 시작과 맥락을 같이한다고 볼 수 있다. 소비란 경제에서 상품을 만들어내는 생산에 대비되는 경제활동으로서 물품을 사용하고 소모하는 활동이다. 소비 활동은 생산에 필요한 노동력을 재생산할 뿐 아니라, 생산 활동의 궁극적 목적이라는 실질적이면서도 상징적인 가치를 가지고 경제순환의 핵심 자리를 점하고 있음에도 불구하고 자본주의 경제발전 초기에는 생산에 비해 부차적인 경제영역으로 간주되었다.

근대적 의미의 소비가 태동한 자본주의 시작 단계, 즉 제품이 막 개발되기 시작하여 생산, 보급되던 시기에는 생활 물자가 현재처럼 풍부하지 않고, 생산력이 소비 수요를 충분히 따라가지 못하였기 때문에 소비생활의 질적 척도는 소비수준을 양적으로 평가한 생활 수준 또는 생활 표준이었다. 소비는 화폐가치로 측정하여 평가되었고, 생활의 질을 높인다는 의미는 화폐가치로 측정되는 소비생활 정도를 높이는 것과 동일시되었다.

오늘날 기술 발전으로 생산이 수요를 초과하는 시장 상황이 전개됨에 따라 소비에 대해서도 '얼마나 많이'에 못지않게 '왜, 무엇을, 어떻게'에 관심이 모아졌다.

현대의 소비를 이해하려면 소비의 경제적 평가보다는 소비 이면의 사회적, 문화적 맥락에 대한 이해가 전제되어야 한다. 문화에 대한 의미가 어떻게 변하였는지 그 과정을 음미해 보면 이러한 소비에 대한 인식의 변화는 매우 의미 있는 전환임이 분명하다.

〈표 2-1〉 **현대 소비 개념**

학자	정의
Lury(1996)	현대 소비 개념을 기존의 사용개념 이상으로 확장시키는 것이라고 강조하고 기능적인 것 이상의 상징적인 의미로 이루어졌다고 주장
Baudrillard(1970)	현대의 상품 소비는 상징의 소비, 기호의 소비로서 소비 자체가 의식과 행동 방식을 규정하는 요인이 되며, 물질문화의 상징적인 속성은 어울려서 의미를 전하게 된다고 하였고, 소비 그 자체는 의미들의 교환이며 담론임 상품이 소비되는 것이 아니라 기호가 소비된다는 것. 즉 소비상품은 사용가치보다는 상징적 교환가치를 지닌 기호, 또는 변별적 기호로서 의미작용을 하는 것 소비에 의한 차이는 개인을 초월해 있는 코드로 존재함으로써 소비는 현대 사회의 하나의 이데올로기가 되고 있음
Shield(1992)	소비는 단순히 물질적 필요(need)뿐만 아니라 정신적 욕망(desire)을 충족시키는 행위로서 상품 속에 내포되어 있는 사회적 의미, 즉 상징성을 획득하는 과정
McCracken(1988)	디자이너, 생산자, 광고업자, 소비자의 개인적 혹은 집합적인 노력에 의해 소비재의 의미가 사회에서 계속 전이한다고 함으로써 소비의 의미가 변화하는 것을 강조 이러한 의미의 전이에는 일반적인 궤도가 있는데, 그 의미는 문화적으로 설정된 세계, 소비재 그리고 개인 소비자라는 의미의 세 가지 위치를 갖고

	있으며, 세계에서 재화로 그리고 재화에서 개인에게로 전이한다는 것이다. 현대의 상품소비는 물질적 소비욕구의 일차적인 만족에서 벗어나 정신적 소비와 서비스 소비를 포함하며, 상징(symbol)의 소비, 기호(sign)의 소비로서 소비 자체가 의식과 행동 방식을 규정하는 요소가 된다. 그러므로 소비를 개인 현실의 작은 부분으로 정의하기보다는 문화적인 현상의 범위로 접근해야 한다고 주장하면서 이에 기반하여 소비행동의 정의를 확대 정의할 것을 주장
McCracken(1990)	소비 의미의 확산, 유지 및 변화에 대한 설명을 위해 낙수(trickle-down) 이론의 개념을 사용하여 소비에 내재된 계급의 의미를 설명 상류계층의 차이화를 위한 노력과 하위계층의 모방의 노력으로 소비가 상류계층에서 하위계층으로 퍼져 나간다는 것
임성희(1993)	소비행위를 통해서 자신의 정체성을 형성하고 자신의 행위 양식을 결정하게 되고 나아가 소비가 개인의 사회와의 관계, 타인과의 관계에서 중요한 매개가 된다.
강명구(1995)	소비를 사회적 관계를 형성하는 중요한 과정으로서 개인과 집단의 생활양식을 구성하고 자기를 실현하는 기제로 정의함으로써 소비행위가 단순히 물질을 추구하는 이상의 의미를 가지고 있음을 지적

2) 소비문화의 개념과 구성요소

문화(culture)란 라틴어 'cultus'에 어원을 두고 있으며 이 말은 '밭을 갈아 경작한다'라는 뜻을 가지고 있다. 문화의 어원은 농경시대로 거슬러 올라간다. 문화란 사람들이 사냥감과 먹을 수 있는 열매를 찾아 떠돌아다니는 생활을 하지 않고 한곳에 머물러 농사를 짓고 살게 된 것을 일컫는 말로 문화의 요체는 자연에 인공적인 힘을 가한다는 것이다(주경철, 2005). 이후 문화는 "인류의 이상을 실현해 가는 정신활동"을 지칭한다. 특히 학문, 문학, 예술, 종교, 도덕 등 수준 높은 인간의 내적 정신활동의 소산을 가리키는 개념으로 발전하였다. '문화'라는 개념은 다양한 맥락에서 사용되고 있다. 넓게는 '자연'에 대립하는 인간의 모든 활동과 그 산물을 가리키는 말로 사용되기도 하며, 좁게는 인간 활동 중에서 경제적·정치적 활동과 구분되는 학문이나 예술, 종교 활동 및 그 산물을 가리키는 말로도 사용된다.

Williams(1961)는 문화를 가장 까다로운 단어 중 하나로 꼽으면서 세 가지 차원을 구분하였다. 첫째, 한 개인이나 집단의 지적·정신적 발전을 표현하는 것(예:

지성의 도야), 둘째, 지적·예술적 활동의 실천이나 성과를 의미하는 것(예술 문화), 그리고 마지막으로 어떤 지역의 주민이나 집단의 특정한 생활양식(인류학적 문화)을 뜻하는 것이다. 이러한 인류의 긍지를 고양하는 위대한 문화는 먹고사는 기본적인 필요 이상의 소비를 영위하는 조건이 충족되어야 가능하였고 따라서 역사적으로 문화는 엘리트, 사회 지배계층 활동의 산물이었다.

오늘날의 문화 개념은 학습되고 전수되는 우리의 일상적인 생활방식을 지배하는 온갖 형태의 생각, 느낌, 행동을 포괄하는 "생활양식"으로 이해되고 있다. 대량 생산과 구매력에 기반한 지금의 소비사회에서 소비를 통한 문화 형성에 일반 대중이 참여한다. 생활양식 개념으로서 문화의 정의는 문화에 대해 직관적이고 감각적인 설명이 된다는 장점이 있지만 외양으로 표출되는 문화의 한 단면을 포착하는 개념이라 할 수 있다.

문화를 탐구하기 위해서는 문화를 보다 포괄적이고 분석적인 개념으로 정의할 필요가 있는데, 홉스테드(Hofsted, 1997)의 정의가 매우 유용한 분석 틀을 제시하고 있다.

〈표 2-2〉 **문화의 정의**

학자	정의
F. Boas(1911)	문화는 환경과 집단, 집단과 집단 사이, 집단 구성원들 사이의 관계에서 구성원 개인들의 행동을 특정짓는 정신적·신체적 반응 및 행위의 총체다.
R. Benedict(1934)	문화는 사람들을 결속시켜 주는 것이며, 그들이 공유하고 있는 생각과 표준이다.
R. Linton(1936)	문화는 특정 사회에서 공유되고 전승되어 온 학습된 행동이다.
M. Mead(1937)	문화는 특정 사회나 하위집단의 학습된 행위다.
M. J. Herskovits(1948)	문화는 인간이 만든 환경이다.
A. L. Kroeber & C. Kluckhohn(1952)	문화는 구체적이고 관찰 가능한 활동과 인공물과 그 기저에 있는 상징, 가치 및 의미로 구성되어 있다.
C. Geertz(1966)	문화는 상징들로 구현되어 있는 역사적으로 전승된 의미 패턴으로서뿐만 아니라 개념화된 아이디어 구조 혹은 체계다.
F. L. Goodenough(1971)	문화는 공유하고 있는 인간 학습의 소산으로서 지각·신념·가치관·행동을 결정짓는 표준으로써 이루어진 것이다.
R. P. Rohner(1984)	문화는 특정한 인간집단이 유지하고 세대에서 세대로 계승해 온, 학습에 의한 의미를 가진 것들의 집합체다.

H. C. Traindis(1989)	문화는 한 사회에서 공유되어 온, 인간이 만든 객관적·주관적 요소의 집합체다.
R. Shweder(1991)	문화는 의도를 가진 인간들이 구성한 도식이다. 인간과 문화는 의도적인 행위를 통해 변증법적으로 구성하고 재구성되는 상호 의존관계에 있다.
Berry, Pootinga, Segall, & Dasen(1992)	문화는 어떤 집단에 속해 있는 사람들이 공유하고 있는 생활 방식을 뜻한다.

출처 : 한성열 외(2015), 문화심리학, 학지사, pp.25-26.

이러한 정의들을 종합해 보면, '문화는 한 사회 내에서 생산되어 공유되는 생활방식을 비롯한 상징 및 의미 체계를 포괄하며, 학습을 통해 전승되고 인간의 신념, 가치관, 행동을 통제하는 객관적·주관적 환경'이라 할 수 있을 것이다. 문화는 "상징(symbol), 영웅(heroes), 의식(rituals), 가치(value)라는 네 가지 요소로 구성되고, 이러한 문화 내용들은 가정, 학교, 매스미디어 등의 제도를 통하여 전달된다"는 것이다(Hofsted, 1997). 이에 따라 상징, 영웅, 의식, 가치가 의미하는 바를 구체적으로 살펴보면, 먼저 상징(symbol)이란 어떤 문화를 공유하는 사람들에게만 통하는 특별한 의미를 지닌 말, 동작, 그림 또는 대상을 가리킨다. 영웅(heroes)이란 어떤 문화 안에서 높이 받드는 특징을 지닌, 그래서 행동의 귀감이 되는 사람들(살아 있는 사람이든 실제 인물이든 가상 인물이든)을 말한다. 의식(rituals)이란 한 문화 안에서 사회적으로 없어서는 안 될 것으로 간주되는 집합적 활동을 가리킨다. 의식은 의식 그 자체를 목적으로 거행되는 것이다. 인사하는 법과 존경을 표하는 법, 사회적·종교적인 의식들이 그 예이다. 상징, 영웅, 의식을 통틀어 관행(practice)이라 부르는데, 그 이유는 이것들은 모두 외부 관찰자가 볼 수 있는 것이기 때문이다. 그러나 이들의 문화적인 의미는 남이 볼 수 없으며, 그 문화권에 사는 사람들이 내리는 관행의 해석이 바로 그 문화의 의미가 된다. 문화의 핵은 어떠한 관행을 하도록 이끄는 정신작용을 지칭하는 가치(value)이다. 가치란 어떤 한 상태보다 다른 상태를 선호하는 포괄적인 경향성을 뜻한다. 다시 말하면 가치는 긍정과 부정, 바람직한 것과 바라는 것을 지시하는 관념 혹은 사상이라고 할 수 있다. 문화를 지배하는 다른 원리로 규범(norm)을 들 수 있다. 규범은 한 집단 또는 한 범주의 사람들이 지니고 있는 공통의 가치기준이라고 할 수 있으며 구성원들에게 마땅히 기대되는 일정한 가치와 행동양식이라고 할 수 있다.

상징, 영웅, 의식, 가치라는 문화 요소를 통하여 소비문화를 정의하면 소비문화는 첫째, 소비가 상징하는 의미가 무엇이며(상징) 둘째, 사회 구성원이 지향하는 소비의 모델은 무엇인지(영웅) 셋째, 소비의 의미와 소비의 이상을 추구하기 위하여 구체적으로 어떠한 소비행동양식을 행하고 생활양식을 만들어가는지(의식) 마지막으로 소비자의 소비생활을 지배하는 관념이나 사상, 소비 규범은 무엇인지(가치)에 대해 탐구하는 분야라고 할 수 있다.

상징으로서의 소비는 소비재가 문화적인 의미를 지니고 그것을 전달하는 능력에서 비롯된다. 제품의 소비자가 된다는 것은 제품이 담고 있는 문화적 상징들과 가치들을 소비하는 것이다(Bocock, 양건열 역, 2003). 신분질서가 지배하던 초기 소비사회에서 소비하는 물품들은 사회적 지위와 계급을 상징적으로 드러내는 효과적인 수단이 되었고 오늘날 대중소비사회에서도 자신이 어떻게 보일지 자아 정체성의 표현과 타인 정체성의 확인 역시 그 사람이 소비하는 사물의 상징에 많이 의존한다.

풍요로운 소비사회에서 소비하는 인간, 호모콘수멘스(Home Consumens)는 가장 자연스럽고 이상적이며 모든 제약에서 해방된 가장 행복한 인간상으로 비추어지고 있다(김준우, 1996). Baudrillard(이상률 역, 1991)는 성자와 역사적 인물, 자수성가한 사람과 창업가, 개척자 등의 위대한 생애에 대한 이야기가 영화스타나 스포츠 스타, 돈 많은 몇몇 왕자나 세계적인 군주들, 대낭비가들에 대한 이야기로 바뀌었다고 꼬집는다. 대중 소비사회에서 '생산의 영웅'들이 아니라 '소비의 영웅'들이 추앙받고 있다.

소비의식(ritual)을 통하여 소비의 문화적 의미가 소비행동이나 양식으로 구체화된다. 예를 들면 결혼을 성립시키기 위하여 결혼 예식을 거행하고 탄생을 축하하는 특별한 기념일은 생일잔치를 열어 그 상징과 의미를 표현한다. 문화인류학에서 의식은 문화질서의 인습적인 상징과 의미를 확인하고 환기시키고 부여하거나 또는 바꾸는 기회로 이해되는데(McCracken, 이상률 역, 1997), 소비의식은 선물을 주고받는 교환의식, 소비자가 소비재의 의미에 대해 일종의 소유권을 주장하여 자기 것으로 삼는 과정으로서 소유의식, 재화 속의 의미 있는 속성을 유지하고 빛나게 하기 위해 이용되는 손질의식, 새로 산 집을 청소하고 꾸미는 등 이전의 소유자가 만들어낸 의미를 제거하거나 개인이 재화를 버리거나 팔아버리는 행동을 포함하는 박탈의식으로 구분되기도 한다.

소비자가 소비를 함으로써 추구하는 가치는 무엇인가? 가치는 한 사회에서 공통적으로 바람직한 것으로 추구하는 관념으로 사회적, 문화적 맥락에서 이해된다. 오늘날 소비사회의 중심적인 소비 가치로 드러나고 있는 개성의 표현, 물질적인 풍요로움의 향유, 개인 삶의 질의 향상, 육체적 아름다움의 추구 등은 모두 개인 중심의 소비 가치라는 특성을 보이고 있다. 소비자행동 분석가들은 소비의 동기(motivation)는 소비자가 만족하고자 하는 욕구가 야기되었을 때 발생한다고 이해하고 소비자의 욕구가 무엇인지 파악하기 위하여 개인 소비자의 심리를 탐구하기도 한다.

2. 소비문화를 이끄는 요소

1) 상징

상징을 인간존재의 고유한 본질로 파악한 사람은 정신분석학자인 랭어(Langer)이다. Langer는 오직 인간만이 다른 종들과 달리 기호뿐 아니라 상징을 만드는 능력이 있다고 했다. 인간에게는 목표, 이랬으면 하는 생각, 가치 의식, 비실용적인 열정, 성스러운 피안에 대한 인식을 작동시키는 욕구가 있는데, 이는 오직 인간에게만 존재하는 상징화의 욕구이다. 이것은 인간 정신의 근본적인 과정이며 항상 지속되는 과정이다. 이처럼 Langer는 인간 존재의 본질을, 상징을 생산하고 상징을 사용한 종으로서 이해하고 있다(Langer, 1951; Bocock, 양건열 역, 2003에서 재인용).

소비를 상징으로 이해하기 시작한 것은 상품이 위치재(positional goods)로서 사회적 지위와 문화적 스타일의 상징적 징표로 작용한다는 사실을 포착한 데서 비롯된다. Veblen(베블렌)은 소비의 상징성과 사회적 계급 정체성을 연관시키는 선구적인 작업을 하였다. Veblen(1912)은 상류층의 사치스럽고 낭비적인 소비를 일컬어 과시적 소비라고 하였는데, 과시적 소비는 상품의 소비로부터 사용가치로서의 효용을 얻는 것이 아니라 사회적 지위의 상징적 징표로서 상품 소비를 통해 자신의 사회적 지위를 나타내고 인정받기 위한 것이다.

소비와 사회적 지위와의 연관성은 이후 Bourdieu(부르드외)에 의해 보다 발전되었다. Bourdieu(1984)는 객관적인 계급구조에서 차지하는 위치에 따라 직접적으로 그리고 자동적으로 정체성이 형성되는 것이 아니라 취향에 따라 이루어지는 일상생활에서의 소비를 통해 계급 정체성이 유지되고 인지된다고 보았다. 생활양식은 사회적 지위를 상징적으로 드러내며 또한 사람들은 생활양식을 통해서 사회적 지위를 인식한다는 것이다.

Bourdieu(1984)는 사회계층에 따라 소비양식이 차이 나는 현상을 아비투스(habitus)라는 개념으로 설명한다. 특정 집단이나 계급은 가족의 문화유산이라든가 교육 등의 존재 조건에 따라 각기 다른 특정한 아비투스를 형성하여 공유한다. 아비투스는 일상생활에서 소비라는 실천을 통해 자신의 계급 정체성을 상징적으로 표현함으로써 동일 계급 간에는 동질성을 확인하며 강화하고 다른 계급과는 구별짓기가 되어 계급을 구성한다는 것이다(함인희·이동원·박선웅, 2001). Bourdieu는 계급적 차이와 정체성이 형성되고 분류되며 인식되는 방식이 소비에 기반을 둔다는 사실을 예리하게 포착하였다.

소비과정이 일반적인 사회, 문화, 상징적 행위의 한 형태로써 이해되기 시작한 것은 2차 세계대전 이후에 전개된 대량소비시대의 도래와 무관하지 않다. 물질적으로 풍요로운 산업사회에서 일반 대중이 소비의 주체로 부각되었고, 대중소비사회에서 소비과정은 개인의 물질적 욕구 충족이라기보다는 의미의 상징체계로 이해되기 시작하였다. 소비의 상징성은 소비를 상징과 기호체계로 파악한 Baudrillard(보드리야르)에 의해 체계적으로 설명된다. 보드리야르에 따르면 재화는 사용가치나 교환가치가 아닌 의미를 갖는 코드나 기호이며 차이에의 욕구를 충족시킨다. 소비는 상품에 본질적으로 내재된 것으로 믿는 사용가치가 아니라 자신이 타인과 구별짓는 기호나 상징가치에 따라 이루어진다. 즉, 소비는 자신을 타인과 구별하는 기호로서 사물을 조작하는 과정이고 소비 활동은 재화가 기호로 작용하는 언어활동이자 코드이므로 소비에 의해 사회 전체가 의사소통을 하고 있다고 보았다.

상징으로서의 소비는 소비에 대한 욕망과 자아정체성의 구성에 대해 매우 중요한 두 가지 사실을 이야기해 주고 있다. 하나는 상징이나 기호는 이미 선재하는 의미를 표현하지 않고 의미들은 소비자의 관심을 끄는 기호, 상징체계 안에서 생성되는 성질이 있기 때문에 소비 욕구는 무한히 증대되는 성질을 갖는다는 것이다. 따라서 상징적인 의사소통으로서의 소비 활동의 최종 종착지는 존재하지 않게 되고 어떠한 소비 욕구도 궁극적인 만족에 도달되지 못함을 내포한다(Baudrillard, 이상률 역, 1991).

상징으로서의 소비는 자유주의적 고전경제학에서 말하는 이미 존재하는 욕구나 인체생물학적 욕구를 충족시키는 활동이라기보다는 계급 정체성과 연관이 있음은 앞에서 설명한 바와 같다. 나아가서 오늘날 소비사회에서 소비는 사회집단이 공통의 소비양식을 공유함으로써 사회적 정체성을 형성하고 드러내는 데 그치지 않고 개인의 자아정체성 구성의 근간을 이루고 있다는 점에 주목할 필요가 있다. 소비는 소비하는 물건의 상징을 통하여 자신의 정체성 의식을 창조하고 유지하는 능동적인 과정으로 파악된다.

2) 욕망

소비는 소비자의 욕구와 욕망을 만족시키기 위하여 재화와 서비스를 선택하고, 구매, 사용하는 과정이라고 할 수 있다. 욕구 충족은 소비의 목적이요, 소비가 추구하는 궁극적 가치이다. 신고전주의 경제학의 소비자 선택이론에서 욕구에 대한 가정은 이성과 관찰을 통해 실제로 자신이 누구인지, 무엇을 필요로 하는지를 인식할 수 있다는 계몽주의 전통에 근거를 두고 있다. 이성이 지배하는 합리적인 개인에 있어서 욕구는 인간의 신체나 심성에 내재하는 '자연적인 것'으로서 모든 사람은 자신이 필요로 하는 것을 알고 있다고 전제한다. 따라서 욕구는 자명한 것이고 당연시되었다. 또한 전적으로 개인의 특성과 관련된 자의적이고 주관적인 것으로 이해되었다. 고전경제학에서 욕망은 개인의 자기결정과 사적 권리라는 개인의 자유로운 선택의 영역 안에 있기 때문에 개인의 실질적인 욕구와 욕망에 대한 어떠한 판단도 유보하며, 사적으로 구성되는 개인의 선호에 대해 무엇을 선호하든 문제삼지 않는다. 개인은 자신의 욕망과 이를 어떻게 충족시킬 것인지 스스로 결정할 뿐 욕망은 규범적으로 판단되지 않는다(Slater, 정숙경 역, 2000).

　계몽주의의 이성에 근거를 둔 욕구의 개념은 David Hume(데이비드 흄)에 의해 완전히 부정된다. Hume에 따르면 이성은 감각에서 나오기 때문에 존재는 관찰에 따라 제한되고 이성의 삶은 궁극적인 목적과 의미를 예측할 수 없다. Hume의 중심 세계는 세속적인 즐거움과 쾌락의 세계이다. 개인 존재의 본질은 개인의 욕망과 의지, 열정에 있기 때문에 인간은 마땅히 열정과 쾌락의 확실성으로 정의된 삶의 목적에 충실해야 한다. 개인의 욕망은 신고전경제학에서 가정하는 바와 같이 자유, 사적 권리, 자연권의 이름으로 부여되는 당위가 아니라 존재이기 때문에 타자에게 규제되지 않는다고 인식한다(Xenos, 1989).

　인간 욕구의 본질은 오랫동안 주요한 철학적 사유의 대상이 되어왔지만 욕구의 본질이 이성이건 감정이건 소비자 선택의 전제가 되는 욕망에 대해 무엇이 옳고 그른지 규범적인 판단을 내리기가 쉽지 않다. 이 가운데 다소 상이한 방향에서 전개되는 홉스와 루소의 욕망에 대한 인식론적 관점을 살펴보면 다음과 같다.

　홉스(Hobbes, 1971, 1651)에 따르면 인간의 욕구는 원래 끝이 없고 이러한 개인의 절박한 욕망이 진보의 원동력이 된다고 보았다. 욕망의 부재는 미덕이 아니라 개인적, 사회적 죽음이다. 행복이란 모든 것이 만족된, 평안한 마음의 상태를 말하는 것이 아니라 대상에서 다른 대상으로의 끝없는 욕망의 진보이다. 그러나 무한한 욕구는 폭력, 만인에 대한 만인의 투쟁, 자연 상태의 야만적인 삶을 초래하는 위험이 있는데, 시민사회와 국가는 인간이 욕구를 안전하게 추구할 수 있는 통제의 틀을 제시하기 위해 필요하다. 시민사회와 국가는 개인의 무한한 욕망과 자연상태에서 그 욕망이 낳을 수 있는 폭력에 대응하여 존재한다는 것이다. Hobbes는 욕망의 본질은 인간 심성에 내재한 자연적인 것이고 끝없는 욕망은 폭력과 투쟁을 초래하기 때문에 욕망을 통제하는 적절한 장치가 필요하다고 파악하였다.

이에 비해 루소(Rousseau, 1984, 1755)는 무한한 욕망을 가진 인간은 자연 상태의 인간이 아니라 근대사회가 만들어낸 인간이라고 주장했다. 루소에게 물릴 줄 모르는 욕구는 사회의 산물이며 재산권을 통해 제도화된 사회적 불평등의 산물로 인식된다. 자연의 풍요로움과 인간의 욕구가 조화를 이루는 자연 상태에서 벗어난 인간사회에서는 자연이 제공하는 현세의 쾌락을 즐기는 것이 아니라 소유하라는 사회적 압력이 증가하게 되고 욕구는 더 이상 자연 속에 머물지 않으며 타자의 인정과 숭배와 연결되어 어떠한 한계도 갖지 않게 된다. 다른 사람들의 존경을 받고자 하는 경쟁 속에서 인간의 내면적 도덕 감정에 바탕을 둔 신뢰성보다 단순한 겉모양이 중시됨에 따라, 사회의 부상과 함께 존재와 외모는 완전히 다른 두 개의 것이 되었고 이러한 분화로부터 겉치레적인 과시가 발생하게 되었다. Rousseau는 인간적 가치와 인간 존재의 신뢰성은 근대사회의 물질적 풍요와 개인주의적 경쟁, 즉 자연상태를 벗어난 무한한 인간 욕망에 의해 파괴되었다고 보고 있다(Slater, 정숙경 역, 2000).

Hobbes와 Rousseau는 무한한 인간 욕망이 어디서 유래하였는가에 대해 관점은 서로 다르지만 인간 욕망 자체의 속성——무한한 욕망의 위험성과 파괴성——에 대해서는 일치된 논조를 펼치고 있다.

물질적으로 풍요로운 소비사회로 이해되는 오늘날 인간의 욕망은 차이화에 대한 욕망, 타인과의 차별성을 드러내기 위한 상품의 상징과 기호에 대한 욕망으로 이해된다. 소비는 이러한 상징에의 욕구를 충족시키기 위한 수단으로서 이해된다. Baudrillard(이상률 역, 1991)는 소비되는 것이 물질이 아닌 문화적 상징과 기호들 사이의 관계에 대한 문제로 인식된다면 소비는 물질적 과정이 아니라 관념적인 실천이 되고 따라서 최종적이고 물질적인 충족이란 있을 수 없게 되며 욕구의 충족은 도달하지 못할 것이라고 한다. 소비가 실재하는 욕구의 만족이 아니라 관념적인 실천이 될 때 우리는 점점 더 소비하기를 원하고 소비욕구는 끝없이 펼쳐지게 된다. 상징은 끊임없이 만들어지고 이에 따라 욕구 역시 무한히 확장되기 때문에 소비에 대한 욕구도 끝이 없다. 결국 소비하면 할수록 더 많은 것을 소비하고 싶은 욕망을 갖게 되고 사람들은 결코 얻을 수 없는 것을 끊임없이 욕망할 것이라는 점에서 인간의 욕구에 대한 고전적인 인식론적 관점과 맥락을 같이한다고 볼 수 있다.

무한한 욕망의 끝은 Hobbes에 의하면 투쟁과 폭력으로, Rousseau에 의하면 인간적 가치와 인간 존재의 신뢰성의 파괴로, Baudrillard에게는 악마에게 영혼을 팔아버린 인간 존재로 그리고 신스토아학파 철학에서는 인간의 노예화라는 종착점으로 그려지고 있다. 근대 이후 누구에게도 판단받지 않고 자체의 자유와 권리를 부여받은 욕망을 어떻게 방향지을 것인지에 관한 문제는 규범적인 소비문화가 당면한 중요한 과제이다.

3) 자아정체성

정체성 의식은 내가 누구이고, 자신을 어떻게 생각하며, 다른 사람들은 나에 대해 어떻게 생각해 주었으면 좋겠다는 등과 관련된 비교적 일관된 의식을 제공한다. 산업사회 이전의 전통사회에서는 모든 사람에게 정해진 신분뿐 아니라 신학적으로는 우주 질서 속에, 사회적으로는 혈통과 토지 속에 고정된 존재를 제공하면서 사회질서와 개인의 정체성을 유지하였다(Slater, 정숙경 역, 2000). 이후 자본주의 초기에 다수 사람들의 삶을 지배하고 사회적 정체성에 대한 의식을 제공했던 것은 노동의 역할, 즉 사회에서 어떤 역할을 하는가였다. 직업상의 임금노동이라는 역할이 사람들의 정체성 의식을 형성하는 데 매우 중요한 기초가 되었다(Bocock, 양건열 역, 2003). 이러한 정체성 의식은 베이커(빵 굽는 이), 스미스(대장장이), 카펜터(목수) 등 어떠한 일을 지칭하는 서구인들의 이름에서 쉽게 발견할 수 있다. 다른 한편 자본주의 초기 단계에는 산업생산을 기반으로 부를 축적한 신흥 부르주아 계급이 생겨났고 이들은 그들이 가진 구매력을 가지고 귀족의 소비생활을 모방하는 과시적 소비를 함으로써 사회적 지위 자체를 구입 가능한 것으로 만들어 나갔다(Slater, 정숙경 역, 2000).

서구에서는 20세기 말, 즉 대량 생산 대량 소비 체제가 안정기에 접어들고 풍요로운 시대의 서막이 올라간 1950년대 이래 무의식적인 정체성 의식 속으로 소비가 깊숙이 침투해 왔다(Bocock, 양건열 역, 2003). 소비자들은 자신이 사회에서 하는 일이나 역할을 통해서가 아니라 소비재가 내포하는 상징들을 사용함으로써 내가 누구인가에 관한 정체성 의식을 구성한다. 소비자가 구매하는 것은 실용적인 용도를 지닌 물질적 대상이 아니라 의미를 내포하는 그리고 소비자가 되고 유형의 인간과 관련된 것을 보여주는 상징을 구매하는 것이다(Baudrillard 역, 1991). 내가 누구인가에 대한 의식을 스타일, 의상, 신체 이미지, 잘생긴 외모로 표현하는 경향은 소비가 정체성을 구성하는 수단임을 잘 나타내주고 있다.

근대 이후 소비를 통한 자아정체성은 크게 자아관리적 자아와 쾌락적 자아 두 가지로 대두되고 있다. 계몽주의 전통을 이어받아 서구 경제 사회의 기본 원리로 자리 잡은 자유주의 원리에 기반을 둔 근대적 자아는 개인의 자아지배능력, 관리능력을 중시하는 자아이며, 시장에서 제공되는 여러 가지 대안 가운데 선택하면서 삶을 구성하고 또한 그렇게 할 수 있는 사람을 뜻한다. 개인은 선택 행위로 자신의 삶을 의미 있게 만들 의무를 부여받은 존재로서 사회에 살고 있다. 자유주의는 자신의 욕구를 잘 알고 그것들을 합리적으로 추구하는 일관성 있는 개인의 존재, 선택하는 개인의 존재, 스스로를 관리하는 개인의 자아 관리 능력을 전제한다. 여기서 정체성이란 시장 재화를 통하여 선택되고 만들어지고 관리되는 어떤 것이다. 이러한 근대 자아에는 사회적으로 고정된 정체성을 부여 받지 않는다. 자연적으로 주어진 혹은 신이 부여한 사회적 위치나 개인적 자아는 없다. 개인은 환경에 의하여 자신이 누구인지, 누구로 보여야 하는지 다양한 물질적ㆍ상징적 자원을 사용하여 선택하고, 구성하고, 유지하고, 해석하고, 협상하고, 나타내야 한다. 따라서 소비로 구성되는 근대 자아는 각 개인이 다양하고 모순된 정체성, 즉 다중정체성의 특성을 가진다(Slater, 정숙경 역, 2000).

자본주의 초기에는 프로테스탄트 윤리가 직업생활뿐 아니라 소비생활에도 지대한 영향을 미쳐서 이성적인 근검과 절약이 소비의 규범으로 작용하였다. 청교

도적인 프로테스탄티즘의 금욕정신이야말로 자본주의가 발달하게 된 근본 동력
이라고 하였다(Weber, 1988, 역). 소비는 금욕정신에 위배되는 것이며, 따라서 생
산을 통해 발생한 이윤을 소비로 탕진해서는 안 될 일이었다. 그러나 Sombart(좀
바르트)는 프로테스탄티즘의 금욕주의에 따라 소비를 억제하는 것이 자본주의가
발전할 수 있는 진정한 동력이라면, 산업 자본이 만들어낸 그 많은 상품들은 도
대체 어떻게 다 소비되는지를 물었다. 자본가와 노동자 그 누구도 소비하지 않고
생산에만 몰입한다면 당연히 상품은 쌓여갈 것이고, 소비되지 않은 상품을 쌓아
두고 또 생산을 계속할 수 있는지에 대해 의문을 제기하였다. 이러한 주장은
단순했지만, 현대에 와서 소비가 갖는 의미와 중요성을 이해하는 데 매우 중요한
관점을 제공하고 있다. 즉 현대 자본주의의 지속적인 발전과 유지를 위해서는
끊임없는 소비가 전제되어야 한다는 것이다.

　따라서 소비사회가 발전함에 따라 프로테스탄트 윤리는 퇴색하고 검약과 절
제, 억제가 아니라, 자아실현과 자기수행을 달성하기 위한 자아의 표현과 재형성
이 근대 소비문화의 주 원리로 자리 잡게 되었고, 그것을 추구하는 데 있어 모든
경험이 허용되었다. 어느 것도 금지되지 않고, 모든 것이 탐구될 수 있으며, 쾌락
주의와 쾌락의 윤리학을 토대로 일상화된 대중문화 시대가 열리면서 쾌락적 자
아가 소비문화의 중심위치를 차지하게 되었다.

　Campbell(1989)은 쾌락주의적 윤리의 근원을 프로테스탄트 윤리에서 찾았다.
프로테스탄트 윤리는 합리주의적 칼뱅전통과 강한 감정(우울, 동정, 자기연민, 박애)의
표현과 감정을 중시하는 경건파로 나누어지는데, 동정과 우울과 같은 감정의 표출
을 덕망으로 간주하는 경건파는 이후에 낭만주의로 발전한다. 19세기 낭만주의는
강한 감정을 가지고 예술적인 미나 자연의 숭고함에 반응할 수 있는 능력은 도덕적
가치를 가진다고 하여 자아의 미학적 측면과 도덕적 측면을 결합시켜 발전하였다.

　낭만주의는 감정, 열정, 상상, 이상 등 자아와 자아의 원천을 구성하는 개인
속의 무의식적이고 자연적인 힘과 도덕적 가치를 결합하여 계몽주의 시대에 억
눌려 있던 자아의 감정적, 미학적, 정신적 개념을 재평가하였고 이로부터 근대의
쾌락적 자아가 탄생되었다. 낭만주의 전통을 이어받은 근대 소비주의적 쾌락주

의 소비는 쾌락 자체를 위한 경험이다. 쾌락은 자아의 내적 세계에 존재하는 감정적 경험을 강화시키는 데서 발전한다. 따라서 소비에서 중요한 것은 육체적 흥분과 정서적 즐거움을 체험하는 것이다.

근대적 쾌락주의와 소비를 연관시킨 Campbell(1989)은 소비행위에서 즐거움에 대한 열망과 체험에서는 끝없는 순환이 나타난다고 하였다. 또한 사람들은 즐거움을 추구하고자 하는 독립적인 욕망을 가지고 있기 때문에 단순히 조작되지 않는다고 본다. 소비는 자신의 독특한 주관적 환상과 정체성을 재현하고 체험하기 위한 방식이다.

3. 소비사회에 대한 비판

소비는 사물 자체의 물리적 속성이나 사용가치에 대한 소비가 아니라 사물에 부여된 상징에 대한 소비이며 이러한 소비가 상징과 기호로 작용할 때 소비자는 상품을 통해 자신이 누구인가에 대한 정체성을 구성한다. 영웅적인 소비자는 시대 사조에 따라 다른 모습으로 제시되고 있다. 자본주의 초기 자유주의 전통에서는 자기 규정적인 욕구에 충실한 선택을 하는 자아관리적이고 자아지배적인 소비자가 모델이 되었고, 19세기 이후의 낭만주의 전통을 이어받은 낭만적 자아는 본질적 또는 실체적 정체성을 전제하지 않은 감정적 경험을 고양시키는 쾌락적 자아가 영웅적 소비자로 대두되었다. 그러나 이성적인 자아관리적 소비자와 낭만적인 쾌락주의 소비자 모두 오늘날의 소비사회에서 타자의 정체성을 모방한다는 점에서 주체성을 상실한 실패한 소비자로 비판받고 있다. 시장에서 선택을 실행함으로써 자아를 구성하는 자아관리적인 소비자는 자본주의 체제의 논리에 순응하는 꼭두각시로서, 쾌락적 자아는 정체성을 상실한 채 욕망의 노예가 된 타락한 소비자 인간상으로 비추어질 수 있다. 이러한 소비문화에 대한 비판의 핵심은 소비에 있어서의 소외 개념으로 집중된다. 본 절에서는 소비자의 욕망과 허구적인 자아정체성, 소비의 소외에 대한 논의를 중심으로 소비문화를 비판하고 소비문화의 발전 방향에 대해 살펴보고자 한다.

1) 욕망: 조작된 욕망과 끝없는 욕망

소비문화 비판에서 그 중심에 자리한 개념은 소비의 동인이 되는 욕망이다. 오늘날 소비자가 추구하는 소비 욕망이 비판의 대상이 되는 이유는 욕망은 주체성을 상실한 채 조작되고 있고 왜곡되어 있으며, 물릴 줄 모르는 욕망은 소비자를 결코 행복하게 만들지 못한다는 것으로 집약된다.

자본주의 소비문화는 체계의 필요에 따라 개인의 욕구를 구조화한다고 본다. 자본주의가 유지되고 발전하기 위해서는 생산된 상품이 판매되어야 하기 때문에 인간 발달의 논리가 아니라 상품 생산의 논리에 따라 욕구를 발전시키고 있다는 것이다(함인희·이동원·박선웅, 2001). 쾌락의 추구 역시 권리나 즐거움으로서가 아니라 경제체제 구성원으로서 강요되고 제도화되어 있다고 비판한다. 마르쿠제(Marcuse, 1969)는 근대 자본주의의 강제에 의해 소비자들의 무의식에 각인된 소비에 대한 욕망을 인간의 제2의 본성이라고 지칭하며 소비를 조장하는 상업주의를 비판한다. 소비인간은 쾌락의 추구가 의무로 주어진 존재이며 지금 가지고 있는 것으로 만족하면 반사회적 존재가 될 위험이 있다. 즉, 소비 자체가 하나의 가치체계이며 소비사회는 소비를 학습하는 사회, 소비에 대해 사회적 훈련을 하는 사회라는 것이다.

상품의 포장, 판촉, 광고 등은 인위적인 소비욕구 창출을 위한 장치이자 소비자의 욕구 창출에 적극적으로 개입하는 기제로서 비판받고 있다. 광고와 마케팅은 스타일, 이미지, 심리학 등을 통해 실질적으로, 문화적으로 그리고 매우 적극적으로 개인의 욕망에 개입한다(Haug, 1986; Williams, 1978). 소비자가 스스로 욕망을 발전시키기를 기다리기보다는 지속적으로 광고와 마케팅을 포함한 여러 가지 상업적 기획을 통해 소비자의 욕구를 결정하거나 창출한다는 것이다. 패커드(Packard, 1977)는 광고는 개인의 무의식적 욕망과 동기에 대한 지식을 사용하여 개인으로 하여금 광고주가 원하는 것을 사게 하면서 의지에 반하여 행동할 수 있도록 하는 과학적·심리학적 기술이라고 혹평한다. 결론적으로 자본주의 사회에서 욕망은 시장이윤의 조건이 되며 자본주의는 욕망의 제한을 결코 허용하지 않는다. 이러한 맥락에서 소비 욕구는 자연적인 것이 아니라 근대자본주의의 산물로서 이해된다(Slater, 정숙경 역, 2000).

소비문화 비판론자들은 욕망의 본질에 대해서도 비판한다. 소비사회에서 조장되는 욕망이 인간 존재의 본질과 관련된 실체적이고 구체성을 가진 욕망이 아니라(Baudrillard, 이상률 역, 1991), 항상 상품에 대한 열망이라는 점을 지적한다. 이 점은 다음 절에서 이야기할 소비의 소외로 연결된다. 경제적으로 보다 많은 상품을 판매하기 위하여 많은 이미지가 개인들에게 강요되고 이러한 이미지 속에서 사람들에게 지속적으로 그들 존재의 충족되지 않은 측면을 보여주면서 상품의 세계로 끌고 간다는 것이다. 인간의 욕구는 상품의 이미지로서만 경험되고, 이미지로서 충족되는 만족은 허구적일 수밖에 없다(Baudrillard, 이상률 역, 1991; Haug, 1986).

오늘날 경제적 진보와 발전은 개인이나 사회의 최고 목표가 되었다. 경제적인 풍요를 위한 자본주의는 욕구의 제한을 허용하지 않고 오히려 쾌락원칙 아래 지속적인 만족, 상품에 대한 소비를 요구하고 이를 제고하는 체제이다. 소비자본주의는 물릴 줄 모르는 인간의 욕망을 해방시켰고, 일단 봇물이 터진 욕구는 일상생활에서 어떠한 사회적 혹은 문화적 도덕권위의 제약을 받지 않고 있다(Slater, 정숙경 역, 2000).

욕망이 어떤 도덕적 질서에 의해 제한되지 않는다면 아무것도 그것을 만족시킬 수 없는 것이다. 물질적으로 아무리 풍요롭다 하더라도 무제한의 생산은 무제한의 욕구 생산에 부딪히게 되고 이처럼 욕구 충족이 지속적으로 미루어질 때 아이러니컬하게도 풍요의 시대에 우리는 여전히 좌절, 불행, 불만, 빈곤한 상태로 남아 있게 된다. 개인의 욕구를 지시하는 가치라든가 응집력 있는 문화가 부재한 사회에서 물릴 줄 모르는 욕구는 사람들을 끝없이 불만을 먹고 사는 존재로, 항상 빈곤한 존재로 남아 있도록 하는 것은 아닌지 생각해 볼 일이다.

2) 자아정체성 위기와 자아상실

오늘날 개인은 자신의 생산영역이나 창조적인 활동이 아니라 소비하는 상품이미지나 상징을 통해 자아정체성을 구성한다. 입고, 먹고, 여행하고, 즐기는 것 등의 소비는 어떻게 사는가에 대한 것뿐 아니라 나는 누구인가를 결정하는 요소로 기능한다. 내가 소비하는 것이 나의 정체성, 나의 가치, 나의 기호, 나의 사회적 멤버십 등을 표현하기 때문이다. 상품에 투영된 정체성은 정체성 그 자체가 팔 수 있는 상품이 된다(Baudrillard, 이상률 역, 1991; Bocock, 양건열 역, 2003).

정체성과 나를 표현하는 수단들이 선택 가능해짐으로써 자아가 마음대로 꾸며지는 불확정한 것으로 만들고 있다. 소비주의는 정체성을 생산하고 유지할 수 있는 데 필요한 재화를 제공하지만 너무 다양한 가치와 존재 방식을 제공함으로써 오히려 정체성 위기를 강화시킨다는 비판을 받고 있다.

더욱 심각한 문제는 정체성을 나타내는 데 사용하는 상품들은 정체성에 대한 실체를 구성해 주는 것이 아니라 광고, 브랜드, 디자인, 패키지와 연출을 통해서 가공된 정체성에 대한 이미지만을 제공한다는 것이다(Richards, 1991). Baudrillard는 오늘날 소비사회를 소비자들이 자신의 개성을 아름다움, 매력, 센스 등 자연적 특성에 따른 가치 있는 자기에서 찾는 것이 아니라 광고에 의해 만들어진 모델을 그대로 따라하거나 만들어진 코드에 순응함으로써 자기 자신의 개성을 찾도록 하는 몰개성, 자아상실의 시대라고 통렬하게 비판한다. 여기서는 개인의 자연적인 가치는 모두 사라지고 그 대신 꾸며진 자연스러움, 에로티시즘, 육체의 선, 요염함 등의 인위적 가치가 영향력을 행사한다는 것이다.

자신의 정체성이 자신의 실제가 아니라 자신이 소비한 것으로 표출되는 오늘날의 소비문화가 형성하는 정체성이란 상품화에 의해 조작된 또는 연출된 허위적 혹은 가상적 정체성이라는 평가를 모면하기란 쉽지 않을 것 같다. 광고에서 묘사된 사회관계나 문화적 정체성은 이미지를 통해서만 존재하고 실재하지 않기 때문에 소비문화를 환상적, 유령적이라고도 한다(Williams, 1978).

3) 소외된 소비

소비사회에서 가장 근본적인 소비문화 비판은 소외에 있다. 소비에 있어서의 소외도 마르크스 임금노동자의 노동에 대한 소외에 뿌리를 두고 있다. 마르크스 (Marx, 1959)에게서 노동의 소외는 노동의 산물이 자신이 필요로 하는 물건을 자신이 만들어 쓰는, 그래서 노동의 산물이 노동의 주체에게 그대로 귀속되는 이전 생산 양식과 달리 그것을 생산한 노동자에게 귀속되지 않은 데서 생긴다. 대신 나의 노동력을 제공하고 임금을 받아 시장에서 필요한 생활물자를 구입하여 생활하는데, 여기서 핵심 논점은 인간 주체의 본질적 능력인 노동력 자체가 산업자본주의의 노동시장에서 거래되는 상품이 되었다는 것이다. 상품화된 노동은 자신에게 속하지 않은 도구와 기계로 자신에게 속하지 않는 물품을 생산하고 대신 보상으로 화폐를 받아 나에게 필요한 생활물자를 구매하여 소비한다. 마르크스는 이러한 과정, 즉 노동이 나의 것이 되지 못하고 인간 주체와 분리되는 현상을 소외라고 하였다(Slater, 정숙경 역, 2000).

자본주의 사회에서 노동의 소외가 인간과 생산활동 간의 관계에 관한 것이라면 소비의 소외는 생산활동의 산물인 사물과 인간 사이의 관계에 관한 것이다. 마르크스(1959)에 따르면 자신의 노동력이 상품화 과정에 들어감으로써 소외된 노동력으로 존재하는 것과 마찬가지로 나의 욕구 충족을 위해 필요한 사물도 시장에서 거래되는 상품으로 존재하고, 개인은 여러 사물 가운데 즐거움을 줄 수 있는 사물을 선택할 수 있지만 자아 발전의 한 과정으로 동화시킬 수 없다면 사물은 소외된 형태로 남게 된다. 미리 포장되고, 기성품화되고, 광고의 이미지로 코드화된 상품, 미리 만들어진 음식을 사고, 정해진 여행상품을 구매하는 근대적 소비양식에서 소비자는 창조성과 자율성, 체험할 수 있는 경험들을 많이 잃게 된다는 것이다(Bocock, 양건열 역, 2003). 이미 만들어져 있는 대상들 가운데 선택하는 행위, 만들거나 행하는 구체적인 활동을 통하지 않고 단지 화폐를 쓰고, 선택을 행함으로써 소외는 강화된다고 본다(Slater, 정숙경 역, 2000). 상품화 과정에서 소비욕구는 사물에 대한 욕구가 아니라 화폐에 대한 추상적인 욕구로 왜곡된다. 돈이 많고 싶고, 부자가 되고 싶은, 단지 사물의 소유를 가능하게 하는 화폐라는 수단에 대한 왜곡된 욕망은 나는 어떤 존재이고 싶고, 무엇을 하고 싶다는 본질적인 욕망을 가려버리고 만다.

에리히 프롬(Erich Fromm)은 독일 출신의 사회심리학자이자 철학자로, 그의 작업은 자본주의 사회에서 인간 소외의 문제를 깊이 탐구하는 데 중점을 두었다.

프롬의 소외(alienation)는 프롬의 작업에서 핵심개념 중 하나다. 소비의 소외는 개인이 소비행위를 통해 자아와 타인, 더 나아가 사회와의 관계에서 소외되는 현상을 말한다. 프롬은 현대 자본주의 사회에서 사람들이 소비를 통해 자신의 정체성을 형성하고, 이를 통해 가치를 판단하는 방식이 사람들을 소외시키는 주요 원인이라고 보았다.

소비의 소외 이론의 주요 요소는 첫째, 사람들의 삶의 방식이 크게 두 가지로 나뉜다고 봤다. 소유 지향적 삶(Mode of Having)과 존재 지향적 삶(Mode of Being)이다. 소유 지향적 삶은 물질적 재화와 자산을 소유하는 데 중점을 두며, 사람들의 정체성과 가치가 얼마나 많은 것을 소유하고 있는지에 의해 결정된다. 소비사회에서 사람들은 끊임없이 새로운 제품과 서비스를 구매하며, 이를 통해 자신의 가치를 증명하려고 한다. 그러나 이는 일시적인 만족을 제공할 뿐, 궁극적으로는 더 큰 공허함과 소외를 야기한다.

둘째, 프롬은 소비행위가 일종의 끝없는 욕망을 자극한다고 주장한다. 소비자는 새로운 제품이나 서비스를 통해 일시적인 만족을 느끼지만, 이는 곧 사라지고 다시 새로운 소비를 갈망하게 된다. 이러한 반복되는 사이클은 개인을 더욱 소외시키고, 참된 만족을 찾기 어렵게 만든다.

셋째, 자본주의 사회에서 생산과 소비의 자동화는 사람들을 비인간화하고, 기계적인 존재로 만든다. 사람들은 자신이 소비하는 제품이 어디서 어떻게 만들어졌는지, 그 과정에서 어떤 사회적, 환경적 영향이 있었는지에 대한 인식 없이 단순히 소비하게 된다. 이는 인간과 노동, 자연과의 관계를 단절시키고, 더 큰 소외를 야기한다.

넷째, 프롬은 소비사회에서 사람들 간의 관계도 상품화된다고 봤다. 사람들은 다른 사람들을 자신에게 유익한 자산이나 도구로 여기는 경향이 있다. 이는 진정한 인간적 유대와 상호 존중을 방해하고, 인간관계의 깊이를 상실하게 만든다.

에리히 프롬의 소비의 소외

현대사회에서 우리가 보는 소외는 거의 전면적인 것이다. 현대의 소외는 사람의 일, 소비하는 물건, 국가, 동료, 그리고 자기 자신과의 관계에까지 파고들고 있다.

'소비'의 과정도 생산과정만큼이나 소외되어 있다. (…) 우리는 단지 그 물건을 '갖기' 위해 그것을 획득한다. 아무런 쓸모도 없으면서 소유 자체에 만족한다. 값비싼 식기, 깨질까 봐 꺼내 쓰지조차 못하는 크리스털 꽃병, 쓰지 않는 방이 많이 딸린 대저택 등…

우리는 우리가 얻은 물건들을 어떻게 사용하고 있는가? 음식과 음료에 대해 생각해 보자. 우리는 남보다 부유하고, 고귀하며, 희고 싱싱해야 한다는 환상 때문에 맛도 없고 영양가도 없는 표백 빵을 먹는다. 우리는 실제 우리가 먹고 있는 실물과의 관계는 잊어버린 채 환상을 '먹고' 있는 것이다. 우리의 입맛과 신체는 기본적으로 관계되는 소비행위와 유리되어 있다. 우리는 단지 상표를 마실 뿐이다.

출처 : 에리히 프롬(1955), 『건전한 사회』, 제5장 자본주의 사회에서의 인간

프롬은 소비의 소외를 극복하기 위해 다음과 같은 접근을 제안한다.

첫째, 존재 지향적 삶을 추구한다. 물질적 소유에 중점을 두기보다는, 자신의 존재와 삶의 질을 향상시키는 데 초점을 맞추는 것이 중요하다. 이는 자기개발, 창의적 활동, 인간관계의 질을 중시하는 삶의 방식이다.

둘째, 비소유적 가치를 강조한다. 사랑, 존중, 공감, 창의성 등의 비소유적 가치를 중시하는 사회적 분위기를 조성해야 한다. 이는 인간성을 회복하고, 더 나은 사회를 만드는 데 기여할 수 있다.

셋째, 지속가능한 소비다. 환경을 고려한 지속가능한 소비 습관을 장려하고, 제품의 생산과정에서 노동자의 권리와 환경보호를 중시하는 윤리적 소비를 촉진해야 한다.

주체와 대상의 동화, 진정한 인간 욕구를 풍부히 발전시키고 사물세계를 발전시킬 수 있는 인간과 사물 간의 관계의 회복, 즉 소외의 극복은 인간이 자신의 요구를 위해 직접적으로 생산함으로써만 가능할 것인가? 어떻게 생산과 소비 간

의 직접적 관계를 회복할 수 있을 것인가?

소비사회 비판의 요점은 사물과 인간주체와의 관계에서 인간이 사물세계에 한 주체성과 지배력을 상실하고 오히려 사물의 세계, 소비의 세계에 인간주체가 끌려 다니는 노예가 되어 있다는 것이다. 오늘날 소비사회에서는 시장의 요구에 따라 소비욕구가 끌려 다니기보다 특정한 속성을 가진 사물을 특정한 욕구에 봉사하는 사물로 변형시킬 수 있는 소비능력이 요구된다.

4) 진정한 소비의 영웅

오늘날 우리의 소비사회에서 높이 받드는 특징을 지닌, 그래서 귀감이 되는 영웅적인 소비의 모델은 어떤 것일까? 여러 소비종족(HENRY족[1], YOLO족[2], 파이어(FIRE)족[3], 코스파(COSPA)족[4], 홈코노미(Home-Economy)족[5]) 등 나름의 특징적인 소비 가치를 지향하는 소비생활스타일이 다양한 모습으로 나타나고 있지만 규범적인 소비모델로서의 영웅적인 소비가 무엇인지 답하기는 쉽지 않다. 만족의 극대화를 추구하는 고전경제학에서의 선호 개념은 선과 악, 본질과 비본질, 욕구와 바람 간의 구분을 허용하지 않음으로써 소비문화적인 모든 논쟁을 피하고 있다.

---

1) 'High Earners, Not Rich Yet'의 앞 글자를 딴 신조어다. 주택을 소유하고 고급 자동차를 타며 높은 연봉을 받고 있지만 실제로 저축해 놓은 재산은 없는 사람들을 의미한다. 헨리족은 자신들이 받은 연봉의 대부분을 지출하면서 저축은 하지 않기 때문에 겉으로 봤을 때는 부자인 것처럼 보이지만 실속 있는 부자는 아니다라는 의미에서 만들어졌다.

2) 'You Only Live Once'의 앞 글자를 딴 신조어다. 미래 또는 남을 위해 희생하지 않고 현재 자신의 행복을 가장 중시하며 소비하는 삶을 추구한다.

3) '경제적 자립(Financial Independence)'을 빨리해 자발적 '조기 은퇴(Retire Early)'를 추구하는 라이프스타일을 일컫는 용어다. 20대부터 소비를 극단적으로 줄이며 은퇴 자금을 마련하는 사람들을 가리킨다. 수입의 70~80%를 넘는 액수를 저축하는 등 극단적 절약을 실천하는 삶을 산다.

4) 일본에서 2000년대 초반 화제였던 '코스파(cost-performance의 일본식 발음·가격 대비 성능)'의 신조어로 우리나라의 코스파족은 주로 20, 30대로 "요즘은 '가성비보다 가용비(가격 대비 용량)'가 대세"라며 '업소용' '1+1' '벌크(bulk)과자' 등을 수시로 인터넷에서 검색하는 소비행동을 보인다. 즉 제품구매에 매우 신중하며, 비용 대비 효율성을 우선가치로 삼는다.

5) 온라인동영상 서비스 같은 문화생활부터 생필품 구매와 음식배달까지 모든 소비 경제활동을 집에서 하는 것을 말한다.

소비자의 욕구에 대한 규범적 판단을 위한 가치이론이나, 선호도를 판단할 가치 기준이 없다. 더욱이 소비가 필요의 충족이라는 물질적인 가치가 아닌 상징과 기호 가치의 소비로 이해되는 현대 소비사회에서 소비문화를 비판하고 소비생활을 이끄는 규범적인 소비 가치를 언급하는 것 자체가 현대사회의 사조에 맞지 않는 발상으로서 조롱거리가 될지도 모르겠다.

그럼에도 불구하고 풍요로운 소비에 따른 행복과 자기 충족, 이상의 실현과 소비사회에서 목격되는 아노미와 병리적인 현상을 제대로 파악하기 위해서는 진실한 대상체계와의 관계에 대한 욕구(실천, 창조성, 놀이, 즐거움, 자신의 적절한 욕구의 발전에 근거한 관계)에 대한 지식, 특정 욕망이 잘못된 것인지, 비본질적인 것인지에 대해 판단할 수 있는 가치규범 그리고 소비가 어떠해야 하는가를 지시하는 모델이 필요하다.

읽을거리   **"이번에 7만 원짜리 샤넬백 샀어" … 틱톡서 번진 '짝퉁 플렉스' 왜**

20대 여성 아만다 레닉은 틱톡을 통해 샤넬백을 자랑했다. 가방을 보호하는 '더스트 백'도 있었다. 하지만 영수증에 적힌 가격은 불과 55달러(약 7만 원), 정품 가격(1만 200달러)의 185분의 1수준이다.

파이낸셜타임스(FT)에 따르면 레닉은 이 가방이 중국의 한 온라인 쇼핑몰에서 구입한 '짝퉁'(복제품)이라고 밝혔다. 또 다른 20대 여성 데니스 듀란은 틱톡에서 다이슨의 헤어기기와 신발 브랜드 어그의 슬리퍼 짝퉁을 소개했다. 워싱턴포스트(WP)에 따르면 듀란은 짝퉁을 구매하는 방법까지 상세히 알렸다.

미국과 유럽의 Z세대(1990년대 중반~2010년대 초반 출생) 사이에서 이처럼 '명품 짝퉁'을 구매하고 이 사실을 과시하는 새로운 소비문화가 번지고 있다. 미 여론조사기관 모닝컨설턴트가 지난달 미 성인 2,216명을 대상으로 조사한 결과 Z세대의 절반에 가까운 49%가 명품 짝퉁인 것을 알고도 구매한 것으로 나타났다. 성인 평균 응답률인 31%보다 높았다.

유럽연합(EU) 지식재산청이 지난해 15~24세 2만 2,021명을 상대로 물었더니 37%가 지난 1년간 최소 1개 이상의 짝퉁 제품을 샀다고 답했다. 2019년 같은 조사의 응답률인 14%보다 급증했다.

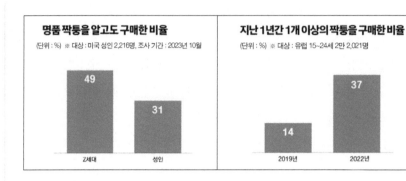

외신들은 짝퉁에 대한 Z세대의 인식이 기성세대와 차이가 있다는 점에 주목했다. 과거엔 짝퉁을 금기시하거나 구매 후에도 숨기는 분위기가 있었으나, 요즘 Z세대들은 오히려 당당하게 '짝퉁 플렉스'까지 하고 있다는 거다.

실제로 소셜미디어엔 짝퉁 패션·화장품·생활용품 구매 경험과 방법을 담은 영상들이 올라온다. 미 CNBC에 따르면 틱톡에 '#Dupes(Duplicate, '복제하다'의 줄임말)' 해시태그가 달린 관련 영상들의 조회수는 총 60억 회에 이른다. Z세대의 짝퉁 구매가 증가한 건 우선 경제적 이유 때문이다. 소셜미디어 인플루언서들의 명품 과시는 Z세대의 구매욕을 자극한다. 하지만 명품 가격은 천정부지로 치솟는데 Z세대의 소득 수준은 이를 따라가지 못하는 상황이다. 미 조지타운대 맥도너 경영대학원의 프라샨트 말라비야 교수는 "Z세대는 그 어느 세대보다 소셜미디어 속 이미지를 많이 보지만 구매할 만한 경제적 능력은 없다"며 "그들이 '명품'에 근접할 수 있는 유일한 방법은 '가짜'를 갖는 것"이라고 말했다.

이들 Z세대는 '절약 문화'에 익숙한 면도 있다. 미 사회컨설팅 기업 두썸씽 스트레테직의 워커 포스트 수석 전략가는 "어린 시절 2008년 글로벌 금융위기를 목격하고, 코로나19 사태로 인한 경기 침체를 겪은 Z세대는 돈을 절약하는 재정 운영에 정통한 세대"라고 설명했다.

대부분 돈을 아끼기 위해서이지만, Z세대는 짝퉁을 자신의 검소함을 자랑하는 수단으로 삼기도 한다. 미 Z세대인 카미 마쉬는 WP에 "복제품 소유는 험블브래그(humblebrag, 겸손한 척 은근히 자랑하는 태도)"라고 말했다. 듀란은 "우린 유행을 좇기 위해 저렴한 대안을 찾는 것"이라며 "짝퉁은 물가가 상승하고 젊은층의 경제적 우려가 높은 시대에 '패션 민주주의'를 실현시켜 준다"라고 주장했다.

짝퉁 플렉스를 Z세대의 반항적 소비로 보는 시각도 있다. 명품의 높은 가격대와 경제적 현실에 대한 반발 심리가 작용해 '난 영리하게 비싼 명품을 이렇게 싸게 샀다'고 보여준다는 것이다.

복제품 시장이 커진 점도 거부감을 줄였다는 분석이다. 과거엔 음지에서 거래되는 경우가 많았지만, 요즘엔 온라인에서 대놓고 판매한다. 대상 제품도 가방·신발부터 주얼리, 스포츠용품, 전자제품 등으로 다양해졌다. 때문에 짝퉁 구매에 대한 부끄러움이 사라지고 있다고 외신은 분석했다.

소셜미디어의 확산으로 복제품 구매 정보를 쉽게 찾고, 널리 전파할 수도 있게 되면서 저렴한 가짜 찾기가 Z세대에겐 새로운 놀이 문화가 됐다는 해석도 나온다. 인공지능(AI) 명품 감별 기업 엔트루피의 최근 분석 결과 미국과 유럽 Z세대 소비자의 50.7%가 복제품에 거부감이 없는 것으로 나타났다. 진품과 구별이 어려워 '슈퍼페이크(superfake)'라 불리는 위조품의 등장도 영향을 끼쳤다. ABC 뉴스에 따르면 중국의 한 공장은 악어가죽을 이용해 가짜 에르메스 켈리백을 수작업으로 만드는데 가격은 정품의 10분의 1수준이다. 전 세계 짝퉁 시장은 해마다 성장해 현재 2조 달러(약 2,579조 원) 규모에 달한다고 알려졌다.

지난 15일 뉴욕 맨해튼선 미 역대 짝퉁 압수품 규모로는 최대인 21만 9,000점이 압수된 적도 있었다. 국내에서도 해외 직구사이트 등을 통한 짝퉁 구매가 크게 늘어 전국 세관에서 적발된 짝퉁 직구 제품은 2018년 1만 403건에서 지난해 6만 2,326건으로 6배가 됐다.

하지만 짝퉁은 엄연한 지적재산권 침해다. 미국·한국 등지에선 짝퉁 제작·판매가 처벌 대상인 불법이다.

'명품 종주국' 프랑스·이탈리아·스위스 등 일부 유럽 국가에선 짝퉁 구매와 착용도 불법이어서, 적발되면 벌금을 물곤 한다. 실제 짝퉁을 착용한 관광객들에게 벌금이 부과된 사례도 있다고 외신은 전했다. 경제에도 악영향을 끼친다는 지적이다. 미연방수사국(FBI)에 따르면 위조품은 미 경제에 연간 6,000억 달러(약 772조 원)의 손실을 입힌다.

일각에선 명품 회사들이 판매가를 재고할 필요가 있다는 지적도 나온다. 짝퉁을 선호하는 Z세대가 앞으로 5~7년 안에 가장 큰 소비집단으로 부상할 것이기 때문이다. 엔트루피의 조사에선 Z세대 소비자의 31%가 "명품이 지금보다 저렴해진다면 짝퉁 구매를 중단하겠다"고 답했다.

출처 : 중앙일보(2023.11.24.)

CONSUMER AND LIFESTYLE

소비문화 이론

1. 사물의 의미와 광고

1) 사물의 의미와 생산 및 전달

(1) 문화범주와 사물

소비문화에서 사물은 문화적인 의미를 지니고 또한 의미를 전달하는 중요한 수단이다(McCraken, 이상률 역, 1996). 그것은 문화의 내용들이 재화를 통하여 실체화될 수 있기 때문인데 McCraken에 따른 인류학의 문화분석이론을 빌려 설명하면 다음과 같다.

우리가 살고 있는 세계, 즉 일상적인 경험의 세계와 현상 세계는 문화적으로 구성된 세계라고 한다. 문화적으로 구성된 세계는 문화범주로 구분되는데, 문화범주는 현상세계를 문화기준으로 나눈 문화의 구분 단위이다. 예를 들면 연령(노인, 청소년, 아동 등), 성(여성과 남성), 계급(상, 중, 하 등), 직업(전문직, 사무직 등) 등으로 구분된 인격의 범주는 나름의 세계상을 가지고 각각의 문화범주를 구성하고 있다고 할 수 있다.

문화범주에는 문화 현상들이 조직되고 평가되며 해석되는 관념이나 가치로서 문화원리가 존재한다. 문화원리는 문화현상이 구별되고 분류되며 상호 연관되는 것을 가능하게 하고 사고나 행동에 방향을 제시하는 관념이다. 문화를 구성하는 문화원리와 문화범주 자체는 눈에 띄는 실체를 갖지 않고 인간의 실천에 의해 실체화된다. 문화의 청사진에 따라 행동하면서 한 공동체의 구성원들은 문화범주를 구체화하고, 한 문화의 구성원들은 그들이 사는 세계의 구축 및 구성에 참가하는 것이다(McCracken, 1988).

사물들은 문화범주를 구체적으로 표현해 주기 때문에 물질적인 사물을 통해서 문화원리와 문화범주들은 실체성을 가진다. 예를 들면 남성과 여성이라는 문화범주의 차이는 입고 있는 옷이나 소비품 등 물질적인 사물이 잘 표현해 준다. 이처럼 사물은 문화질서를 실체화하는 데 사용되고, 재화의 질서는 문화의 질서를 본뜨고 있다는 점에서 사물은 문화적 의미를 가지고 있다.

(2) 사물의 의미 생산과 전달 기제로서의 광고

소비사회에서 문화적 범주로부터 재화로의 의미 전달에 광고의 역할을 간과할 수 없다. McCracken(매크래켄)(이상률 역, 1997)에 따르면 소비재와 문화적으로 구성된 세계를 특정한 틀 속에서 결합시킴으로써 광고는 문화적으로 구성된 세계에서 재화로의 의미 전달을 수행한다. 이러한 광고의 역할에 대해 두 가지 상반된 논의가 전개되고 있다. 하나는 광고가 상품 속의 문화범주와 원리를 적절하게 담아내고 재화의 세계에 문화적 의미를 옮겨주는 매개자의 역할을 함으로써 소비문화에 기여한다는 순기능에 초점을 둔다.

광고 제작 과정을 살펴보면 제품 속에 의미가 어떻게 담기는지를 알 수 있다. 광고를 만들기 전에 제품에 요구되는 속성이 무엇인지 소비자조사나 다른 과정을 통하여 확인한다. 다음으로 문화범주와 원리 중 어떤 것이 그 제품에서 찾는 의미와 일치하는지 탐색하고, 문화적으로 구성된 세계가 광고 안에서 어떻게 묘사되어야 하는가를 결정한 후 세계와 재화가 특별한 조화를 누리는 것처럼 보이도록 광고 안에서 제품을 제시한다. 광고 자극을 통하여 제품과 세계의 동질성이 받아들여지면 제품으로 문화적 의미의 전달 과정이 일어난 것이다.

광고를 통하여 세계에 존재하는 어떤 속성이나 가치가 소비재와 결합하게 되고 이들 간에 '상징적인 등가성'이 성공적으로 성립하게 되면 소비자들은 문화적으로 구성된 세계에 존재한다고 알고 있는 일정한 속성들을 소비재에 귀속시키게 된다. 이렇게 해서 이미 알려져 있는 이 세계의 속성들이 소비재의 미지의 속성들 속에 내재하게 되고 세계에서 재화로 의미 이전이 이루어지게 되는 것이다. 따라서 광고는 문화적으로 구성된 세계에서 소비재로 의미가 주입되는 일종의 통로가 되며 우리 사회에서 문화적 의미의 사전이라고도 지칭된다(McCracken, 1988).

최종적으로 문화적 세계에서 재화로의 의미 이전을 완성하는 것은 소비자이다. 윌리엄슨(Williamson, 1978)에 따르면 광고에서 의도한 재화의 의미가 소비자에게 성공적으로 해독되고 수용되어야 하는데 이런 의미에서 소비자는 의미 전달 과정에서 필수불가결한 참가자이다.

2) 광고와 소비생산론

하우크(Haug, 1986)는 상품에 의미와 아름다움을 부여하는 상품 포장, 상표, 디자인, 상품 모델, 판매장소의 연출 및 광고 등의 상품미학이 자본주의사회에서 특수한 기술로 발전해 왔고, 상품의 가치는 상품의 본질적 가치가 아니라 환상화된 상품의 외양에 따라 결정되고 있다고 비판하고 있다. 상품미학이란 상품의 교환가치를 실현하기 위해 상품을 미적으로 포장하는 것인데, 이를 통하여 사람들의 상징적, 미적 행위를 조직하고 정체성을 꾸미며 인간의 감성조차도 정형화시키고 있다는 것이다.

소비생산론에서 광고는 상품미학의 메커니즘을 구성하는 가장 대표적인 요소이다. 광고가 상품에 불어넣은 상징적 의미는 실재가 아닌 허위적 환상이며, 상품과 인간의 욕구 관계를 조작하는 수단으로 인식된다(함인희·이동원·박선웅, 2001; Richards, 1991; Williamson, 1978; Haug, 1896; Slater, 2000).

상품생산론은 크게 두 가지 측면에서 광고를 비판한다. 첫째, 광고가 상품에 접합시킨 성공, 행복, 로맨스, 이국적 풍취 등의 이미지는 단지 연출된 이미지에 불과하고 허구적이며 상품의 실재나 본질을 오인하게 하는 신비화로 작용한다는 것이다(함인희 외, 2001). 둘째, 자본주의가 유지되고 발전하기 위해서는 생산된 상품을 판매해야 하는데, 광고는 문화적 가치에 대한 욕구를 상품에 대한 욕구로 전환시키고 인위적으로 상품에 대한 욕구를 불러일으킴으로써 대량생산된 상품을 소비하도록 조장한다(Ewen & Ewen, 1982).

사물이 담고 있는 의미와 상징이 우리의 경험 세계와 가치를 담고 있는지 아니면 사업자가 만들어낸 허구인지는 결국 사물을 다루는 소비자의 능력에 달린 문제이다.

2. 생활양식의 형성과 변화

한 사회와 개인의 소비문화는 생활양식에 그대로 반영되어 나타난다. 생활양식에 대한 소비 이론으로서 디드로 통일체와 디드로 효과 그리고 부르디외의 구별짓기 이론이 있다. 디드로 통일체와 디드로 효과가 개인을 중심으로 한 사람의 생활양식으로 구성되고 유지되는 과정을 설명하는 이론이라면 부르디외의 구별짓기 이론은 구조주의적 관점에서 한 사회의 다양한 생활양식이 발현되고 유지되는 방식을 구조적으로 체계화함으로써 소비양식을 통하여 사회적 관계와 사회적 구조를 설명하고 있다.

1) 디드로 통일체와 디드로 효과

디드로 통일체와 디드로 효과는 McCracken의 유명한 저작 『소비와 문화』를 통하여 소개되고 널리 알려졌다. McCracken(1988, 이상률 역, 1996)에 따르면 디드로 통일체는 소비재의 고도로 일관성 있는 보완물들, 디드로 효과는 그것을 유지하는 강제력, 즉 기존의 소비패턴 속에 머무르도록 구속하거나 또는 옛 모습을 찾아볼 수 없을 정도로 변형하게 하는 강제로서 정의된다. 여기에 디드로라는 이름이 붙여진 것은 이 이론이 18세기 프랑스 백과사전의 편집인 겸 집필자인 디드로라는 학자의 실내복에 관한 에세이에서 비롯되었다.

　디드로는 진홍색의 우아한 실내복을 선물로 받고 나서 해지고 시시하지만 편안했던 옛 실내복을 버렸다. 점차로 우아한 실내복에 어울리도록 서재의 책상, 벽장식, 의자, 판화, 책장, 시계를 바꾸게 되는데, 전에는 초라하고 복잡하지만 행복했던 서재가 우아하고 질서정연하고 아름답게 갖추어졌지만 딱딱한 기분이 들었다는 것이다. 그는 예전의 초라한 실내복과 보잘것없었던 서재의 물건들이 완전히 조화를 이루고 어울렸다는 사실을 애착과 후회하는 마음으로 회고하고 이 모든 것들이 다른 모든 것을 자신의 우아한 분위기에 맞도록 강제하는 오만한 진홍색 옷의 소행이라 결론 내린다는 내용이다.

(1) 디드로(Diderot) 통일체

　일종의 조화나 일관성을 갖고 있으며 서로 어울리는 물건들이 있는데 이처럼 문화적 일관성을 지닌 사물들을 "보완물이라 하고, 사람들이 소유하고 있는 물건들이 어떤 공통성이나 통일성을 가지고 서로 연관이 있는 현상"을 디드로 통일체라 일컫는다(McCracken, 이상률 역, 1996).

　McCracken에 따르면 서로 잘 어울리는 문화적 보완물들은 그 사물에 들어 있는 의미의 성질이 같다. 소비재의 의미는 재화 체계에서의 위치와 문화적 범주 체계와의 연관에서 비롯된다. 매크래켄은 롤렉스시계를 예로 들고 있다. 롤렉스시계의 의미는 다른 시계 브랜드와의 관계, 롤렉스시계와 대응되는 인격, 장소, 시간, 경우 등의 문화적 범주에서 의미를 얻는다. 어떤 재화들이 서로 어울리는가를 결정짓는 것은 문화범주들과 소비재 간의 대응인데, 동일한 문화범주와 일치하는 제품들은 "구조적인 등가물"이 되고 이들은 서로 어울린다는 것이다. 예를 들면 시계와 BMW 자동차는 동일한 문화범주에 대응하는 구조적 등가물이 될 수 있다.

　소비재가 하나씩 떨어져 있거나 이질적인 문화범주에 속한 사물들과 함께하면 의미를 제대로 전달하지 못하고, 재화의 의미는 그 재화가 똑같은 의미를 갖는 다른 보완물들과 함께 놓여 있을 때 가장 잘 전달된다. 물질 문화의 상징적인

속성은 어울려서 의미를 전해야 한다는 점이 물질 문화 커뮤니케이션의 핵심이
다(McCracken, 이상률 역, 1996). 디드로 통일체 이론은 개인 생활양식의 구성에
대해 물질 문화 메시지는 중복되고 서로 전제하는 요소들로 이루어질 때 가장
성공적이며 상이한 조합은 별로 성공적이지 않기 때문에 사람들은 자신의 생활
을 구성하는 사물들을 서로 잘 어울리도록 배열한다고 설명한다.

(2) 디드로(Diderot) 효과

디드로 효과는 개인이 가지고 있는 사물들 사이에 문화적 일관성을 유지하도
록 강제하는 힘을 일컫는다. 디드로 효과는 두 가지 상반된 방향으로 작용한다.
이미 가지고 있는 사물들과 일치하지 않는 문화적 의미를 지닌 사물이 들어오는
것을 차단하는 방향으로 작용하는 한편 새로 진입한 재화의 문화적 의미에 특권
적 지위를 부여하여 기존의 제품을 버리고 그것과 어울리는 소유물로 모두 바꾸
는 방향으로 작용한다.

개인이 가진 물건들은 그 사람의 정서세계를 표출하고, 소유한 사물들을 통하
여 그가 누구이며 또 무엇을 갈망하는지 인식한다. 또한 사물들은 우리의 과거를
생각나게 함으로써 과거와 현재를 연결시키고 우리를 안정시키는 작용을 하는데
사물의 연속성을 유지하는 디드로 효과는 개인들을 동요시키는 사물들이 그들의
생활 속에 들어오는 것을 막아줌으로써 물질세계의 문화적 일관성을 유지할 뿐
아니라 개인의 경험과 자아관의 연속성을 유지하도록 한다는 것이다.

(3) 생활양식의 형성

연속성을 유지하는 보수적인 효과와 상반되게 디드로 효과는 사람의 생활 면
적으로 변형시키는 혁신적인 힘으로 작용할 수 있다. 이 경우 새로운 사물은 들어
온 순간부터 짝이 되는 새로운 재화들을 필요로 하기 시작하고 새 물건으로 촉발
된 새로운 일관성에의 충동은 끊임없이 새로운 제품으로 바꿀 것을 요구한다.

이러한 디드로 효과의 시발점은 최초의 제품 구입이다. 최초의 출발구입이 이루어
지는 동기는 다양할 것이다. 광고, 판촉활동, 제품 개발, 제품 디자인 등 기업의 활발

한 마케팅 활동의 결과 현재 가지고 있는 소비재 보완물과 동떨어진 최초의 제품구입이 출발구입이 되어 자극제 구실을 할 수 있다. 취업, 결혼 및 자녀 출산 등 생애주기의 변화, 전직, 이혼, 죽음 등의 새로운 환경이나 사건에 의해 출발구입이 시작될 수 있다. 또한 선물로 받은 물건이 받는 사람의 제품 보완물에 새로운 의미를 전해서 새로운 소비기준으로 작용할 수 있다. 새로운 출발 제품으로 새롭게 시작된 디드로 효과는 취향과 선호를 변화시켜 새로운 소비패턴을 만들어낸다.

McCracken은 디드로 효과가 작동할 때 소비수준을 지속적으로 향상시킬 뿐, 후진하지 못하도록 막는 장치로 작동하는 래칫[1]효과(Ratchet Effect)의 위험성을 경고하고 있다. 만족스러울 것 같은 소비수준을 달성하자마자 더욱 높은 수준을 기대하게 되고 끝없는 불만족 상태에 놓일 위험이 있다는 것이다. 결국 자아관이나 세계관과 필연적인 관계가 없는 사물들로 둘러싸인 자신의 모습을 발견하게 되고 이것은 소비사회의 전형적인 소외문제로 귀착된다.

각 개인의 소유물들에는 문화적인 의미에서 내적 일관성이 있음을 설명하는 디드로 통일체와 제품 보완물들이 현재의 의미를 보존하거나 아니면 그 의미를 근본적으로 변화시키는 작용을 하는 어떤 효과에 의해 지배된다는 디드로 효과는 개인 생활양식의 구성과 변화 과정을 설명하고 있다.

2) 소비 양식론

생활양식에 관한 소비 양식론은 위치재로서의 상품이 사회적 지위와 문화적 스타일의 상징적 징표(Hirsch, 1976; Leiss, 1983)가 된다는 사실에 주목하고, 소비 생활양식은 집합적 정체성 형성이나 타자와의 구별 짓기를 위해 사회적으로 조직되는 실천들의 집합으로 이해된다(함인희 외 2001). 사회 계층의 징표로서 소비 생활 양식을 체계적으로 서술한 최초의 작업으로는 Veblen(1912, 1899)에 의한 유한계급론을 들 수 있다.

---

1) 한 방향으로만 돌아가는 톱니바퀴를 뜻한다.

(1) Veblen의 유한계급론

Veblen(1912, 1899)은 19세기 말 미국 신흥 부자들의 소비생활을 관찰하였다. 이 집단은 유럽 상류층의 생활방식을 모방하여 음식, 음료, 약물, 주거, 서비스, 장신구, 의상, 무기와 장구, 여흥, 부적, 우상 또는 종교를 최상의 것으로 향유하며 사치스러운 생활을 하였고 예의범절에 따라 품위 있는 방식으로 소비하였는데, Veblen은 부를 과시하기 위하여 생산적인 노동과 관련된 것들을 멀리하며 사는 이러한 계층을 유한계급이라 하고 이들의 소비를 과시적 소비라고 명명하였다.

Veblen이 묘사한 유한계급 소비의 단면을 살펴보면 이들은 과시적으로 노동을 회피할 뿐 아니라 생산적인 일을 하지 않는 하인을 거느린다. 하인들은 값비싼 제복을 입고 주인들과 마찬가지로 세련되고 숙련된 매너를 익히는 등 주인을 위해 과시적으로 시간을 낭비한다. 유한계급이 훌륭한 매너들과 에티켓에 대한 지식을 쌓고 사용되지 않은 언어인 라틴어와 그리스어를 할 줄 안다는 것은 남들이 보지 않는 때에도 일하지 않고 시간을 보냈음을 은연중에 드러내는 것이다. Veblen은 고용된 하인들이 사라진 시대가 도래하면서 이러한 낭비적인 소비의 임무가 부인과 아이들에게 부여되었다고 설명하고 있다.

과시적 소비에서 상품은 사회적 지위의 상징적 징표로서 상층의 고급 취향을 과시하기 위한 목적으로 사용되고(Corrigan, 1997), 소비생활은 자신의 사회적 지위를 드러내고 인정받기 위한 방편이 된다.

(2) Bourdieu의 구별짓기 이론

Veblen이 경제적인 부를 축적한 부유한 계급의 소비생활양식을 관찰하고 사회 문화적 의미를 이론화한 것에 그친 데 비해 Bourdieu(1984)는 다양한 소비재, 음식을 차리고 먹는 방식, 가구와 실내장식, 음악 및 예술적 취향 등이 특정 집단, 특히 사회적·경제적 계급 사이에서 자신들만의 생활방식을 표시하고 타인과 자신을 구별 짓기 위해 어떻게 쓰이는가를 서술하고 있다. 경제적 자본가 계급은 사업, 기업, 경영, 상업, 금융 관련 집단으로서 화폐자본, 부동산, 공장, 상점, 주

식, 채권의 축적을 목표로 하고 생활방식은 Veblen의 신흥 부자들이 보여준 과
시적 소비양식과 유사하다. 지나치게 화려하게 차려입고 집안 가구와 장식에 필
요 이상의 공을 들이고 지적이거나 문화적인 것보다는 물질적인 재화와 오락거
리를 소비한다(Bocock, 양건열 역, 2003).

유럽과 프랑스의 세습부자는 신흥부자보다 덜 화려하고 덜 과시적인 소비를
하는 경향이 있다. Bourdieu에 따르면 이들은 경제적 성공으로 새로이 부자대열에
든 이들과 자신을 구별하기 위해 오래되고 권위 있는 미술, 음악, 조각, 문학
명작들을 중시하고 전통적이고 관습적인 생활을 유지한다. 이러한 것들은 신흥
부자들과 구별하는 사회적 배제 장치들로 작용하는데 오래된 부유한 집안들은
교양 있는 취미라고 여길 만한 문화자본, 즉 경제적 형태와 구분되는 지적 자본
의 형태를 가지고 있다고 주장한다(Bocock, 1996).

노동계급과 중하층 계급은 음식, 술, 텔레비전 시청, 비디오, 가구, 실내장식을
소비하는 양식에 중요한 차이가 있다. 중하층 계급은 체면을 중시하고 그보다
상위에 있는 중간계급으로부터 소비 방식과 소비 대상에 대한 단서를 얻으려
하는 반면 노동계급은 직접적인 즐거움을 통해 재미를 추구한다. Bourdieu에
의하면 노동계급의 경우 중하층 계급보다 소득이 더 높은 경우가 있지만 소비양
식에 영향을 주는 것은 소득뿐 아니라 문화적 · 상징적 요소들이다(Bocock, 1996).

음식, 의복, 실내장식, 스포츠, 휴가, 음악, 미술 등 사람들의 일상생활의 다양
한 소비영역에서 소비방식에 차이가 있는데 상이한 지위집단 사이의 차별과 구
별을 낳은 수단으로서 경제자본 이외에 문화자본이 개입된다. 각 계급은 문화자
본 수준에 따라 각기 다른 취향을 가지게 되는데 Bourdieu는 취향을 칸트적 취
향과 대중적 취향으로 구분하고 있다. 문화자본이 증가할수록 보다 고급의 우월
한 칸트적 취향을, 문화자본이 낮은 계층은 즉각적이고 감각적인 것을 선호하는
반칸트적(대중적) 취향을 선택하는 경향이 있다(Miller, 1987).

Bourdieu가 제기하고자 했던 문제는 취향이 개인적 선택의 결과가 아니라 사회
적으로 구조화되었다는 사실이다(Bocock, 1996). Bourdieu는 행위자의 무의식적 수
준에서 취향을 일관되게 조정하는 체계가 존재한다고 보고 이를 아비투스

(habitus)라 부른다. 아비투스는 물질적 존재 조건뿐 아니라, 가족의 문화적 유산이나 교육 등의 비물질적 존재 조건에 의해 형성된다. 경제자본과 문화자본에 따른 사회적 존재 조건을 달리하는 각 사회계급은 각기 다른 특정한 아비투스를 갖는다. 객관적 조건은 아비투스를 통해 취향으로 내재화되고 그리하여 소비와 같은, 양식과 취향에서의 문화적 실천은 사회 공간 내에서 차지하는 위치와 그는 아비투스에 따라 구별된다(함인희 외, 2001).

소비취향과 소비양식의 중요성은 그것을 통해서 계급적 차이와 정체성이 되고 분류되며 인식된다는 데 있다(Bourdieu, 1984). 취향에 의해 구성되는 상이한 생활양식이 사회적 지위를 상징적으로 표현하고 사람들은 생활양식을 통해서 사회적 지위를 인식할 뿐 아니라(함인희 외, 2001) 생활양식은 사회적 차이를 재생산한다(Corrigan, 1984).

생활양식에 관한 소비이론은 소비를 구매한 물건을 타인에게 내보임으로써 자신의 정체성 의식을 창조하고 유지하려는 과정으로 개념화하고 있다. 소비는 집단적·개인적 정체성 의식을 상징적으로 구성하는 능동적 과정이 된다(Bocock, 1996).

읽을거리　　　　　　　　　　　　　　　　　　　　　　**르상티망과 소비**

'르상티망'(ressentiment)은 주로 프랑스 철학에서 사용되는 개념으로, 깊은 불만과 불쾌감, 그리고 상대방에 대한 적대적인 감정을 의미한다. 이 용어는 특히 철학자 프리드리히 니체(Friedrich Nietzsche)에 의해 유명해졌으며, 그의 철학적 논의에서 중요한 역할을 한다.

1) 르상티망의 정의

르상티망은 프랑스어 'ressentiment'에서 유래된 개념으로, 일반적으로 두 가지 주요 특성을 가진다.

불만과 억압된 감정: 르상티망은 개인이 자신의 감정이나 욕망이 억압되거나 충족되지 않을 때 발생한다. 이런 상황에서 개인은 종종 그 억압된 감정을 타인이나 사회에 대해 부정적인 감정으로 표현한다.

도덕적 정당화: 르상티망은 자신의 열등감이나 불만을 정당화하기 위해 도덕적 기준을 새롭게 세우는 경향이 있다. 즉, 개인은 자신의 약점을 숨기기 위해

새로운 도덕적 또는 가치적 기준을 설정하고, 이를 통해 자신의 불만을 정당화하려 한다.

2) 니체의 르상티망 개념

프리드리히 니체는 '르상티망'을 사회적 및 철학적 맥락에서 분석하였다. 그의 철학에서 르상티망은 주로 다음과 같은 측면에서 논의된다.

주체의 약점: 니체는 르상티망을 약한 주체가 자신의 약점을 숨기고 사회적 위치를 방어하기 위해 사용하는 방식으로 설명한다. 예를 들어, 강한 사람이나 권력 있는 사람에게 감정을 표현할 수 없는 사람은 자신의 불만을 도덕적 우월성으로 전환한다.

가치의 전환: 르상티망을 겪는 사람들은 자신의 약점을 극복하기 위해 기존의 가치 기준을 새롭게 정의한다. 예를 들어, 전통적으로 긍정적으로 평가되던 특성들이 르상티망의 관점에서는 부정적으로 변환된다. 즉, '강함'이 아니라 '겸손'이나 '희생'이 더 높은 도덕적 가치로 평가될 수 있다.

도덕적 자아 방어: 르상티망은 도덕적 기준을 새롭게 세우고 이를 통해 자신의 감정을 정당화하는 과정에서 발생한다. 예를 들어, 자신의 불만을 타인의 행동 탓으로 돌리거나, 자신의 상황을 도덕적 승리로 전환시키려는 경향이 있다.

3) 소비환경에서의 르상티망

소비환경에서는 르상티망이 소비자의 불만이나 불쾌감으로 나타날 수 있다. 소비자들이 브랜드나 제품에 대해 불만을 느끼면, 이는 르상티망으로 표현될 수 있다. 예를 들어, 소비자가 제품의 품질이나 가격에 불만을 가지면, 그 불만은 브랜드에 대한 적대적인 감정으로 발전할 수 있으며, 이는 브랜드의 평판에 부정적인 영향을 미친다.

이런 르상티망은 소비자들이 브랜드와의 관계를 어떻게 형성하고, 소비행동에 어떤 영향을 미치는지에 대한 중요한 통찰을 제공한다. 브랜드는 소비자들의 르상티망을 이해하고 이를 관리하는 전략을 세우는 것이 필요하다.

3. 환상과 쾌락적 소비

1) 옮겨놓은 의미

'장미로 뒤덮인 아담한 집을 꿈꿀 때 언젠가 그런 아담한 집을 갖는 것을 생각하는 것'은 일정한 가정생활이나 생활양식 전체에 관한 것이고 아담한 집은 자신이 꿈꾸는 행복한 가정생활에 대한 '객관적 상관물'이 된다. 이처럼 재화는 어떠한 태도, 관계, 환경을 구체화함으로써 현실에서 꿈꾸는 이상과 희망의 객관적 상관물이 된다(McCracken, 1988).

(1) 꿈과 이상의 보존을 위한 '옮겨놓은 의미' 전략

우리가 살고 있는 생활세계에서는 필연적으로 현실과 이상 사이에 차이가 있게 마련이다. 문화마다 문화적 이상을 보호하기 위하여 이상들을 일상생활에서 내어 또 하나의 다른 문화세계로 옮겨놓는 전략을 사용한다. 이와 같이 사실과 이상의 차이를 다루는 전략이 "옮겨놓은 의미(displaced meaning)"이다(McCracken, 1988). 문화적 이상이 다른 문화영역으로 옮겨지면 그것은 손에 잡힐 수 있는 현실인 것처럼 보인다. 현재의 세계에서는 실체화되지도 않고 있을 수 없는 것을 또 하나의 먼 세계에 존재시킴으로써 이상은 보호되고 동시에 이상에 일종의 경험적 증명을 주는 데도 도움이 된다. 예를 들면 문화의 이상을 보존하기 위한 장소로서 역사적으로 황금시대라든가 이상국가 등 문화적 이상이 완전히 실현되었다고 상상되는 허구적인 시대로 위치를 만들어낼 수도 있다. 로마의 서사시인 오비디우스가 읊어낸 황금시대는 "저 최초의 시대, 물도 없고 자신의 의지를 강제하는 사람도 없는, 신념이 보존되고 정의가 행해진 시대"이다(McCracken, 1988). 성취되지 못한 이상의 위치가 되는 것은 언젠가 도달하고자 하는 유토피아적인 먼 미래의 세계가 될 수도 있다. 옮겨놓은 의미 전략을 통하여 추구하는 이상을 안전하게 보존하고, 좌절하고 상처받기 쉬운 현실 속에서 희망을 잃지 않고 이상을 실현하려는 노력을 지속할 수 있다는 것이다.

(2) '옮겨놓은 의미'의 가교로서의 사물의 역할

개개인도 '지금 여기'에서 상대적으로 안전한 또 하나의 시간이나 공간, 즉 과거의 행복했던 어린 시절이나 결혼을 하면, 졸업을 하면, 취업을 하면 등등 상상할 수 있는 바람직한 미래에 자신들의 이상을 옮겨놓고 희망과 이상을 유지하면서 현재의 불행이나 좌절을 견뎌내는 옮겨놓은 의미 전략을 사용한다. 이때 사물이 옮겨놓은 의미로의 가교 구실을 하고 의미의 회복을 돕는 데 이용될 수 있는 장치가 된다는 점에서 소비문화로서의 의의가 있다.

McCracken에 따르면 특정한 문화적 의미를 담고 있는 재화는, 달리 표현하여 재화가 특정한 문화적 의미의 '객관적 상관물'이 되면 옮겨놓은 의미로의 통로가 되며 아직 소유하지 않고 단지 갖고 싶은 열망만으로도 가교 구실을 한다. 개인은 그 재화의 소유와 더불어 이 재화 속에 담긴 지금은 도달하지 못한 곳에 있는 어떤 이상적인 상태나 환경의 소유를 예상할 수 있다. 이때 재화는 어떤 감정상태, 사회 환경, 심지어는 라이프스타일 전체를 구체화함으로써 옮겨놓은 의미의 가교가 되며 아울러 마땅히 그렇게 살아야 하는 삶의 이상화된 모델이 되어준다. 사물이 옮겨놓은 의미의 가교 역할을 할 수 있는 것은 다음과 같은 속성에 기인한다.

첫째, 커뮤니케이션 매체로서 재화의 기호들은 구체적이며 지속적인 특성이 있다. 옮겨놓은 의미는 그 성질상 실체가 없고 현실에 존재하는 것이 아니다. 재화는 그 자체의 실체를 통하여 의미에 실체성을 부여하고 의미의 존재에 대해 일종의 경험을 제공할 수 있다. 또한 재화는 의미에 실제성을 부여함으로써 구체적으로 그것을 소유할 수 있다는 허구의식을 고취시키는 데 기여한다. 둘째로 사물이 나타내는 기호는 희망하고 추구하는 이상 전체를 비유하여 묘사하는 성질이 있다. 즉, 사물 한 가지만으로도 전체 의미를 상징적으로 대표하여 나타낼 수 있는 상징성이 강한 기호의 특성을 가진다. 셋째, 희소하고 소비자의 구매력을 넘어서는 경제적인 가치가 큰 재화가 옮겨놓은 의미를 나타내는 재화로서 적합하다. 넷째, 풍부한 재화의 세계는 옮겨놓은 의미의 안전한 피난처를 제공한다. 옮겨놓은 의미를 내포한 재화를 소유하게 되면 그 의미는 옮겨놓은 위치에서 사라지게 되는데 풍부한 재화의 세계에는 개인이 이상을 옮겨놓고 열망할 수 있는 보다 높은 수준의 소비재가 항상 존재한다.

(3) 소비문화에 대한 시사점

옮겨놓은 의미는 소비재를 통해서 취득될 수 있다. McCracken은 이를 기호적인 기적의 달성이라고 표현하는데, 소비자는 열망하는 생활양식의 일부분이라도 소유하기 위해 그 의미를 담아 놓았던 재화를 구입한다. 그러나 구입이 이루어지자마자 그 재화에 담긴 옮겨놓은 의미는 소실되고 소비자는 기대를 다른 사물로 옮겨놓는다는 것이다. 구입과 동시에 오랫동안 추구되어 온 이상은 순식간에 가치를 잃으며 다른 가교로 이동하기 때문에 옮겨놓은 의미는 항상 옮겨놓은 상태로 남을 수밖에 없다.

소비사회에서 옮겨놓은 의미로의 가교로서 이상과 희망을 담고 있는 소비재는 불행하고 어려운 현실에서 비관에 저항하도록 도움을 준다. 사물을 통하여 현재 이상적인 기대와는 동떨어져 있다 할지라도 이상과 합치하는 시간이나 장소가 있음을 상정하고 옮겨놓은 의미가 회복되어 실현될 수 있다고 암시함으로써 희망을 유지할 수 있을 것이다.

옮겨놓은 의미를 회복하기 위하여 재화를 이용하는 현상이 소비자에게 좋게만 작용하는 것은 아니다. 옮겨놓은 의미의 가교로서의 소비는 현대사회에서 소비 열기를 꺼뜨리지 않고 유지하는 엔진으로 작용하고 소비욕구를 끊임없이 영속화하는 데 기여한다. 소유와 동시에 옮겨놓은 의미의 불빛은 사라지고 또 다른 재화로 새로운 희망을 추구하는 과정이 계속 이어지게 된다. 다시 말해 소비에 있어서의 충족된 상태란 다다를 수 없고 끊임없이 욕망을 자극하여 늘 새로운 사물에 대한 구입을 요구하게 되는 오늘날 소비문화 현실의 일면이 이 이론에 반영되어 있다. 재화를 통해 이상과 희망을 유지하는 현상은 사치재에 대한 소비와 과소비, 고가 소비재의 구입, 비합리적이고 공상적이며 도피주의적인 소비를 잘 설명하고 있다.

2) 소비환상론

소비환상론은 소비에서의 꿈과 욕망 그리고 소비를 통해 체험하게 되는 정서적 즐거움과 소비의 미학을 다루고 있다는 점에서 재화의 옮겨놓은 의미 이론과 맥락을 같이한다. 소비환상론은 소비동기로서 쾌락주의, 도피주의, 환상, 신기함에 대한 욕구 등에 주목하는데 이러한 논의의 시초는 소비를 낭만주의 윤리와 연계한 캠벨(Campbell, 1989)로부터 찾아볼 수 있다.

(1) Campbell의 소비환상론

18세기 후반~19세기 초의 낭만주의는 이성적 계몽주의에 대한 반발로 시작되었다. 낭만주의는 아는 것보다 느끼는 것을, 지적인 것보다 상상을, 외적 세계보다 내적 세계를 중시하고, 개인에 대해서도 사회로부터 분리된 독특성과 자율성을 지닌 존재로 이해하였다(Corrigan, 1997). 낭만주의에서 추구하는 개인은 다양하고 강도 높은 경험을 통해 자신을 표현하거나 실현하고 자신의 독특성을 발전시켜야 하는데, 캠벨은 소비를 자기 자신의 독특한 주관적인 환상과 정체성을 재현하고 체험하기 위한 방식으로 인식하고 낭만주의적 윤리에 기반을 둔 소비주의의 규범을 제시하고자 하였다.

① 소비환상론의 주요 개념

캠벨은 현대 소비사회에서 소비행위가 단순한 물질적 욕구 충족을 넘어서, 낭만적 환상을 추구하는 과정이라고 본다. 이는 사람들이 소비를 통해 이상적인 경험이나 감정을 상상하고, 이를 현실에서 경험하고자 하는 욕구를 반영한다. 예를 들어, 특정 브랜드의 옷을 사는 것은 단순히 옷을 입는 것 이상의 의미를 가지며, 그 브랜드가 상징하는 라이프스타일이나 이미지를 소비하는 행위가 된다.

또한 사람들이 광고, 미디어, 사회적 문화 등을 통해 다양한 환상을 접하고, 이를 통해 소비 욕구가 형성된다고 주장했다. 이러한 환상은 종종 현실에서는 도달할 수 없는 이상적 상태를 제시한다. 이 과정에서 소비자는 제품이나 서비스를 통해 자신의 삶이 더 나아질 것이라는 기대감을 갖게 되며, 이는 지속적인 소비를 촉진한다.

마지막으로 캠벨은 소비자가 의식적으로 특정 환상을 추구하는 경우도 있지만, 무의식적으로 형성된 환상이 소비행위를 주도하는 경우도 많다고 설명한다. 이러한 무의식적 환상은 개인의 깊은 욕망과 관련이 있으며, 이를 통해 소비자는 일시적이나마 자기만족을 얻는다.

② 소비환상론의 사회적 영향

첫째, 소비와 정체성으로 캠벨은 소비가 현대인들의 정체성 형성에 중요한 역할을 한다고 주장한다. 사람들은 소비를 통해 자신을 표현하고, 사회적 지위를 나타내며, 타인과의 관계를 형성한다. 예를 들어, 특정 브랜드의 자동차를 소유함으로써 자신의 성공을 나타내거나, 최신 기술 제품을 통해 현대적이고 진보적인 이미지를 표현하려는 것이 그 예다.

둘째, 소비문화의 지속성으로 캠벨은 현대 소비문화가 지속되는 이유 중 하나로, 끊임없이 새로운 환상을 창조하고 이를 소비자에게 제공하는 구조를 지적한다. 광고와 마케팅은 소비자에게 새로운 욕구를 끊임없이 주입하며, 이는 소비의 순환을 지속시킨다. 이로 인해 소비자들은 항상 더 나은 제품, 더 새로운 경험을 추구하게 되며, 이는 자본주의 경제의 중요한 동력으로 작용한다.

셋째, 소비의 심리적 효과로 캠벨은 소비가 일시적인 만족을 제공하지만, 장기적으로는 더 큰 공허감과 불만족을 초래할 수 있다고 경고한다. 이는 환상이 현실과 충돌할 때 발생하는 실망감과 좌절감에서 기인한다. 소비자는 환상을 충족시키기 위해 더 많은 소비를 하게 되지만, 이는 일시적일 뿐 근본적인 만족을 제공하지 못하기 때문에 지속적인 소비와 불만족의 악순환이 발생한다.

캠벨의 이론은 소비자들이 자신의 소비행위를 비판적으로 성찰하고, 무의식적 환상에 의해 조종되지 않도록 경계하는 데 도움을 준다. 이는 소비자의 자율성을 높이고, 더욱 의식적인 소비 결정을 가능하게 한다.

(2) 페더스톤의 일상생활의 미학화

캠벨에 의한 고전적인 소비환상론이 즐거움을 추구하는 낭만주의 소비윤리의 개념으로 해석될 수 있다면 현대의 소비환상론은 페더스톤(Fetherston, 1991)의 "일상생활의 미학화"란 개념으로 파악된다. 일상생활과 예술의 경계가 허물어지고 대중문화의 찌꺼기라도 예술의 주체로 미학화되고 있다. 예술인이나 지성인처럼 지속적으로 자신을 풍부히 하고 새로운 가치를 추구하고자 하는 욕망과 호기심을 가진 사람들은 다양한 상품, 특히 새롭고 이국적이고 독특한 상품을 구매하고 소비함으로써 삶, 감정, 육체, 정체성을 미학화시키고 끊임없이 실험적으로 변형시키는 예술적 실천을 시도한다.

페더스톤의 소비환상론은 본질적 혹은 참된 정체성을 전제하지 않은 이 정체성의 실체화 혹은 현실적 구현을 인정한다는 점에서 캠벨의 낭만주의적 환상론과 맥락을 달리한다고 볼 수 있다.

① 페더스톤의 이론적 배경

첫째, 현상학: 페더스톤의 접근은 현상학적 전통에 기반한다. 현상학은 우리의 경험과 의식이 어떻게 형성되고 구성되는지를 탐구하는 철학적 방법론이다. 이를 통해 페더스톤은 일상 경험 속에서 미학적 요소를 어떻게 인식하고 느끼는지 설명한다.

둘째, 심미적 경험: 페더스톤은 심미적 경험이 일상에서의 특별한 순간들에 국한되지 않고, 일상의 모든 순간에도 존재할 수 있다고 주장한다. 예를 들어, 아침에 커피를 마시는 순간, 길을 걷는 동안 느끼는 바람, 도시의 소음 등에서 미학적 가치를 발견할 수 있다.

셋째, 소비문화와 미학: 현대사회에서 소비문화는 일상생활에 깊이 스며들어 있다. 페더스톤은 소비 과정에서도 미학적 요소를 찾을 수 있다고 본다. 제품 디자인, 광고, 패션 등은 단순히 실용성을 넘어서 미학적 경험을 제공할 수 있다.

② 일상생활의 미학화를 위한 접근

첫째, 주의 깊은 인식: 일상생활에서 미학적 가치를 발견하기 위해서는 주의 깊은 인식이 필요하다. 이는 우리가 일상적으로 무심코 지나치는 것들에 대해 더 깊이 생각하고, 그 속에서 아름다움을 찾아내는 태도이다.

둘째, 일상적 행위의 재구성: 페더스톤은 일상적인 행위나 루틴을 단조롭게 반복하는 대신, 이를 새로운 방식으로 접근하고, 그 안에서 미학적 즐거움을 찾을 것을 제안한다. 예를 들어, 매일 같은 경로로 출근하는 대신, 새로운 길을 탐험해 보거나, 매일 하는 요리에서 새로운 레시피를 시도해 보는 것이다.

셋째, 감각의 확장: 우리의 감각을 확장하고, 더 예민하게 만드는 것도 중요하다. 이는 우리의 미학적 경험을 풍부하게 하며, 작은 것들에서 큰 즐거움을 찾게 해준다.

③ 일상생활에서 미학화의 사회적 의미

첫째, 삶의 질 향상: 일상에서 미학적 가치를 찾고 즐기는 것은 삶의 질을 향상시키는 데 중요한 역할을 한다. 이는 스트레스를 줄이고, 정신적 만족감을 높이며, 전반적인 행복감을 증진시킨다.

둘째, 공동체의 형성: 미학적 경험은 개인을 넘어 공동체 형성에도 기여할 수 있다. 예를 들어, 도시 공간을 아름답게 가꾸는 것은 그 공간을 공유하는 모든 사람에게 긍정적인 영향을 미치며, 공동체 의식을 강화한다.

셋째, 문화적 정체성: 일상생활의 미학화는 또한 문화적 정체성을 형성하고 유지하는 데 중요한 역할을 한다. 지역 고유의 미학적 요소를 발견하고 존중하는 것은 그 지역의 문화적 유산을 지키는 데 기여한다.

④ 결론

테디 페더스톤의 일상생활의 미학화는 일상 속에서 미학적 가치를 발견하고 즐기는 태도를 통해 삶의 질을 향상시키고, 사회적, 문화적 정체성을 강화하는 철학적 접근이다. 이는 일상의 모든 순간을 예술작품처럼 바라보는 시각을 제공하며, 우리의 경험을 풍부하게 만든다.

아장스망과 소비패턴

'아장스망'은 프랑스어 'agencement'에서 온 단어로, '배치'나 '구성'을 의미한다. 이 단어는 공간이나 사물, 요소들을 어떻게 배치하고 구성하는지에 대해 주로 사용된다.

'아장스망'과 '소비'는 서로 다른 개념이지만, 특정 맥락에서 연결될 수 있다. 여기서는 디자인과 공간 구성의 맥락에서 이 두 개념이 어떻게 연결될 수 있는지 설명하겠다.

1. 공간 구성과 소비패턴

소비자가 어떻게 공간을 사용하는지에 따라 아장스망이 달라질 수 있다. 예를 들어, 사람들이 집에서 시간을 많이 보내는 트렌드가 있다면, 거실이나 주방 등의 공간 구성(아장스망)이 이에 맞게 조정될 수 있다.

상업 공간(예: 매장, 카페)에서는 소비자의 동선과 행동 패턴을 분석하여 아장스망을 최적화함으로써 소비를 촉진할 수 있다. 좋은 아장스망은 소비자가 더 오래 머무르고, 더 많이 구매하게 만드는 효과를 줄 수 있다.

2. 소비자 경험과 아장스망

소비자 경험은 공간의 아장스망에 큰 영향을 받는다. 예를 들어, 깔끔하고 잘 정돈된 매장 구성은 소비자의 쇼핑 경험을 향상시켜 다시 방문할 가능성을 높일 수 있다.

소비자 경험을 개선하기 위해, 다양한 요소들을 고려한 아장스망이 필요하다. 이는 조명, 가구 배치, 동선 설계 등을 포함한다.

3. 지속가능성과 아장스망

지속가능한 소비를 촉진하기 위해 공간의 아장스망이 중요한 역할을 할 수 있다. 예를 들어, 친환경 제품을 강조하는 매장은 자연스럽게 친환경적인 아장스망을 갖추게 된다. 이는 재활용 가능한 소재를 사용하거나 에너지 효율적인 조명 등을 설치하는 것을 포함한다.

이러한 아장스망은 소비자에게 지속가능한 소비를 장려하고, 기업의 친환경 이미지를 강화할 수 있다.

이처럼 '아장스망'과 '소비'는 공간 구성과 소비자의 행동 및 경험을 중심으로 상호작용하며, 이 둘의 조화로운 연결은 소비를 촉진하고, 소비자 경험을 향상시키는 데 중요한 역할을 한다.

4. 아장스망의 중요성은 특히 소비자 행동 및 소비트렌드

① 소매업의 아장스망 사례: 애플 스토어

애플 스토어는 매우 세심한 아장스망의 대표적인 예다. 스토어 내부는 제품에 쉽게 접근 가능하도록 배치되어 있으며, 넓은 공간과 단순한 디자인은 소비자가 제품을 직접 경험하고 탐색하는 데 집중할 수 있도록 한다.

소비트렌드: 소비자들이 제품을 직접 체험해 보고 구매 결정을 내리는 트렌드에 맞추어, 제품 체험 공간이 강조된다. 이는 소비자들이 제품을 실제로 사용해 보는 경험을 통해 제품에 대한 신뢰와 만족도를 높일 수 있게 한다.

② 레스토랑의 아장스망 사례: 스타벅스

스타벅스의 매장은 편안한 좌석, 적절한 조명, 음악, 그리고 인테리어 등을 통해 소비자가 오래 머무를 수 있는 환경을 제공한다.

소비트렌드: 많은 사람이 카페를 단순히 커피 마시는 장소가 아닌, 공부나 업무를 할 수 있는 공간으로 사용한다. 이를 반영하여 스타벅스는 다양한 좌석 옵션과 전원 콘센트, 무료 Wi-Fi 등을 제공한다.

③ 오피스 공간의 아장스망 사례: 구글

구글의 오피스는 창의적이고 협력적인 환경을 조성하기 위해 설계되었다. 다양한 협업 공간, 편안한 휴게 공간, 그리고 열린 구조는 직원들이 자유롭게 아이디어를 교환하고, 창의적으로 생각할 수 있도록 한다.

소비트렌드: 현대의 많은 기업들은 직원의 만족도와 생산성을 높이기 위해 오피스 공간의 아장스망에 투자하고 있다. 이는 더 나은 업무 환경을 제공하여 직원들의 충성도를 높이고, 기업의 성과를 향상시키는 데 기여한다.

④ 소비자 경험과 아장스망 사례: 이케아

이케아는 소비자 경험을 극대화하기 위해 쇼룸 형식의 매장을 운영한다. 소비자들은 실제 생활 공간처럼 꾸며진 다양한 방을 탐색하며, 제품이 자신의 집에 어떻게 어울릴지 상상할 수 있다.

소비트렌드: DIY와 홈 인테리어에 대한 관심이 높아짐에 따라, 소비자들은 자신이 직접 조립하고 꾸밀 수 있는 제품을 선호한다. 이케아의 아장스망은 이러한 소비자들의 요구를 반영하여, 고객이 제품을 직접 체험하고 상상할 수 있는 환경을 제공한다.

아장스망은 단순한 공간 배치를 넘어, 소비자의 행동과 경험에 큰 영향을 미친다. 적절한 아장스망은 소비자 만족도를 높이고, 브랜드의 이미지와 가치를 강화할 수 있다. 소비트렌드와 소비자의 요구에 맞춘 아장스망은 공간의 활용도를 극대화하고, 성공적인 비즈니스를 가능하게 한다.

PART

II

소비 가치와
라이프스타일

04 소비 가치

Chapter

1. 소비 가치의 개념

가치는 개인의 판단과 행동을 이끄는 신념이라 할 수 있다(Vinson, Jerome & Lawrence, 1974). 사회가 다변화되면서 사회경제적 변수나 인구통계학적 변수가 소비자 행동에 대한 설명력을 잃어가고 있다는 문제가 제기되었다. 이와 같이 기존의 변수를 보완할 필요성이 요구되면서 가치의 중요성이 강조되기 시작하였다(남승규, 2006; 장현선·김기옥, 2009).

가치의 개념은 태도와 혼동된다. 가치와 태도의 차이점에 대해 한 연구자가 가치가 태도나 행동의 동기에 대해 설명을 제공해 줄 수 있으며, 가치는 태도에 무의식적으로 영향을 미친다고 설명하였다(Dichter, 1984). 즉 가치는 태도보다 더 추상적이고 상위개념이라는 것이다. 상위개념으로서의 가치에 대한 주장은 특정 대상이나 상황에 초점을 두지 않는 것이 태도와 가치의 중요한 차이라고 할 수 있다(Rokeach, 1969). 다시 말해 태도는 가치가 특정 대상이나 상황에 적용된 것이라고 보는 것이 적절하다.

가치는 판단이나 평가를 위한 하나의 기준으로 작용하지만, 태도는 기준이라고 할 수 없다. 오히려 수많은 태도대상이나 상황에 대한 호의적-비호의적 평가는 가치에 기초를 두고 있다. 사람들은 바람직한 행동양식이나 존재의 목표상태에 대한 신념만큼의 가치를 갖게 되지만, 태도는 특정한 대상이나 상황의 수만큼 가질 수 있다. 따라서 가치는 수십 가지이지만 태도는 수천 가지일 수 있다.

　소비 가치(consumption values)라는 용어가 등장한 초기에는 가치를 가격과 동일시하거나 지불한 가격의 대가로 얻는 제품이나 서비스의 품질로 인식하여 주로 명품 위주의 고가 제품을 구매하는 것으로 간주하였다. 그러나 점차 그 의미가 변화되어 소비자가 희생한 모든 비용(돈, 시간, 노력 등)의 대가로 얻는 모든 편익에 대한 주관적 만족감을 소비 가치의 개념으로 인식하게 되었다(Zeithmal, 1988).

　소비 가치는 일반적인 가치의 개념과는 조금 다르게 좀 더 인간의 소비행동에 초점을 두고 소비자를 세부적으로 판단하는 기준으로 사용되어 왔다(박배진·김시월, 2006). 즉 추상적인 가치의 개념을 넘어서 소비자의 소비생활에 직접 적용할 수 있는 구체적인 성격의 가치 개념이다(김동원, 1994).

　국내·외 선행 연구들의 소비 가치 개념을 정리하면 〈표 4-1〉과 같다.

〈표 4-1〉 소비 가치(consumption value) 개념

학자	내용
Vinson et al. (1977)	개인의 행동이나 사물, 상황에 대한 판단의 기준이 되는 중심적인 평가 신념
Zeithaml (1988)	효익(편익)과 비용에 대한 지각을 바탕으로 한 제품의 효용성에 대한 소비자의 총체적인 평가
Schwartz (1992)	인간의 삶을 이끄는 원리로써 인간의 욕구가 현실세계에서 수용될 수 있도록 변형되어 인간에 의해 지각되는 그 어떤 것
Woodruff (1997)	대안선택에 있어서 소비자의 행동과 판단을 이끄는 중요하고 지속적인 신념
Holbrook (1999)	상호적이고 상대적인 선호경험
McDougall & Levesque (2000)	소비자가 지불한 총비용에 대한 결과 또는 소비자가 얻는 이득
Lapierre (2000)	필요(needs) 및 욕구(wants)와 같은 소비자의 기대 측면에서 소비자가 인지하는 이득과 희생 사이의 차이
Flint et al. (2002)	특정 사용 상황에서 관련된 모든 이익과 희생 사이의 균형에 대한 소비자의 평가
Chen & Dubinsky (2003)	희망한 이득을 얻는 데서 발생한 비용의 대가로 얻은 순이득에 대한 소비자의 인지

김동원(1994)	추상적인 가치의 측면을 탈피하여 소비자의 소비생활에 직접 적용할 수 있는 구체적인 성격을 가진 것
권미화 · 이기춘 (2000)	소비자가 소비를 통해서 성취하고자 하는 근본적인 욕구의 표현으로 특정 소비행동양식을 다른 소비행동양식보다 선호하는 것을 나타내는 개인의 지속적인 신념
양윤 · 이은지 (2002)	개인적으로나 사회적으로 선호하는 지속적이고 안정적인 상위 신념으로써 개인의 행동이나 판단을 이끄는 동기적 힘
남수정(2007)	특정한 상황이나 즉각적인 목표를 넘어선 보다 궁극적인 존재의 최종 상태에 이르도록 하는 행동과 판단을 이끄는 지속적인 신념
김시월 · 김유진 (2008)	소비자의 가장 기본적이고 근본적인 욕구와 목표의 인지적 표현으로, 우리 생활에서 크고 작은 일에 대한 결정을 내릴 때 작용하는 판단의 기준이 되고 개인이 어떻게 행동할 것인가를 말해주는 표준이며 어떤 태도를 지켜야 하는가를 알려주는 기준
정수현 등(2013)	일반적인 가치 중 소비에 대한 특정가치를 의미하며, 소비자의 기본적인 욕구를 표현하고 소비자 개개인의 소비에 대한 사고와 구매행동을 발현시키는 내면적인 동기
오혜영(2015)	소비행동에 있어서 중요한 구매의사결정의 기준 중 하나로 소비를 통해 어떠한 욕구를 충족할 수 있는지를 판단하는 기준
김경자(2015)	소비자가 구매 및 사용행동을 통해 얻고자 하는 궁극적 효용을 의미하며, 소비자들이 제품을 구매할 때 중요하게 생각한 정도
원종현 · 정재은 (2015)	소비자가 달성하고자 하는 기본적인 욕구와 목표의 표현이자 소비자 개인의 사고와 행위를 이끌어 나가는 지속적인 신념
구명진 등(2015)	소비생활이라는 삶의 한 영역에서 다양한 개별 소비상황 및 소비생활 전반에 걸쳐 소비자의 행동과 태도를 움직이는 지속적이고 보편적인 신념

출처 : 장은지(2016) 연구에서 저자 일부 수정

2. 가치체계 유형

소비 가치의 체계에 대한 관점은 연구자마다 다양하다. 주요 이론들을 고찰해 볼 때 소비 가치체계 연구의 흐름은 크게 단일 차원적 접근과 다차원적 접근으로 구분해 볼 수 있다.

1) Rokeach 가치 척도

단일 차원적 접근은 가치체계에 관한 초기 연구로 가치가 위계에 따라 서열화될 수 있다고 보았다. 가장 일반적으로 널리 알려진 Rokeach(1973)의 RVS(Rokeach

Value Survey)는 가치를 인간 삶의 궁극적인 목표가 되는 신념으로서 궁극적 가치(최종가치)와 궁극적인 목표가치를 성취하기 위한 행동양식을 제시해 주는 수단적 가치로 구분하고 각각 18개의 가치항목을 제시하였다. RVS(Rokeach Value Survey)는 최종 가치와 수단적 가치의 계층적 구조를 갖는 가치척도로서, 가장 대표적인 가치척도라 할 수 있다. 최종 가치란 궁극적인 존재상태와 관련되는 신념이고, 수단적 가치는 행동 양식과 관련하여 갖게 되는 신념으로서 사람들은 최종 가치를 달성하기 위한 수단으로 하나 이상의 수단적 가치를 이용하게 된다. 최종가치는 자기중심적이냐, 사회 중심적이냐에 따라 개인적 가치와 사회적 가치로 나뉜다. 개인적 가치는 안락한 생활, 성취감, 마음의 평화, 행복 등과 같이 소비자 내면 속에서 희구하는 자신에 대한 생존의 최종상태에 대한 선호이다. 이에 대하여 사회적 가치는 개인의 차원을 벗어나 사회나 다른 사람에 대하여 표현되는 생존의 최종 상태로서 세계평화, 미적인 세계, 국가의 안전 등이 그 대표적인 가치들이다. 그리고 수단적 가치는 논리적 가치와 능력 가치로 구별된다. 논리적 가치는 대인관계에 초점을 맞춘 것으로 대인 간에 어떤 갈등이 발생할 때 잘못된 행위에 대한 양심의 가책이나 죄의식을 가지게 하는 바탕이 되는 것이다.

한편 능력 가치는 개인에 초점을 맞춘 것으로 이것이 잘못되었을 때는 자신이 능력이 없다는 수치심을 가지게 하는 것이다. 이에 대한 예로는 야심적인, 용기 있는, 지적인, 논리적인 것 등이 있다. 가치체계라는 이론적 개념은 이러한 가치들의 중요성에 따른 순위로서 삶의 원칙을 만들어내며, 개인도 각 가치에 부여한 우선순위에 따라 갈등 해소와 의사결정을 행하게 된다. Rokeach의 RVS연구는 소비자 연구와는 직접적인 관심을 불러일으킬 만한 영역이 아닌 집단적, 사회적인 가치영역을 다루고 있으며 최종가치는 수단적 가치보다 추상성의 정도가 높다. 그리하여 궁극적 가치는 제품범주의 선택에 영향을 주지만 수단적 가치는 브랜드 선택을 유도한다. 그러나 최종가치와 수단적 가치가 각각 18개 항목으로 구성되는 RVS는 항목이 너무 많아서 조사 시간이나 신뢰도 등에서 문제가 있고, 또 소비자의 일상생활과 직접 관계되지 않는 항목들도 포함되어 있다는 단점이 있다.

〈표 4-2〉 Rokeach의 최종가치와 도구적 가치

최종가치(terminal value)	도구적 가치(instrumental value)
편안한 생활(풍요로운 생활)	야심적인(열심히 일하고, 열망적인)
신나는 생활(자극적이고 능동적인 생활)	관대한(마음이 개방적인)
세계평화(전쟁과 분쟁으로부터의 해방)	유능한(능력있는, 효과적인)
평등(형제애, 모든 사람의 동등한 기회)	쾌활한(명랑한, 유쾌한)
자유(독립, 자유로운 선택)	청결한(산뜻한, 정연한)
행복(만족)	용감한(신념에 따르는)
국가안보(외적으로부터의 보호)	용서하는(타인의 잘못을 용서하는)
즐거움(즐길 수 있는 인생)	남을 돕는(타인을 위해 일하는)
구제(구원받는 영생)	정직한(성실한, 진실한)
사회적 인정(존경, 칭송)	창의적인(상상력이 풍부한)
진실한 우정(친밀한 교제)	독립적인(자기 의존적인)
현명(인생에 대한 성숙된 이해)	지적인(지능적이고 사려 깊은)
아름다운 세계(자연미와 예술)	논리적인(일관성 있고 합리적인)
가족 안전(사랑하는 사람을 돌봄)	애정 있는(부드럽고 상냥한)
성숙한 사랑(성적, 정신적 친교)	순종하는(책임감 있고 존경하는)
자존(자부심)	공손한(예의바른, 매너가 좋은)
성취감(지속적 공헌)	책임감 있는(신뢰성 있는, 믿을 만한)
내적 조화(내적 갈등에서의 해방)	자기통제적인(자제적인, 자율적인)

2) Kahle의 가치척도(LOV)

Kahle(1986)은 소비자들의 일상생활과 밀접한 관련이 있는 개인 중심적인 9가지의 가치항목[자기존중(self respect), 자기만족(self fulfillment), 성취감(sense of accomplishment), 생활의 자극(excitement), 사회적 명예(being well-respected), 안정추구(security), 소속감(sense of belonging), 생활의 즐거움(fun and enjoyment), 타인과의 따뜻한 관계(warm relationship with others)]을 유형화시켜 LOV(List of Values)척도를 개발하였다. LOV는 미국 내 샘플을 통해 척도를 개발했다는 한계점을 지니지만(Kahle, 1983; Veroff., Douvan., & Kulka, 1981), 오직 궁극적 가치만을 포함하고 있어서 RVS가 지닌 서열화의 어려움에 대한 문제점을 극복했다는 점에서 의미가 있다(김흥규, 1998). 수단과 목적에 의한 18개 항목을 서열화하기 위해 응답자가 겪어야 하는 어려움을 해소시킨 것이다. Schwarz & Bilsky(1990)는 9개의 항목들을 다시 5개의 동기부여 영역(즐거움, 안정, 성취, 자기관리, 성숙)으로 나타내기도 하였다.

　　LOV척도는 기존의 다양한 가치이론에 의해 영향을 받았으나(Feather, 1975; Maslow, 1954, Rokeach, 1973) 기본적으로 Kahle(1983)의 사회적응이론(social adaptation theory)에 기초를 두고 있다. 사회적응이론에서 가치란 인간이 사회 환경에 원활하게 적응할 수 있도록 하는 가장 추상적인 형태의 사회 인식장용으로 정의된다(Kahle, 1983). 다시 말해 LOV척도에서 가치란 인간이 최적의 심리상태를 유지하기 위해 정보를 동화, 수용, 조직, 통합해 가는 과정에서 환경과의 교류를 촉진시키기 위해 지속적으로 벌이는 적응활동의 추상적인 개념이다(Homer & Kahle, 1988). 따라서 LOV에서 가치는 RVS(Rokeach Value Survey)와 달리 수단이나 목표가 아니라 인간이 생활환경에 최적의 상태로 적응해 나가는 데 필요한 하나의 도구적 기능을 수행한다. 사람들은 인식작용을 통해 동기부여가 되고 주어진 상황에서 자신의 행동을 결정하게 되는 것이다(Kahle & Timmer, 1983).

　　9개의 LOV가치 항목에 대한 분류기준은 연구대상에 따라 다양하다. 소비 가치(LOV)를 3개의 요인으로 분류하는 경우(Homer & Kahle, 1988; Kahle, 1983), 우선 '자신의 인생은 자기 자신이 통제할 수 있다'고 생각하는 사람들이 지니는 내부가치(internal values), '인생이란 주로 외부사건들에 의해 결정되는 것'이라 생각하는 사람들이 지니는 외부가치(external values)로 분류되고, 내부가치는 개인적인 측면을 강조하느냐 관계적인 측면을 강조하느냐에 따라 '개인적 가치(personal values)'와 '인간관계적 가치(interpersonal values)'로 다시 분류된다.

〈표 4-3〉 LOV 척도의 분류

소비 가치	내용
내부가치 (internal values)	1. 자기존중(self respect)
	2. 자기만족(self fulfillment)
	3. 성취감(sense of accomplishment)
외부가치 (external values)	4. 안정추구(security)
	5. 생활의 즐거움(fun and enjoyment)
인간관계가치 (interpersonal values)	6. 소속감(sense of belonging)
	7. 타인과의 따뜻한 관계(warm relationship with others)
사회적 가치 (social value)	8. 생활의 자극(excitement)
	9. 사회적 명예(being well-respected)

3) Holbrook의 소비 가치 유형

소비 가치는 크게 실용적 가치와 쾌락적 가치로 분류된다. 실용적 가치는 이성적이고 합리적인 사고의 결과로 얻는 효율적 편익을, 쾌락적 가치를 소비를 통해 경험하는 즐거움, 흥분 등의 주관적 감정을 의미한다. Holbrook(1999)은 이러한 가치의 양면적 특성에 주목하고 소비자가 소비 경험을 통해 지각하는 가치를 세 가지 차원(dimensions)으로 분류하였다.

(1) 가치의 수단과 목적이 무엇인가에 따라 외적 가치와 내적 가치(extrinsic versus intrinsic value)로 구분하였다. 외적 가치는 소비가 수단-목적의 관계(means-ends relationship)에서 다른 목적을 달성하기 위한 수단으로 활용되어 기능적이고 효용적으로 평가될 때 느껴지는 가치인 반면 내적 가치는 소비 경험이 목적 그 자체로 평가될 때 발생하는 가치로 경험 결과와 상관없이 소비자 스스로를 위한 경험에 대한 평가(Holbrook & Hirschman, 1982)이다.

(2) 가치의 기초가 자신 혹은 타인인지에 따라 자기 지향적 가치와 타인 지향적 가치(self-oriented versus other-oriented value)로 구분하였다. 자기 지향적 가치는 자신이 제품이나 경험에 어떻게 반응하는지에 따라 소비를 평가하는 가치인 반면, 타인 지향적 가치는 제품이나 경험이 타인에게 어떻게 반응할 것인가에 초점을 맞추어 다른 사람 혹은 다른 무언가에 따라 소비 경험이 평가되는 가치를 말한다.

(3) 소비자행동의 적극성에 따라 능동적 가치와 반응적 가치(active versus reactive value)로 구분하였다. 능동적 가치는 특정 대상에 대해 물리적·정신적으로 조작하여 얻어지는 결과를 평가할 때 지각하는 가치인 반면, 반응적 가치는 특정 대상에 대해 단순히 이해하고 감상하고 평가하는 것과 관련된 가치이다.

Holbrook(1999)은 앞서 설명한 세 가지 차원에 기초하여 다음의 〈표 4-4〉와 같이 소비 가치 유형(typology of consumer value)을 제시하였다. 이 체계는 여덟

가지의 세부적인 가치 유형을 포함하고 있다.

〈표 4-4〉 Holbrook(1999)의 소비 가치 유형

차원		외적(extrinsic)	내적(intrinsic)
자기 지향적 (self-oriented)	능동적 (active)	효율(efficiency) (O/I, convenience)	즐거움(play) (fun)
	반응적 (reactive)	우수성(excellence) (quality)	심미(aesthetics) (beauty)
타인 지향적 (other-oriented)	능동적 (active)	지위(status) (success, impression management)	윤리(ethics) (justice, virtue, morality)
	반응적 (reactive)	존경(esteem) (reputation, materialism, possessions)	영성(spirituality) (faith, ecstasy, sacredness)

출처 : 장은지(2016)

- 효율(efficiency)은 자기 지향적 목적을 달성하기 위해 외적으로 동기부여된 수단으로서 소비의 능동적 역할을 의미한다. 우수성(excellence)은 제품이나 경험이 자기 지향적 목적을 달성하기 위한 도구로서 수행능력이 반응적으로 평가될 때 발생한다.
- 지위(status)는 소비가 타인에게 우호적인 인상을 주기 위한 목적을 달성하기 위한 수단으로서, 능동적으로 조작 가능한 방식을 반영한다.
- 존경(esteem)은 지위의 반응적 측면으로 제품을 의도적으로 과시적 소비 형태를 위해 사용하지 않더라도, 제품이 타인에게 인상을 주기 위한 목적을 달성하기 위한 도구로서의 기능이 평가되는 소비 가치의 한 유형이다. 즉, 존경에 기반을 둔 가치는 전형적으로 물질주의, 고급스런 제품의 소유로부터 생기는 만족 또는 사회적으로 보다 소망되는 소비경험에 대한 개인의 자부심을 수반한다.
- 즐거움(play)은 그 자체가 자기 지향적 목적으로서 귀중하게 여겨지는 소비경험을 생성하는 활동이다. 즉 타인이 아닌 스스로의 즐거움을 위해 추구되는 경험과 맞물려 있다.
- 심미(aesthetics)는 즐거움(play)의 반응적 측면이며, 내적으로 동기부여된 자기

지향적 목표 자체로 가치 있게 여겨지는 소비경험에 대한 평가를 의미한다.

- 윤리(ethics)는 타인에게 미치는 소비경험의 영향이 그 목적 자체로 여겨지고, 내적으로 동기부여되며, 능동적으로 추구될 때 발생한다. "선행은 그 자체가 보상이다"라는 말은 올바르거나 선한 행동이 감사나 칭찬을 받거나, 정치적 성공과 같은 이면의 동기(ulterior motive)에 의해 입증되기보다는 자기 스스로 그 행동을 당연히 여기는 것을 의미한다.

- 영성(spirituality)은 소비경험이 나와 관련된 타인과의 관계에 어떻게 영향을 미치는지에 대해 내적으로 동기부여되고, 귀중하게 여겨지는 소비경험에 대한 반응적인 평가를 수반한다.

그러나 실용적 가치와 쾌락적 가치의 두 유형으로 소비 가치를 분류하는 것은 제품이 제공하는 기능적 효용과 흥미, 즐거움 등의 쾌락적 효용에만 가치의 범위를 한정하고 있어 소비경험이 제공하는 모든 가치를 설명하기에는 부족하다는 한계점을 가진다(Holbrook & Hirschman, 1982).

4) Sheth 등의 소비 가치

Sheth 등(1991)은 기존 소비 가치 연구자들에 의해 주로 다루어졌던 단일차원의 가치 체계들이 갖는 한계점을 극복하고자 경제학, 사회학, 심리학, 마케팅 등 제 분야의 학문들에서 연구되었던 가치들을 통합하여 소비 가치에 대한 다차원적 접근을 시도하였다. 이들은 인간의 여러 가치들 중에서 소비자의 소비행동과 관련된 가치만을 추출하여 소비 가치이론(theory of consumption values)을 제시하였다. 소비 가치이론에 따른 소비 가치는 기능적 가치(functional value), 사회적 가치(social value), 감정적 가치(emotional value), 진귀적 가치(epistemic value), 상황적 가치(conditional value)로 구성된다. 소비자들은 특정 제품을 구매할 것인지, 어떤 제품 유형을 선택할 것인지, 어떤 상표를 선택할 것인지 결정할 때 5가지 소비 가치들 중 어느 하나 혹은 모두에 의해 영향을 받기 때문에, 소비 가치를 소비자의 선택행동에 가장 결정적인 영향요인이라고 주장하였다.

Sheth 등(1991)이 제시한 5가지 소비 가치의 개념은 〈표 4-5〉와 같다.

〈표 4-5〉 **Sheth 등(1991)의 소비 가치 개념**

소비 가치	내용
기능적 가치 (functional value)	선택대안의 현저한 기능적, 실용적, 물리적 특성으로부터 획득되는 지각된 효용
사회적 가치 (social value)	선택대안이 하나 또는 둘 이상의 특정한 사회 집단들과의 관계를 통해 획득되는 지각된 효용
감정적 가치 (emotional value)	정서적 상태 또는 감정 상태를 유발하는 선택대안으로부터 획득되는 지각된 효용
진귀적 가치 (epistemic value)	호기심을 유발하거나 새로움을 제공하는 선택대안으로부터 획득되는 지각된 효용
상황적 가치 (conditional value)	선택 당사자가 직면하는 특정한 상황 또는 주변 환경에 대한 결과로 인해 선택대안으로부터 획득되는 지각된 효용

출처 : 장은지(2016)

- 기능적 가치(functional value)는 선택 대안의 현저한 기능적, 실용적, 물리적 특성으로부터 획득되는 지각된 효용을 의미한다. 선택 대안의 기능, 성능, 신뢰성, 내구성, 가격 등과 같은 속성이 기능적 가치와 관련되어 있다. 기능적 가치를 고려하는 소비자는 그 제품군의 물리적이고 효용적인 속성을 가장 잘 충족시키는 제품을 선택하게 된다. 이러한 개념은 Marshall(1890)과 Stigler(1950)에 의해 발전된 경제적 효용 이론(economic utility theory)에 근거하여 경제학에서의 합리적 경제 행위자를 가정한 것으로 전통적으로 기능적 가치는 소비자의 선택 행동에 있어서 주된 동인으로 여겨져 왔다. 기능적 가치는 외재적(extrinsic) 가치에 반대되는 내재적(intrinsic) 개념에 가치를 둔다. 예를 들어, 의복의 기능적 가치는 의류를 통해 소유할 수 있는 지위나 명성 등의 외재적 가치가 아니라 관리성, 유용성, 실용성 등의 내재적 가치를 의미한다(백선영, 2000). 기능적 가치란 제품의 기능, 품질, 가격 등의 실용적 또는 물리적 기능에 대해 소비자가 지각하는 효용으로 내재적 가치에 기반을 두고 있으며(이채은, 2010), 기능성에 큰 가치를 두는 소비자는 제품 가격, 필요성, 재활용성을 중요하게 여긴다(Morganosky & Buckely, 1987). 즉,

기능적 소비 가치는 소비자에게 제품의 기능적 혜택을 제공함으로써 소비자의 근본적인 욕구를 만족시키고 해소시키는 것이다(강현정, 2012). 또한 제품의 성능, 확실성, 내구성, 가격 및 서비스 등 기능적 가치를 중요시 여기는 소비자는 소비 행위에 대한 자기 확신 및 관리, 충동제어, 만족지연이 높게 나타난다(남수정, 2007).

- 사회적 가치(social value)란 선택대안이 하나 또는 둘 이상의 특정한 사회 집단들과의 관계를 통해 획득되는 지각된 효용을 의미한다. 즉 선택대안은 긍정적 또는 부정적으로 정형화된 인구통계학적, 사회경제학적, 문화인류학적 집단과 같은 특정한 사회 집단들과의 관계를 통해 형성된 기준을 토대로 사회적 가치를 획득한다. 이러한 사회적 가치의 개념은 상징 및 과시 소비에 관한 연구(Veblen, 1899), 사회계급에 관한 연구(Warner & Lunt, 1941), 준거 집단에 관한 연구(Hyman, 1942), 소비자 선택행동에 있어 대인 간 의사소통과 정보 전달을 통한 사회적 가치의 중요성을 입증한 Roger(1962)와 Robertson (1967)의 연구로부터 영향을 받았다. 흔히 이러한 사회가치를 측정하기 위해 대상자의 준거집단을 설문함으로써 간접적으로 측정하는 방법들이 활용된다(Kotler, 1990; 이선희, 1997). 예를 들어 고급 가방을 들고 다니는 젊은 사람들에 대해서 긍정적으로 인식하는 사람들이 있고, 부정적으로 인식하는 사람들이 있을 것이다.

- 감정적 가치(emotional value)는 정서적 상태 또는 감정 상태를 유발하는 선택 대안으로부터 획득되는 지각된 효용을 의미한다. 제품소비에 의한 긍정적·부정적 감정과 관련된 것으로 선택대안은 특정한 감정과 관련되었을 때 또는 이러한 감정을 촉발하거나 지속시킬 때 감정적 가치를 획득한다. 이러한 감정적 가치의 개념은 소비자의 선택은 비인지적이고 무의식적인 동기에 의해 영향받음을 입증한 Dichter(1947)의 연구, 마케팅 믹스와 프로모션 믹스의 변수들이 정서적 반응을 불러일으킨다고 제시한 연구(Holbrook, 1983; Kotler, 1947; Martineau, 1958; Park & Young, 1986; Zajonc, 1968), 언어적 정보와 시각적 정보에 특성화된 인간의 두뇌기능에 관한 연구(Hirschman,

1980; Orstein, 1972), 언어적 또는 비언어적 정보 입력 방식에 따라 다른 유형의 정보처리과정이 적용됨을 밝힌 Paivio와 Begg(1974)의 연구로부터 영향을 받았다. 즉, 감정적 가치는 상품이나 제품 속성이 발생시키는 느낌이나 소비자의 감정적인 상태로부터 지각하는 가치를 말한다(이채은, 2010).

- 진귀적 가치(epistemic value)는 호기심을 유발하거나 새로움을 제공하는 선택대안으로부터 획득되는 지각된 효용을 의미한다. 선택대안은 제품소비를 촉발하게 하는 호기심이나 새로움을 통해 진귀적 가치를 획득한다. 완전히 새로운 경험은 물론 단순한 변화를 제공하는 선택대안 또한 진귀적 가치를 제공한다. 선택대안은 소비자가 현재 보유한 브랜드가 만족스럽거나 지겨워졌을 때, 호기심이 생겼을 때, 배움(learn)에 대한 갈망을 가졌을 때 선택될 가능성이 높다. 이러한 진귀적 가치의 개념은 새로움과 다양성 추구 동기가 소비자의 제품 탐색, 사용 및 전환 행동을 활성화시킬 수 있다는 연구(Hansen, 1972; Hirschman, 1980; Howard & Sheth, 1969; Katz & Lazartfeld, 1955), 개인은 자극의 중간 또는 최적의 수준을 유지하도록 동기부여된다는 연구(Berlyne, 1960, 1970), 소비자의 신제품 수용 및 혁신성에 관한 Roger와 Shoemaker(1971)의 연구에 의해 영향을 받았다.

- 상황적 가치(conditional value)는 선택 당사자가 직면하는 특정한 상황 또는 주변 환경에 대한 결과로 인해 선택대안으로부터 획득되는 지각된 효용을 의미한다. 선택대안은 기능적 가치 또는 사회적 가치를 강화하는 물리적 혹은 사회적 선행상황이 존재할 때 상황적 가치를 획득하며, 선택대안의 효용은 특정한 시기나 상황에 따라 다르게 인식될 수 있다. 이러한 상황적 가치의 개념은 주어진 상황에서 경험의 결과로 발생하는 학습의 중요성을 입증한 Howard(1969), Hull(1963)의 연구에 의해 영향을 받았다.

Sheth 등(1991)의 소비 가치이론에 따른 소비 가치는 다음의 세 가지 특징을 갖고 있다.

첫째, 소비 가치이론에서의 소비자 선택은 복합적인 소비 가치의 작용으로서 다차원적 현상임을 전제로 하고 있다. 즉 기능적 가치, 사회적 가치, 감정적 가치, 진귀적 가치, 상황적 가치는 소비자의 선택행동에 영향을 미치며 5가지 중 일부 또는 모두가 영향을 미칠 수 있다는 것이다. 둘째, 소비 가치는 어떤 특정한 선택 상황에서 차별적인 기여를 한다. 단일 제품군 내에서 구매 결정 선택, 제품 유형 선택, 특정 상표 선택이 이루어질 때, 각각의 제품은 서로 다른 소비 가치를 제공하기 때문에 특정 소비 가치가 서로 상이하게 나타난다고 할 수 있다. 마지막으로 소비 가치는 서로 독립적이다. 즉 하나의 소비 가치에 대한 소비자 지각의 변화는 다른 소비 가치에 대한 지각에 영향을 미치지 않는다는 것이다.

소비자의 선택 행동에 대한 만족에 있어서 5가지 소비 가치를 모두 최대화하는 것이 가장 이상적이겠지만 현실적으로는 어려움이 따른다. 소비자는 일반적으로 특정 소비 가치를 극대화하기 위해 상대적으로 다른 소비 가치에 대해서는 기꺼이 희생을 감수한다고 하였다. Sheth 등(1991)의 소비 가치이론은 개인의 소비 가치를 구체적이고 행동적인 차원에서 설명하고 있으며 다양한 학문분야에 적용되어 연구되어 왔다.

CONSUMER AND LIFESTYLE

소비자의 정체성과 라이프스타일

05
Chapter

1. 라이프스타일의 개념적 정의

　라이프스타일(lifestyle)이란 '사람들이 살아가는 방식(A mode of living)'이라고 상식적으로 정의된다. 보다 구체적으로 사람들이 자신의 시간을 어떻게 소비하고(행위: activities), 주위환경에서 특별히 주요하게 고려하는 것은 무엇이며(관심: interests), 자신과 주위 세계에 대한 생각은 무엇인가(의견: opinions)의 총체로서 나타난다고 볼 수 있다.

　라이프스타일은 오늘날 마케팅 활동의 주체적인 입장에서 소비자들을 태도 및 행동주의적 방식으로 구분한다. 기존의 지역적, 인구 통계학적 및 행동적 구분 방식이 아닌 심리적 분류방식으로 동질적인 태도와 관심사 및 의견 또는 신념으로 인구를 구성하는 것이다(박영표, 2002). 라이프스타일이란 단순하게 '어떻게 살고 있는가' 하는 삶의 방식으로 정의할 수 있다(Lazer, 1963).

　라이프스타일은 첫째, '사람이 돈과 시간을 어떻게 소비하는가(또는 어떤 활동에 활용하는가), 자신이 처한 환경 속에서 무엇을 중시하는가(또는 관심을 갖는가), 자신과 주변 환경에 관하여 어떠한 생각과 의견을 갖고 있는가의 측면으로써 확인 가능한 생활양식'이라고 정의하기도 한다(Assael, 1983; Wind & Green, 1974). 둘째, '자신의 활동, 관심, 의견 등으로 표현되어지는 세상에 살고 있는 사람들의 생활패턴'이라고 정의되기도 한다(이학식 · 안광호 · 하영원, 2001).

첫째의 특징에 연관하여 사람들이 시간과 돈을 사용하며 살아가는 유형은 소비자들의 동기와 사회계층, 인구통계 등 여러 가지 다른 변인에 의해 정해진다. 소비자들은 그들의 정신적 가치와 경제적 라이프스타일에서의 모순성과 개성을 일치시키기 위해 변화한다. 대체로 인간이 지닌 정신적 가치는 비교적 장기적이지만 이 같은 경제적 라이프스타일은 상당히 빨리 변화한다고 볼 수 있다(정남주, 2005).

둘째의 특징에 연관하여 라이프스타일은 개인의 행위에 따라 주관적인 의미와 가치를 드러내므로 문화적이기도 하다. 즉, 개인의 라이프스타일을 함께 공유하는 집단에 대해서 객관적인 의미와 가치를 갖는 생활의 표현양식이다. 문화적 라이프스타일은 인간이 내부적으로 지니고 있는 가치, 태도, 의견, 관심, 외향적으로 드러나는 행동과 일치되고 체계적인 관계에 근거하는 것으로 소비자들의 행태를 분석하고 예측하는 데 매우 중요한 변인으로 활용되어 왔다(이명식, 2002).

이와 같이, 개별 국가 내에서 생활하는 사람들 중에서 유사한 라이프스타일을 따르고 있는 집단의 사람들은 생활, 활동, 관심, 의견, 태도, 성별, 소득, 가치관, 교육수준 등에 걸쳐 공통성과 유사성이 많을 뿐만 아니라 제품과 서비스에 대한 선호, 매스커뮤니케이션 매체에 대한 선호경향, 광고에 대한 반응, 마케팅의 수용도 등에 있어서도 공통점이 많다.

2. 성격과 라이프스타일

성격은 '개인의 환경에 대한 적응을 결정짓는 특징적인 행동패턴과 사고양식'으로 정의하고 있다. 이 정의에서 보면 '행동과 사고'라는 용어가 나오는데 인간의 성격은 우리 눈으로 직접 볼 수 있는 것이 아니라 외부로 드러난 행동과 사고유형을 통해 역으로 우리가 추론하는 것이다. 즉 사람들의 성격을 알면 생각과 행동에서 그들이 보이는 차이를 이해할 수 있고, 이를 토대로 앞으로 그들이 어떤 행동을 할지 예측할 수 있다.

Allport는 1937년 '성격: 심리학적 해석'이라는 책에서 인간의 성격을 소개하고 있다. 그는 성격을 '환경에 대한 개인의 독특한 적응을 결정하는 개인의 정신적,

신체적 체계들의 역동적 조직'이라고 정의하였다. 이 정의에 따르면, 먼저, 성격은 개인 내의 여러 요소(욕구, 감정, 가치관, 태도 등) 간의 역동적인 관계로 이루어져 있다. 둘째, 성격은 정신적인 체계와 신체적인 체계 모두로 이루어져 있다는 것이다. 셋째, 성격은 각자의 독자적인 영역이 있고 그 영역 내에는 또 다른 하위 영역이 존재하는 등 여러 시스템으로 구성되어 있다. 넷째, 성격은 개인이 겉으로 표출하는 외현적인 행동, 사고, 감정을 결정하고 그 방향을 제시해 준다. 다섯째, 성격은 개인이 다른 사람과 구별되는 독특한 속성을 갖게 해 주는 것이다. 여섯째, 성격은 외현적인 행동과 내적인 사고과정 모두와 관련되어 있다.

이렇듯 성격은 개인이 물리적, 사회적 환경과 상호작용하는 방식으로 나타나는 그 사람의 인지, 정서, 행동의 고유하고 특징적인 양상이다. 그래서 성격은 상당히 안정적이고 일관적인 특성을 가지고 있다.

또한, 성격은 일부 선천적으로 결정되기도 하지만 주어진 환경에서 하는 후천적 경험에 의해서도 영향을 받는다. 선천적 요소는 유전이나 기질과 같은 생물학적인 요인을 말한다. 반면, 후천적 요소란 다양한 사회 문화적 영향, 가족, 교육 등과 같은 환경적 요인을 말한다. 이는 성격을 결정하는 데 선천적 요소도 중요하지만 후천적 요소도 중요하다는 점을 보여준다.

이처럼 성격을 선천적 요소의 범위 안에서 후천적 환경요소의 영향에 따른 것으로 보고 있다.

1) 특질론

특질론은 사람들을 그들의 지배적인 특성 또는 특질에 따라 분류하는 것이다. 심리학자에 의하면, 특질(trait)은 '한 개인을 다른 사람과 비교적 영속적이며 일관되게 구분해 주는 어떤 특성'이다. 특질론은 사람들의 성향을 형용사로 기술하며, 사람들의 성격은 형용사로 표현된 특정한 특질들의 결합으로부터 나타난다. 예를 들어 사람은 자신의 성격이 어떠냐는 물음에 '보수적인', '외향적인', '침착한', '사교적인' 등의 형용사를 사용하여 답하곤 하는데, 이것이 바로 특질이며, 이러한 특질들의 결합(dP, 안정적이고, 외향적이며, 사교적인 등)이 성격으로 나타난다.

① Allport의 접근

성격심리학자인 Allport(1937)는 성격을 특질들의 조합으로 보았는데, 이때 특질은 개인으로 하여금 특정 방식으로 일관성 있게 행동하도록 만드는 비교적 안정적인 성향(disposition)이다. 그는 특질을 각 개인 내에 존재하며 행동을 결정하고 행동의 원인이 되는 것이라고 보았다. 또한, 특질은 개인이 적절한 자극을 찾도록 동기화하고 환경과 상호작용하여 행동을 만들도록 한다. 그래서 행동을 관찰하면 특질을 찾아낼 수 있어서 특질은 경험적 증명이 가능하다.

예를 들면, 자신의 옷을 옷장에 나름의 순서대로 깔끔하게 정리해 놓고 책상을 잘 정리하는 등 자신의 물건을 잘 정리정돈해서 언제든 원할 때 쉽게 찾을 수 있게 하는 사람이라면, 이 사람은 정리정돈을 잘하는 특질을 가지고 있다고 말할 수 있다. 이러한 모습은 자신의 집이나 사무실뿐만 아니라 다양한 상황에서도 일관적으로 나타날 것이다. 물론 특질을 통해 그 사람을 다 설명할 수는 없지만, 그 사람이 왜 그와 같은 행동을 하는가를 설명해 줄 수는 있다. Allport는 특질을 사전에 이미 존재하는 성향이며, 행동을 일관성 있게 촉발하는 원인으로 보았다.

Allport는 인간의 특질을 공통 특질과 개별 특질로 구분하였다. 공통 특질은 한 문화 안에 속한 대부분의 사람이 공통적으로 지니고 있는 특질로, 사람들을 서로 비교할 수 있는 일반화된 성향을 말한다. 개별 특질은 한 개인이 가지고 있는 고유한 특질로, Allport는 개별특질을 다시 기본 성향, 중심 성향, 이차 성향으로 세분화하였다. 기본 성향은 개인의 생활 전반에 광범위하게 퍼져 있어 거의 모든 행동에서 그 영향력을 발견할 수 있는 성향이다. 이에 비해 중심 성향은 기본 성향보다는 더 제한된 범위의 상황에 영향을 미치지만, 행동에서 폭넓은 일관성을 보여주는 성향을 말하며 주위 사람들이 쉽사리 알아차릴 수 있다.

예를 들면, 어떤 사람에 대한 '성실하다, 활발하다, 정직하다'와 같은 말은 그의 중심 성향을 지칭하는 것이다. 마지막으로 이차 성향은 중심 성향보다 덜 현저하고 덜 일반적이며 덜 일관된 성향을 말한다. 그래서 그 사람을 잘 알고 있는 사람이 아니면 알기 어려운 극히 개인적인 성향(특정 대상에 대한 태도, 음식, 특정 상황에서의 행동 경향성 등)을 말한다.

② Cattell과 Eysenck의 접근

Cattell(1950)은 개인의 특징적 행동을 설명하기 위해 특질을 표면특질과 근원특질로 분류하였다. 표면특질이 개인의 행동을 통해 겉으로 드러나는 특질이라면, 근원특질은 개인의 내면에 있어 겉으로 잘 드러나지 않은 특질을 말한다. 표면특질은 인간이 보이는 다양한 행동 중에서 서로 관련되어 있는 것으로 보이는 일련의 행동들을 하나로 묶어 놓은 것이다. 예를 들면, 기부하기, 봉사활동, 양보하기 등은 이타적 특질로 묶을 수 있다. 그에 반해 근원특질은 성격의 핵심을 이루는 것으로, 개인의 행동, 생각, 정서에 영향을 주어 행동의 일관성을 결정하는 역할을 한다. 근원특질은 표면특질에 해당하는 행동의 기저에 있는 원인으로, 위의 예에서는 이타적 특질이 나타나게 하는 원인이다. 근원특질은 표면특질에 비해 훨씬 더 안정적이고 지속적인 단일 성격요인으로, 하나의 근원특질로부터 여러 표면특질이 나타날 수 있다. Cattell은 근원특질로 16PF(sixteen personality factor)를 소개하였다.

〈표 5-1〉 Cattell이 제시한 16개의 근원특질

요인	특성	
	낮은 점수	높은 점수
A	내성적인	사교적인
B	지능이 낮은	지능이 높은
C	정서적으로 불안정한	정서적으로 안정된
E	복종적인	지배적인
F	심각한	낙천적인
G	편의적인	양심적인
H	소심한	모험적인
I	완고한	부드러운
L	신뢰하는	의심 많은
M	현실적인	상상적인
N	솔직한	약삭빠른
O	자기 확신적인	걱정하는
Q1	보수적인	급진적인
Q2	집단 의존적인	자기충족적인
Q3	충동적인	통제적인
Q4	이완된	긴장한

③ Eysenck(1970) 성격요인

요인분석을 사용하여 초기에는 두 가지 성격차원, 나중에는 그것을 세 차원으로 확장한 특질이론을 발전시켰다. 즉, 외향성-내향성(extroversion-introversion, E-1) 차원과 안정성불안정성(stability-instability) 또는 신경증적 경향성(neuroticism, N) 차원을 제시하였으며, 이후 정신병적 경향성(psychoticism, P) 차원을 추가했다.

외향성-내향성 차원은 뇌의 각성수준과 관련되어 있다. 외향성인 사람은 충동적이고 혈기왕성하고 사교적인 성격 특성을 보이는 반면, 내향성인 사람은 수줍어하고 관심이 한정되어 있으며, 내성적이고 과묵한 성격 특성을 보인다. 안정성-불안정성/신경증적 경향성 차원은 정서적인 안정성과 관련이 있는 차원이다. 신경증적 경향성이 높을수록 정서적으로 불안정하고 예민하여 사소한 일에도 지나치게 근심하는 경향이 있다. 마지막으로, 정신병적 경향성 차원은 정신질환자가 될 가능성을 반영하는 차원이다. 정신병적 경향성이 높을수록 타인을 배려하지 않고 이기적으로 행동하며, 공격적이고, 냉정하며, 충동적으로 행동하고, 자제할 줄 모르는 행동 경향성을 보인다.

④ Big Five Factor 모델

오늘날 많은 성격연구자들은 요인분석에 기초한 Eysenck의 이론을 발전시켜 성격 특질을 5개의 요인으로 범주화했다(McCrae & Costa, 1999). 즉, Big Five Factor 모델을 지칭하는 Big Five는 성격이 의미하는 바를 대부분 포함하고 있다(Goldberg, 1981).

〈표 5-2〉에서 보듯이 이 5요인에는 경험에 대한 개방성(Openness), 성실성(Conscientiousness), 외향성(Extroversion), 우호성(Agreeableness) 그리고 신경증 경향(Neuroticism)이 있다. 이 Big Five의 기본 구조는 여러 문화권에서 반복적으로 확인되고 있으며, 다양한 연령, 아동, 성인에게서 일관적으로 나타나고 있다(McCrae & Costa, 2006).

〈표 5-2〉 대표적인 5개 특질요인

특질요인	대표적인 특질척도
개방성	인습적인-창의적인, 무사안일한-대담한, 보수적인-자유로운
성실성	부주의한-조심스러운, 믿을 수 없는-믿을 만한, 게으른-성실한
외향성	위축된-사교적인, 조용한-말 많은, 억제된-자발적인
친밀성	성마른-성품이 좋은, 무자비한-마음이 따뜻한, 이기적-이타적
신경증	침착한-걱정 많은, 강인한-상처를 잘 입는, 안정된-불안정한

2) 성격의 생물학적 특성

사람의 성격 특성들이 잘 변하지 않고 안정성을 갖는 이유로, Allport는 뇌가 환경에 대한 사람들의 반응방식에 영향을 주는데 성격이 이러한 뇌의 특성을 반영하기 때문이라고 보았다. 이외의 많은 특성 이론가도 불변성을 갖는 뇌와 생물학적 과정이 놀라울 만큼 큰 성격 특성의 안정성을 만들어낸다고 주장한다.

① 감각추구 성향

Zuckerman(1971)은 Eysenck의 영향을 받은 생물학적 이론가로, 감각추구 (sensation seeking)라는 성격 특성을 소개하였다. 감각추구란 일반적으로 아주 높거나 낮은 수준의 감각자극을 선호하는 경향을 말한다. 감각추구가 높은 사람은 높은 자극 수준을 선호하여 항상 새롭고 유쾌한 경험을 추구한다. 반면에 감각추구가 낮은 사람은 중간 정도의 자극 수준을 선호하여 흥분보다 안정을 추구하는 경향이 있다.

이처럼 감각적 자극을 추구하는 경향도 다른 성격 특성처럼 연속적이다. 그래서 대부분의 사람은 중간범위에 속하지만, 감각추구 경향이 높은 사람은 자극 수준이 높은 활동을 선호하기 때문에 지루한 일을 싫어하고 도전과 모험을 추구한다. 이들은 감각추구 경향이 낮은 사람보다 더 충동적이고 덜 억제적이며 더 외향적이다. 게다가 신체적으로 위험한 활동을 좋아하여 암벽등반, 스카이다이빙, 스쿠버다이빙과 같은 극단적인 활동을 선호한다. 반대로 감각추구 성향이 낮은 사람들은 감각적인 자극을 회피하는 성향이 강해, 덜 충동적이고 내향적이며 순종적이다. 활동적인 측면에서도 과격한 활동을 회피한다.

높은 감각추구 성향은 외향성과도 크게 관련되어 있다. Eysenck는 외향성과 내향성의 차이가 자극에 대한 개인의 민감성에서의 차이 때문이라고 생각했다. 그는 각성을 조절하는 뇌의 망상체가 사교적인 사람보다 부끄러움이 많은 사람에게서 더 민감하다고 가정하였다. Gray(1991)는 Eysenck의 이러한 생각을 정교화하고 그가 제시한 두 성격 차원을 반영하여 두 가지 기본적인 뇌 체계를 제안하였다.

그에 의하면 행동 활성화 체계(behavior activation system: BAS)는 보상에 대한 예측으로 접근행동을 활성화시킨다. 예를 들어, 한 개인이 새로운 물건을 구입하면 기쁠 것이라고 기대한다면, BAS의 활성화는 그 사람으로 하여금 돈을 모아 그 물건을 구입하도록 할 것이다. 또한 BAS는 행복, 희망 등과 같은 긍정적인 느낌을 경험하게 하는 원인이기도 하다. 반대로 행동 억제 체계(behavior inhibition system: BIS)는 처벌에 대한 예측으로 접근행동을 억제한다. BIS는 공포, 불안, 좌절감, 슬픔과 같은 부정적인 정서를 경험하게 하는 원인이 된다.

Gray(1991)의 이론은 특정 성격 특성을 설명하는 데 도움을 줄 수 있다. 예를 들어, 법규를 위반해서 벌금을 내야 하는 상황에 처할 때, BIS 민감성이 높은 사람은 BAS의 민감성이 낮은 사람보다 더 불안해할 것이다. 이뿐만 아니라 성격과 뇌손상 관계를 다룬 연구들을 살펴보면, 뇌 손상은 성격의 변화를 가져온다. 사람들이 성격상에서 큰 변화를 겪는 경우 그들에게 알츠하이머병, 뇌졸중, 뇌종양 등과 같은 문제가 있다는 것이 자주 밝혀지고 있다(Feinberg, 2001). 또한 뇌에 화학성분의 변화를 가져오게 하는 항우울증약의 복용이나 약물학적 치료는 사람을 더 외향적이면서 덜 신경증적으로 만드는 것과 같이 성격상의 변화를 초래할 수도 있다(Bagby et al., 1999; Knutson et al., 1998). 연구자들은 이러한 결과를 통해 성격을 생물학적으로 이해하기도 한다.

3) 정신역동적 접근

프로이트의 구조 모델에 따르면, 성격은 행동을 지배한 3가지 시스템인 원초아(id), 자아(ego), 초자아(super-ego)로 구성되어 있으며 이것들은 서로 상호작용한다. 출생과 동시에 나타나는 원초아는 성격의 가장 원초적인 부분으로 자아와 초자아도 여기에서 발달한다. 원초아는 가장 기본적인 생물학적 충동으로 구성되어 있다.

아이가 성장할 때, 자아가 발달하기 시작한다. 아이는 자신의 충동이 언제나 즉각적으로 충족될 수 없다는 것을 알게 된다. 성격의 한 부분인 자아는 어린 아동이 현실의 요구를 고려하는 것을 배우면서 발달한다. 자아는 현실원리에 따르기에 충동의 만족은 그 상황이 적절할 때까지 지연되어야 한다는 것을 아이에게 말해준다. 따라서 자아는 본질적으로 성격의 집행자로 원초아의 요구, 현실 그리고 초자아의 요구 간을 중재한다.

초자아는 행위가 옳고 그른지를 판단한다. 초자아는 사회의 가치와 도덕에 관한 내면화된 표상이다. 초자아는 개인의 양심과 도덕적으로 이상적인 사람에 관한 이미지이다. 프로이트에 의하면, 초자아는 아동 중기 동안 부모가 주는 상과 처벌에 대한 반응 그리고 동일시 과정을 통해 형성된다.

성격의 이러한 세 가지 성분은 종종 갈등을 일으킨다. 자아는 원초아가 원하는 충동의 즉각적 만족을 지연시킨다. 초자아는 원초아와 자아 두 성분 모두와 싸우는데, 이는 원초아와 자아의 행동에 도덕적 요소가 부족하기 때문이다. 매우 잘 통합된 성격의 경우, 자아는 안정적이면서 융통성 있는 통제를 유지하고 현실원리가 지배한다. 프로이트는 원초아의 전부와 자아와 초자아의 대부분이 무의식에 있고, 자아와 초자아의 작은 부분만이 의식적이거나 전의식적이라고 제안하였다.

한편, 인간의 행위에 숨어 있는 무의식적 동기를 확인하기 위한 꿈, 환상, 상징 등을 강조하는 정신분석학은 마케팅에 영향을 주었다. 마케터들은 소비자의 무의식 동기에 소구할 수 있는 촉진주제와 용기를 개발하려고 하며, 여전히 소비자의 무의적 구매동기를 자극하는 상징과 환상을 확인하기 위해 정신분석학을 이용하고 있다. 예를 들어 제품의 디자인과 용기 또는 광고 등에서 성적인 에너지인 리비도(libido)를 흥분시키는 여러 상징들을 의도적으로 사용하고 있다.

(1) Freud의 정신분석이론

프로이트의 구조모델에 따르면, 성격은 행동을 지배하는 3가지 시스템인 원초아(id), 자아(ego), 초자아(super-ego)로 구성되어 있으며 이것들은 상호작용한다. 출생과 동시에 나타나는 원초아는 성격의 가장 원초적인 부분으로 자아와 초자아도 여기에서 발달한다. 원초아는 가장 기본적인 생물학적 충동으로 구성되어 있다.

아이가 성장할 때, 자아가 발달하기 시작한다. 아이는 자신의 충동이 언제나 즉각적으로 충족될 수 없다는 것을 알게 된다. 성격의 한 부분인 자아는 어린 아동이 현실의 요구를 고려하는 것을 배우면서 발달한다. 자아는 현실원리에 따르기에 충동의 만족은 그 상황이 적절할 때까지 지연되어야 한다는 것을 아이에게 말해준다. 따라서 자아는 본질적으로 성격의 집행자로 원초아의 요구, 현실 그리고 초자아의 요구 간을 중재한다.

초자아는 행위가 옳고 그름을 판단한다. 초자아는 사회의 가치와 도덕에 관한 내면화된 표상이다. 초자아는 개인의 양심과 도덕적으로 이상적인 사람에 관한 이미지이다. 프로이트에 의하면, 초자아는 아동 중기 동안 부모가 주는 상과 처벌에 대한 반응 그리고 동일시 과정을 통해 형성된다.

성격의 이러한 세 가지 성분은 종종 갈등을 일으킨다. 자아는 원초아가 원하는 충동의 즉각적 만족을 지연시킨다. 초자아는 원초아와 자아 두 성분 모두와 싸우는데, 이는 원초아와 자아의 행동에 도덕적 요소가 부족하기 때문이다. 매우 잘 통합된 성격의 경우, 자아는 안정적이면서 융통성 있는 통제를 유지하고 현실원리가 지배한다. 프로이트는 원초아의 전부와 자아와 초자아의 대부분이 무의식에 있고, 자아와 초자아의 작은 부분만이 의식적이거나 전의식적이라고 제안하였다.

한편, 인간의 행위에 숨어 있는 무의식적 동기를 확인하기 위한 꿈, 환상, 상징 등을 강조하는 정신분석학은 마케팅에 영향을 주었다. 마케터들은 소비자의 무의식 동기에 소구할 수 있는 방안을 이용하고 있다. 예를 들어 제품의 디자인과 용기 또는 광고 등에서 성적 에너지인 리비도(libido)를 흥분시키는 여러 상징을 의도적으로 사용하고 있다.

(2) Jung의 분석심리학

Jung은 1914년 Freud의 정신분석학파에 소속되어 활동했지만, Freud와 학문적 견해의 차이로 결별하고 무의식 요소를 개인적 차원에서 집단적 차원으로 확대하여 분석심리학파를 만들었다. Jung(1961)은 한 인간의 전인격적 심리 구조를 통틀어 psyche라고 표현하였다. 그는 이러한 psyche가 의식의 심층을 둘러싼 자아, 그 의식을 둘러싼 개인무의식 그리고 집단무의식과 원형으로 구성되어 있다고 보았다. 특히 psyche의 구성 중 집단무의식과 원형은 성격에 대한 Jung의 분석심리학이 갖는 특징이라고 할 수 있다.

개인무의식은 자아의 세계에서 억압되거나 잊힌 경험이 저장되어 형성된 것으로, Freud가 말한 무의식적 요소에 해당한다. 어떤 새로운 것을 경험했을 때 그것이 자신과 무관하거나 중요하지 않게 보이는 것들, 또는 그 자극이 너무 약해서 의식의 수준에까지 도달하지 못한 경험들이 저장된 것이다. 이것은 평소에는 의식에 머물러 있지 않지만 필요할 때 작동하여 우리의 행동에 영향을 미친다. Jung은 개인무의식이 개인이 가지고 있는 콤플렉스(무의식 속에 저장되어 있는 감정, 생각, 기억이 연합되어 생긴 흔적들) 혹은 과거 조상의 경험에서 얻은 것이라고 생각했다. 개인적인 갈등, 해결하지 못한 도덕적 갈등, 강렬한 감정이 뒤섞인 사고과정은 개인 무의식의 중요한 부분이다. 개인무의식에 직접 접근하기는 어려우며 종종 이런 요소들은 꿈으로 나타나 그 내용을 구성하는 데 중요한 역할을 한다.

Jung(1929)은 무의식이 개인의 성격 형성에 중요한 영향을 끼친다는 Freud의 생각을 수용했지만, 무의식이 단지 개인적 차원만이 아닌 집단적 차원에도 영향을 미친다고 생각했다. 즉, 그는 성격이 그 사람이 어떤 사회나 문화에서 자라나는가에 따라 달라질 수 있다고 본 것이다. 개인을 지배하는 생각, 감정, 욕구가 모두 현재의 자신에게서 비롯되는 것은 아니며, 과거 인류의 경험이 축적되어 전달된 것들일 수도 있다. 인간이 대대로 이어받은 여러 가지 원시적 이미지는 자신도 모르게 세상을 경험하고 반응하는 데 소질이나 잠재적 가능성으로써 가능하게 된다. 이러한 집단무의식은 신화나 전설 및 민담과 같은 집단 문화의 형태로 전승되어, 원형(archetype)의 형태로 개인 내면에 자리 잡게 된다. 예를 들어, 어떤 나라에 태어나는지 인간은 누구나 어머니에 대한 공통적인 원형을 가지고 있다. 사람들은 자신이 가지고 있는 원형에 따라 특정한 방식으로 세계를 지각하고 경험하며 반응하게 된다. 여기서 원형이란 조상으로부터 전달받아 개인이 태어날 때부터 가지게 되는 미리 정해진 생각이나 기억, 즉 근원적 심상을 말한다.

　　Jung(1929)은 성격을 구성하는 가장 중요한 원형으로 페르소나(persona), 그림자(shadow), 아니마(anima), 아니무스(animus), 자기(self)를 들었다. 페르소나란 어머니의 심상과 같이 사회적 역할수행에 대한 심상으로 남에게 보이는 모습을 말한다. 그림자는 개인이 가지고 있는 어두운 면으로, 성적으로 수용되지 않거나 동물적인 것 즉, 무의식의 어둠 속에 있는 자신의 분신을 말한다. 아니마는 남성 속에 있는 여성성을 말하고, 아니무스는 여성 속에 있는 남성성의 모습을 말한다. 자기란 인간이 추구하는 합일, 완성, 만다라의 상태를 말한다. 이런 집단무의식의 원형은 인간 개개인의 성격 중 한 요소를 형성한다.

(3) MBTI(Myers & Briggs Type Indication)

　　Jung의 심리유형론에 근거하여 Myers와 Briggs가 개발한 MBTI(Myers & Briggs Type Indication)[1] 성격유형 검사 도구는 자기이해와 타인이해 및 수용에 효과적이며 상대방을 이해하는 데 활용할 수 있는 성격의 선호유형을 찾는 검사 도구이다. MBTI의 바탕이 되는 Jung의 성격이론의 요점은 각 개인이 외부로부터 정보를

---

1) 캐서린 쿡 브릭스(Katharine C. Briggs)와 그의 딸 이사벨 브릭스 마이어스(Isabel B. Myers)가 카를 융의 성격 유형 이론을 근거로 개발한 성격유형 선호지표이다. 이 검사는 제2차 세계대전 시기에 개발되었다. MBTI를 활용한 검사는 좋고(효율적) 나쁜(비효율적) 성격을 구별하는 것이 아니라 환경이라는 변수를 개입함으로써 사람들의 근본적인 선호성을 알아내고 각자의 선호성이 개별적으로 또는 복합적으로 어떻게 작용하는지의 결과를 예측하여 실생활에 도움을 얻고자 하는 개인의 어떤 특성을 나타내는 제시도(indicator)이다(김정택·심혜숙, 2000). MBTI 활용은 개인의 심리적 특성인 성격 유형의 차이를 이해하고 수용하는 역동을 통하여 대인관계 능력을 향상시킬 수 있다고 보았다. MBTI 활용으로 성격과 잠재력을 발견·개발함으로써 건강한 자아정체감이 형성될 수 있다.

수집하고(인식기능), 자신이 수집한 정보에 근거해서 행동을 위한 결정을 내리는 데 있어서(판단기능) 각 개인이 선호하는 방법이 근본적으로 다르다는 것이다. Jung은 인간의 행동이 겉으로 보기에는 제멋대로이고 예측하기 힘들 정도로 변화무쌍해 보이지만, 사실은 매우 질서정연하고 일관성이 있으며 몇 가지의 특징적인 경향으로 나누어져 있음을 강조하였다(Jung, 1976). 심리학적 유형론의 특징은 심리적 경향성 간의 역동적(力動的)인 관계를 중시하는 데 있다. 그는 이 경향성을 일반적인 태도에서 보이는 '내향적 태도와 외향적 태도', 정신기능을 중심으로 하는 '감각과 직관' 및 '사고와 감정'의 기능으로 분류하고 있다.

Jung은 인간의 심리적 에너지가 그 사람의 내부에서 연유되는가 또는 외부에서 연유하는가에 따라서 어떤 사람은 내향성, 어떤 사람은 외향성이 된다고 보았다. 그는 인간이 외부환경을 대하는 방법에도 각기 개인차가 있는데, 이는 바로 이런 독특한 마음의 기능에서 연유되는 것으로 해석하였다. 내향적, 외향적 태도의 구별에 대해 Jung은 개체의 주체(subject)와 객체(object)에 대한 태도에 따라서 구분할 수 있다고 보았다. 개인의 태도가 객체를 주체보다 중요시하면 그는 외향적 태도를 취한다고 말할 수 있고, 반대로 객체보다 주체를 중요시하면 그는 내향적 태도를 취한다고 할 수 있다. 예를 들면 미술 전람회에 가서 그 그림이 좋다고 말할 때, 그 동기가 그 전날 본 신문의 평이 좋다고 되어 있고 그 화가들이 유명한 사람이어서 객관적으로 좋다는 평가를 내렸기 때문이라면 그의 태도는 외향적이다. 그는 객관적으로 좋다는 평가를 내렸기 때문이다. 그러나 신문의 평이 좋고 그 화가가 세상에 잘 알려져 있다고 해도, 내가 보기에는 좋지 않다고 한다면 그의 태도는 내향적이다. 그의 판단의 기준은 객관적인 기준보다 자기의 주관이기 때문이다. 이러한 기능의 선호성은 인간이 태어날 때부터 타고나는 것이며, 이러한 근본적인 선호성도 각기 다른 심리유형을 지닌 인간의 개인차에 의해 잘 설명될 수 있는 것으로 보았다. 그는 또한 이러한 선호성은 어떤 민족이나 문화를 막론하고 모든 인간에게 본질적인 것으로 믿었다(Jung, 1923).

또한 Jung은 인간의 정신기능을 인식기능인 '감각과 직관', 판단기능인 '사고와 감정' 기능으로 분류하고, 인식기능을 비합리적인 정신기능, 판단기능을 합리적인 정신기능으로 보았다. 왜냐하면 인식기능은 옳고 그름의 판단과정을 거치지 않고 직접적으로 무엇을 감지하는 기능이므로 비합리적인 기능으로 보았고, 판단 기능은 규준에 따라 판단하고 결정하는 과정이므로 합리적인 기능으로 여겼다.

Myers와 Briggs는 MBTI를 개발하면서, Jung이 간략하게만 언급하고 넘어간 JP지표도 하나의 독립된 지표로 첨가하였다. Jung은 이 JP지표에 대해 "판단형의 사람(J형)은 대개 판단하는 성향을 가지고 있어서 의식적 성격측면을 잘 파악하고, 인식형(P형)의 사람은 무의식적인 성격에 영향을 받는다. 왜냐하면 판단(J)은 정신현상의 의식적 동기에 더욱 관심을 가지고 있고, 인식(P)은 단지 일어난 일을 기록하기 때문이다"라고 하였다. Jung은 이러한 각 기능에서의 방향의 결정은 선천적이라고 생각하였다. 그는 각 기능의 양극선상에서 각 개인에 따라 어느 한쪽으로 더 기울어지며, 이에 따라 개인의 차이점이 드러나는 고유의 성격유형이 나타난다고 보았다. 그는 또한 인간이 자신의 선천적 경향을 알고 활용할 때 심리적인 쾌적감이 따른다고 보았고, 반면 자신의 선천적 경향을 거슬러 가야 하는 상황 속에서 오랫동안 살아갈 때는 심리적인 탈진감이 오게 된다고 하였다. 이것은 마치 선천적으로 오른손잡이인 사람이 왼손을 써야 하는 상황이 되면 서툴고 어색하고 왼손을 쓰고 있다는 의식을 많이 하게 되는 것과 마찬가지로, 의식을 많이 한다는 것은 그만큼 심리적인 에너지의 소모가 많다는 표시이기도 한 것이다. Jung은 인간은 자기의 타고난 선호 방향을 따라 익숙하게 살아갈 때 그 반대 방향 역시 개발시킬 수 있다고 보았고, '자기 실현'은 자기에게 묻혀 있는 것을 개발하여 통합하는 것이라고 말하고 있다. 즉, 의식과 무의식의 통합 과정이 개인의 성숙과정이라고 보았다.

MBTI는 이와 같은 Jung의 입장에 바탕을 두고, 개인이 쉽게 응답할 수 있는 자기보고를 통해 인식하고 판단할 때의 각자 선호하는 경향을 찾고, 이러한 선호 경향들이 개별적으로 또는 여러 경향들이 상호작용하면서 인간의 행동에 어떠한 영향을 미치는가를 파악하여 실생활에 응용할 수 있도록 제작된 도구이다.

[그림 5-1]과 같이 각 선호지표에 대해 자세히 살펴보면 다음과 같다.

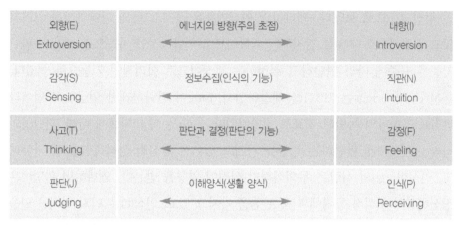

외향(E) Extroversion	에너지의 방향(주의 초점) ←——————→	내향(I) Introversion
감각(S) Sensing	정보수집(인식의 기능) ←——————→	직관(N) Intuition
사고(T) Thinking	판단과 결정(판단의 기능) ←——————→	감정(F) Feeling
판단(J) Judging	이해양식(생활 양식) ←——————→	인식(P) Perceiving

[그림 5-1] **MBTI 선호지표**

① 외향성(Extroversion) – 내향성(Introversion)

외향성과 내향성의 지표는 개인의 주의집중과 에너지의 방향이 인간의 외부로 향하는지 내부로 향하는지를 나타내는 지표이다. Jung은 외향성과 내향성이 상호보완적인 태도임을 강조했다.

외향성의 사람들은 주로 외부세계를 지향하고 인식과 판단에 있어서도 외부의 사람이나 사물에 초점을 맞춘다. 또한 바깥에 나가 활동을 해야 활력을 얻는다. 이들은 행동 지향적이고, 때로는 충동적으로 사람들을 만나며, 솔직하고 사교성이 많고 대화를 즐긴다.

내향성의 사람들은 내적 세계를 지향하므로 바깥 세계보다는 자기 내부의 개념(concept)이나 생각 또는 이념(idea)에 더 관심을 둔다. 관념적 사고를 좋아하고, 자기 내면세계에서 일어나는 것에 의해 에너지를 얻으며 주로 생각을 하는 활동을 좋아한다.

② 감각형(Sensing) – 직관형(Intuition)

감각형과 직관형의 지표는 정보를 인식하는 방식에서의 경향성을 반영한다. 감각기능을 선호하는 사람들은 모든 정보를 자신의 오관에 의존하여 받아들이는 경향이 있다. 이들은 현재 이 상황에 주어져 있는 것을 수용하고 처리하는 경향이 있으며 실제적이고 현실적이다. 또한 자신이 직접 경험하고 있는 일을 중시하며 관찰능력이 뛰어나고 세세한 것까지 기억을 잘하며 구체적이다.

감각형의 사람은 순서에 입각해서 차근차근 업무를 수행해 나가는 성실근면형이나, 세부적이고 구체적인 사실을 중시하는 경향으로 인해 전체를 보지 못할 위험이 있다. 감각형의 사람은 사물, 사건, 사람을 눈에 보이는 그대로 시작하려는 경향이 있으며, 사실적 묘사에 뛰어나다.

직관기능을 선호하는 사람들은 오관보다는 통찰, 소위 말하는 육감이나 영감에 의존하여, 구체적인 사실이나 사건보다는 이면에 감추어져 있는 의미, 관계 가능성 또는 비전을 보고자 한다. 이들은 세부적이고 구체적인 사실보다는 전체를 파악하고 본질적인 패턴을 이해하려고 애쓰며 미래의 성취와 변화, 다양성을 즐긴다. 직관형의 사람은 상상력이 풍부하고, 이론적이고, 추상적이고, 미래지향적이며 창조적이다. 그러나 구체적인 것을 떠나 전체를 보려고 하기 때문에 세부적인 것은 간과하기 쉽고, 실제적, 현실적인 면을 고려하지 않고 새로운 일 또는 복잡한 일에 뛰어들기도 한다.

③ 사고형(Thinking) – 감정형(Feeling)

사고와 감정기능은 인식된 정보를 가지고 판단을 내릴 때 쓰는 기능이다.

사고형은 객관적인 기준을 바탕으로 정보를 비교 분석하고 논리적 결과를 바탕으로 판단을 한다. 사고형은 인정에 얽매이기보다 원칙에 입각하여 판단하며, 정의와 공정성, 무엇이 옳고 그른가에 따라 판단한다. 따라서 인간미가 적다는 얘기를 들을 수 있으며 객관적 기준을 중시하는 과정에서 타인의 마음이나 기분을 간과할 수 있다.

감정기능을 선호하는 사람은 친화적이고, 따뜻한 조화로운 인간관계를 중시한다. 객관적인 기준보다는 자기자신과 다른 사람들이 부여하는 가치를 중시하여 판단을 한다. 즉, 논리 분석보다는 자기자신이나 타인에게 어떤 영향을 줄 것인가 하는 점을 더 중시하며, 원리원칙보다는 사람의 마음을 다치지 않게 하는 데 더 신경을 쓴다. 이러한 성향으로 사람과 관계된 일을 결정해야 할 때 우유부단하게 되거나 어려움을 겪을 수 있다.

④ 판단형(Judging) – 인식형(Perceiving)

판단과 인식은 외부세계에 대한 태도나 적응에 있어서 어떤 과정을 선호하는 가를 말한다.

판단형은 의사를 결정하고 종결을 짓고 활동을 계획하고 어떤 일이든 조직적 체계적으로 진행시키기를 좋아한다. 판단형은 계획을 짜서 일을 추진하고 미리 미리준비하는 편이며, 정한 시간 내에 마무리해야 직성이 풀린다. 외부행동을 보아도 빈틈없고 단호하며 목적의식이 뚜렷하다.

반면, 인식형은 삶을 통제하고 조절하기보다는 상황에 맞추어 자율적으로 살 아가기를 원한다. 또한 자발적이고 호기심이 많고 적응력이 높으며, 새로운 사건 이나 변화를 추구한다.

판단형은 한 가지 일을 끝내지 않고는 잠을 못 이루는 사람들이다. 이에 비해 인식형은 한꺼번에 여러 가지 일을 벌이지만, 뒷마무리가 약하다. 판단형은 인식 형을 굼뜨고 답답하게 보며, 인식형은 판단형을 보고 성급하고 여유가 없고 조급 하다고 보는 경향이 있다.

(4) Horney의 성격이론

프로이트의 동료들 중 몇몇은 성격이 본능적이고 성적이라는 프로이트의 생각 에 동의하지 않고, 대신에 사회적 관계가 성격형성과 발달에 기본이라고 믿었다. 이런 신 프로이트 학파의 성격이론들 중에서 소비자 영역에 잘 적용되는 카렌 호나이(Karen Horney)의 이론에 대해 간략히 언급하고자 한다.

호나이는 불안에 흥미를 두었고, 특히 불안한 감정을 극복하려는 개인의 욕망 에 관심을 두었다. 이는 순응, 공격, 이탈의 3가지 성격집단으로 분류될 수 있다.

- 순응적(compliant) 성격 : 이에 해당하는 개인은 타인을 향해 움직이는 사람 으로, 사랑받고 인정받기를 바라는 경향이 강하다.
- 공격적(aggressive) 성격 : 이에 해당하는 개인은 타인에 대항해 행동하는 사람으로, 남보다 우위에 서려 하고 칭찬을 들으려는 경향이 강하다.

- 이탈적(detached) 성격 : 이에 해당하는 개인은 타인으로부터 멀어지려는 사람으로, 독립적이고 자기충족적이며 자유로워지려는 경향이 강하다.

호나이의 이론에 근거를 둔 성격검사가 한 소비자 연구자에 의해 개발되었는데, 그는 대학생들의 검사점수와 그들의 제품 및 상표 사용패턴 간에 잠정적 관계를 발견하였다. 매우 순응적인 학생들은 유명상표 제품을 선호하였고, 공격적 성격으로 분류된 학생들은 남성적인 면을 강하게 소구하는 제품을 선호하였으며, 매우 이탈적인 학생들은 많은 학생이 선호하는 커피보다는 차를 많이 마시는 것으로 나타났다(Cohen, 1967).

4) 사회인지적 접근

(1) Rotter의 통제소재

Rotter(1982)는 사회학습이론의 하나로 기대-강화가치모델을 제시하였다. 즉 이 모델에 따르면, 어떤 상황에서 특정한 행동이 나타날 가능성은 그 행동이 특정한 결과를 가져올 확률, 즉 기대(expectancy)와 그러한 결과와 연합된 강화가치(reinforcement value)의 함수로 결정된다. 개인마다 특정한 상황에서 판단하는 기대와 보상가치가 다른 이유는 각자 생각하는 기대와 보상가치가 다르기 때문이다. Rotter의 성격이론은 기본적으로 학습의 개념과 그 원리에 근거하고 있다. 즉, 개인의 행동은 학습되며 행동은 다른 사람들과의 경험을 통해 획득된다는 것을 가정한다. Rotter에 따르면, 개인과 경험의 상호작용은 계속해서 서로 영향을 준다는 점에서 상호의존적이다. 과거 경험은 현재 경험에 영향을 주고, 현재 경험은 과거에 학습한 것을 변화시킨다. 그는 개인이 계속해서 새로운 경험에 노출되기 때문에 성격은 변화하는 것이고, 이전 경험이 새로운 학습에 영향을 주기 때문에 성격은 안정적이라고 보았다.

Rotter(1982)가 제시한 또 다른 개념은 개인적 통제(personal control) 즉, 환경에 대한 통제력이다. 통제소재란 개인이 결과를 통제하는 정도에 대한 일반화된 기대를 말하는데, 이러한 통제소재에는 내적 통제소재와 외적 통제소재가 있다. 먼저 내적 통제소재가 있는 사람들은 그들 자신이 자신의 보상과 운을 조절한다고 생각하며 자신이 행위의 결과에 영향을 줄 수 있다고 생각한다. 반면, 외적 통제소재가 있는 사람들은 보상이나 운이 외적 요소에 의해 조절된다고 믿으며, 자신이 행위의 결과를 통제할 수 없다고 생각한다. 이러한 통제소재도 다른 성격 차원과 마찬가지로 연속성이 있다. 외적 혹은 내적 통제소재자가 있기는 하지만, 대부분 이 양극단의 연속선상에서 어느 한 지점에 위치한다.

Rotter는 개인의 통제소재를 알아보기 위하여 1966년에 통제소재 척도를 개발하였다(Rotter, 1966). 내적 통제소재를 보이는 사람들은 성적이 우수하고 사전에 건강을 관리하며 집단압력에 저항하고 스트레스에 효과적으로 대응하는 것으로 나타났다(Lachman & Weaver, 1998; Lefcourt, 1982). 뿐만 아니라 내적 통제소재를 보이는 사람들은 외적 통제소재를 보이는 사람들보다 덜 불안해하고 삶에 더 만족하는 경향이 있었다. 그리고 통제소재와 구체적인 행동의 관련성을 다룬 연구에 따르면, 건강과 관련해서 통제소재는 질환에 대한 대처방식에도 영향을 준다. 외적 통제소재자에 비해 내적 통제소재자는 건강문제에 관한 정보를 더 많이 추구할 뿐만 아니라 금연과 금주, 꾸준한 운동, 정기적인 의료검진을 통해서 질환을 예방하고 건강을 유지하려는 경향이 높다(Lefcourt, 1982; Surtees, Wainwright, Luben, Khaw, & Day, 2006).

(2) 자기효능감

자기효능감(self-efficacy)이란 자신의 어떤 행동이 기대한 결과를 얻어낼 수 있다고 확신하는 신념이다. 즉, 자기효능감이 높은 사람은 주어진 과제를 수행할 수 있다는 신념이 높다. 반면에 자기효능감이 낮은 사람은 어떤 일이 자신의 능력 밖이라고 걱정한다. 자기효능감의 지각은 주관적이며, 과제에 따라 다르기도 하고 성격처럼 전반적인 수준에서 개인차가 있을 수도 있다. 예를 들면, 수학 과목에 자기효능감이 높은 학생이 영어에 대한 자기효능감도 높다고 단정 지을 수 없다. 또한 Bandura(1997)는 높은 자기효능감이 높은 수행을 예측할 뿐만 아니라 실제 수행을 야기한다고 믿었다. 이와 같은 자기효능감의 수준이 전반적으

로 차이가 있을 수 있다. 그래서 어떤 사람은 다른 사람에 비해 전체적으로 자기
효능감이 높을 수도 있고 낮을 수도 있다.

5) 소비자의 성격척도

여러 소비자 연구자는 특정한 구매행동을 직접적으로 측정해 줄 수 있는 타당
하고 신뢰도 높은 특질척도를 다수 개발하였다.

(1) 자기감시

자기감시(self-monitoring)는 사람이 사회활동과 대인관계에서 자기표현을 관리
할 수 있는 정도를 말한다. 자기감시 정도가 높은 사람의 태도는 자신의 태도가
사회적이나 상황적으로 적합한가에 의해 형성되기 때문에 이러한 사람들은 제품
을 사용함으로써 얻을 수 있다고 주장한다. 또한 자기감시가 낮은 사람들은 자신
의 가치표출을 중시하는 태도를 갖기 때문에 제품의 품질을 강조하는 광고를
자신들의 내재된 태도나 가치 또는 다른 평가적 기준에 맞추어 해석할 것이라고
가설을 세웠다. 예를 들면 자기감시가 높은 사람은 스포티하게 보이는 자동차
광고, 하얀 치아의 밝은 미소를 강조하는 치약광고 등에 반응할 것이다.

또한 자기감시가 낮은 사람들은 자신들의 가치표출을 중시하는 태도를 갖기
때문에 제품의 품질을 강조하는 광고를 자신들의 내재된 태도나 가치 또는 다른
평가적 기준에 맞추어 해석할 것이라는 가설을 세웠다. 예를 들면 스카치위스키
맛이 좋다고 생각하는 사람들은 스카치위스키를 마시는 그 자체를 즐길 것이며,
이러한 사람들은 특정 스카치가 그 맛에 대한 정보를 제공하는 광고에 주의할
것이며 더 반응적일 것이라는 가설을 세웠다. 이들은 세 가지 제품(위스키, 담배,
커피 등)을 대상으로 두 가지의 광고기법을 이용, 즉 다른 것은 다 동일하지만
단지 광고와 관련된 카피가 하나는 제품의 이미지를, 다른 하나는 제품의 품질을
소구하는 기법을 이용하여 광고에 대한 호의도와 제품의 구매의도에 대해 자기
감시의 높고 낮음이 차이를 유발할 수 있는가에 대한 연구를 한 결과 유의한
차이가 있음을 밝혀내고, 그들의 가설이 검증되었다고 주장하였다.

(2) 인지욕구

인지욕구(need for cognition)는 사람이 생각하는 것을 즐기거나 원하는 경향성에 대한 측정을 나타낸다. 인지욕구의 개념은 개인이 노력하여 정보를 처리하는데서 얻게 되는 내적인 즐거움에 초점을 두고 있다. 인지욕구 척도에서 높은점수를 받은 사람은 본질적으로 생각하는 것을 즐기며, 반면에 낮은 점수를 받은사람은 힘든 인지적 활동을 피하는 경향이 있다. 인지욕구가 낮은 사람은 특정한주장에서 핵심을 구별하지 못하며, 오히려 제공된 주장에 근거하여 자신의 태도를 형성하기 위해 요구되는 인지적 노력을 피하기를 전형적으로 좋아하는 것으로 특징지을 수 있다.

(3) 애매함에 대한 관용

애매함에 대한 관용(tolerance for ambiguity)의 개념은 애매하거나 비일관적인상황에 대해 사람이 어떻게 반응하는지를 다루는 것으로, 애매함에 참을성이 있는 개인은 비일관적인 상황에 긍정적인 방식으로 반응하지만, 애매함에 대해 비관용적인 개인은 비일관적인 상황을 위협적이고 바람직하지 않은 것으로 보는경향이 있다. 세 가지 다른 형태의 상황이 애매한 것으로 확인되었는데, 첫째,사람이 정보를 전혀 갖고 있지 못한 완벽하게 새로운 상황은 애매한 것으로 고려되며 둘째, 사람을 정보로 당황하게 하는 경향이 있는 매우 복잡한 상황은 매우애매한 상황으로 간주되고 셋째, 반박적인 정보를 갖고 있는 상황도 애매한 것으로 고려되고 있다. 이러한 상황들은 신기한, 복잡한 그리고 해결할 수 없는 상황으로 특징지을 수 있다.

애매함에 대한 관용의 성격구성이 여러 소비자 과제에서 소비자에게 영향을줄 수 있다. 예를 들면, 소비자가 애매함에 비관용적인 소비자보다 새로운 것으로 지각된 제품에 더 긍정적으로 반응한다는 것을 발견했다. 즉 새로운 제품을구매할 때, 소비자는 신기한 상황에 접하게 될 것이고, 애매함에 관용적인 소비자는 이러한 상황에 더 긍정적으로 반응할 것이다.

(4) 시각처리 대 언어처리

소비자를 시각처리자와 언어처리자로 구분할 수 있다. 시각처리자는 시각적 정보와 시각을 강조하는 제품을 선호하며, 반면에 언어처리자는 기술되는 언어적 정보와 언어적 정보로 광고되는 제품을 선호하는 경향이 있다.

(5) 분리 대 연결

분리−연결(separateness-connectedness) 특질은 사람들이 자신의 자기개념을 독립성(타인과의 분리) 대 상호의존성(타인과의 연합)으로 지각하는 정도를 측정하는 변수이다. 연결특질이 강한 사람은 중요한 타인을 자신의 일부분으로 또는 자신의 확장으로 간주하지만, 분리특질이 강한 사람은 자신을 타인과 구분하며 '나'와 '남' 사이에 명확한 경계를 설정한다.

분리-연결 특질은 인구통계학적 변수들에서 차이가 있음을 보여준다. 예를 들어 여성은 남성보다 그리고 동양문화권의 사람들이 미국, 캐나다, 유럽의 서양 사람들보다 연결 특질의 자기개념을 더 가지고 있다(Wang & Mowen, 1997).

(6) 기타 성격척도

소비자 연구자들은 위에서 언급한 특질척도 이외에도 다른 많은 척도를 개발하였다. '쿠폰경향' 및 '가격인식', '허영심', '거래경향', '인지복잡성', '성별도식이론', '불안', '자기 민족중심주의', '외향성/신경성', '정서욕구', '순종, 공격 및 분리' 척도 등이 소비자행동과 관련되는 것으로 평가하였다. 한편 강박소비를 하는 소비자의 경향성을 측정하는 척도도 개발되었다. 이 척도에서 강박소비자를 성공적으로 확인해 주는 문항으로는 "나는 구매할 능력이 없는데도 구매한다", "만일 남들이 나의 구매습관을 안다면 소름 끼칠 것이라고 나는 생각한다", "나는 쇼핑을 가지 못하는 날에는 불안하거나 신경질이 난다", "나는 나 자신의 기분을 좋게 하기 위해 무언가를 구매한다" 등이 있다. 이 척도에서 이런 문항들에 "예"라고 응답하는 소비자는 강박소비 성향을 가지고 있을 것이며 전문가의 도움이 필요할 것이다.

6) 자아개념

자아개념(self-concept)은 '자기 자신을 하나의 대상으로 나타내는 개인의 사고와 감정의 총합'으로, 사람들이 자신의 자기개념과 일치되게 행동하려는 욕구가 있기 때문에 자기 자신에 대한 지각이 성격의 기본을 형성한다.

(1) 자아개념과 상징적 상호작용주의

인간은 자신을 외부로 드러내려는 성향을 지니고 있다. 이때 인간은 환경에서의 무언가를 활용하여 자신을 표현한다. 환경에서의 무언가란 바로 개인을 드러낼 수 있게 하는 하나의 상징물이다. 즉 자신을 표현하기 위해서는 환경에서 개인과 상징 간의 상호작용이 필요한데, 이를 상징적 상호작용주의라고 한다. 상징적 상호주의에 근거하면, 소비자는 상징적 환경에서 생활하며 자신을 둘러싸고 있는 상징들을 빈번히 해석한다.

(2) 자아일치성 측정

자아일치성은 소비자가 자신의 자기개념에 일치하는 제품과 매장을 선택한다는 개념이다. 자아일치성을 측정하는 방법은 크게 2가지로 나뉜다. 첫째는 전통적인 방법으로 자아일치성을 구성하고 있는 개념인 상표성격과 자기 이미지를 각각 측정하여 두 개념에서 일치성을 유추하는 방법이다. 둘째는 소비자에게 직접적으로 해당제품이 자신의 자기 이미지와 일치하는가를 묻는 방식이다.

(3) 자아개념과 신체이미지

사람의 외모는 자기개념에서 상당한 부분을 차지한다. 신체이미지는 자신의 신체에 관한 개인의 주관적인 평가를 의미한다. 예를 들어 어떤 남성은 자신이 실제보다 훨씬 더 근육질이라 생각할 수 있고, 또한 어떤 여성은 실제보다 훨씬 더 비만이라고 느낄 수 있다.

3. 라이프스타일과 사이코그래픽 분석

소비자들 간의 개인차를 확인하는 또 다른 방법은 사이코그래픽 분석에 의해 그들의 생활양식을 알아내는 것이다. 사이코그래픽 분석이란 소비자가 생활하고, 일하며, 즐기는 방식에 의해 소비자를 세분화하려는 소비자 연구의 한 형태이다.

1) 소비자 라이프스타일

라이프스타일을 '사람들이 생활하는 양식'으로 단순하게 정의하였다. 생활양식은 사람들의 집합을 세 가지 다른 수준으로 기술하기 위해서도 사용되었는데, 이는 개인, 상호작용하는 사람들의 소집단 그리고 사람들의 대집단을 말한다.

생활양식에 대한 소비자 개념은 성격에 대한 개념과는 상당히 다르다. 생활양식은 사람들이 어떻게 살아가고, 어떻게 그들의 돈을 소비하며, 그들의 시간을 어떻게 배분하는지 등으로 표현된다. 따라서 생활양식은 소비자의 명백한 행동과 관련되며, 반대로 성격은 보다 내면적인 관점으로부터 소비자를 설명한다. 다시 말해 성격은 소비자가 생각하고, 느끼고, 지각하는 특징적인 패턴을 알 수 있게 한다.

2) 사이코그래픽 분석

사이코그래픽스는 소비자의 심리적 구성을 기술하려는 아이디어를 내포하고 있다. 그러나 사실상 이 용어는 소비자의 활동(activity), 관심(interest), 의견(opinion) 등(AIOs)을 분석함으로써 소비자의 생활양식을 평가하기 위해 사용된다. 따라서 사이코그래픽 분석을 AIO분석이라고도 부른다. 사이코그래픽 연구의 목적은 기업이 고객을 더 잘 이해하고 고객에게 더 용이하게 접근하도록 돕기 위해 세분화된 소비자 집단을 묘사하는 데 있다. 사이코그래픽 연구는 보통 표적시장의 생활양식, 성격특성, 인구통계학적 특성 등을 평가하기 위해 고안된 질문을 포함한다.

기업들은 사이코그래픽 분석을 널리 활용하고 있다. 예를 들어 크라이슬러 자동차 회사의 소비자 연구자들은 '이글비전'이라는 자동차의 표적시장에 대한 인구통계학적 프로필을 찾아냈는데, 이는 젊고, 교육수준이 높으며, 10살 이하의 두 아이를 둔 고소득 맞벌이 부부 등과 같다. 또한 이 부부는 TV시청을 싫어하지만 재즈음악을 즐기며, 일주일에 두 번은 운동을 하고, 미술장식품을 모으며, 일년에 세 번의 휴가를 가는 것으로 나타났다.

3) 밸스 사이코그래픽 목록

기업에서 인기있는 사이코그래픽 목록은 밸스(VALS: values and lifestyles)이다. 스탠퍼드 연구기관(SRI: Standford Research Institute)에서 개발된 밸스는 미국기업에서 시장을 세분화하고 광고와 제품전략을 개발하는 데 널리 사용되었다.

VALS Ⅰ로 불리는 첫 번째 목록은 동기와 발달심리학 이론——특히 매슬로의 욕구위계——에 기초를 두었다. VALS Ⅰ은 소비자집단을 외부지향형, 내부지향형, 욕구충동형의 세 가지 유형으로 분류한다.

① 외부 지향적(Outer-directed) 소비자 집단

제품 구매 시 타인들의 생각을 의식하는 집단으로 기존의 규범에 순응하려는 동기가 강한 소비자들이다. 이 집단은 전체 소비자 중 67%를 차지하는 가장 큰 규모의 소비자 집단이다.

② 내부 지향적(Inner-directed) 소비자 집단

전체 소비자 중 22%를 차지하며, 기존의(전통적) 문화적 규범보다는 자신의 내적 욕구를 충족시키기 위해 노력한다. 내부 지향적 소비자들은 자기를 표현하기 위해 제품을 구매하는 성향이 강하다.

③ 욕구 지향적(Need-driven) 소비자 집단

가처분 소득이 적어 기본적 욕구 충족이 주요한 구매동기인 소비자들을 말한다. 이 집단은 미국 소비자들 중 11%를 차지한다.

VALS I은 가치와 라이프스타일 패턴에 따라 9가지 집단으로 분류하고 있다 (Evans & Blythe, 1994). 필요추구집단에는 생존자형, 생계유지형이 해당되며, 외부지향집단은 관습, 동조, 전통을 강조하는 소속지향형과 경쟁, 과시, 야망을 강조하는 경쟁지향형과 성공, 성취, 명성을 추구하는 성취지향형으로 분류된다. 그리고 내적지향집단은 충동, 자기세계, 개성이 강조되는 자기중심형과 직접 경험과 인간중심이 강조되는 경험지향형이 있다. 그리고 사회적 책임감, 간소한 생활, 내적 성장이 강조되는 사회의식형과 외부지향과 내향지향을 결합한 통합형으로 분류할 수 있다(〈표 5-3〉 참조).

〈표 5-3〉 **라이프스타일 유형과 특징**

유형		라이프스타일 특징	구매행동 특징
기본욕구충족형 소비자 (need-drivenconsumer)/ 생존위주형		사회에의 적응력 낮음 생존을 위해 고군분투함 매사에 욕망의 지배를 받음	가격을 매우 중요시여김. 즉각적 욕구충족을 위해 비계획 구매를 자주 함
생계유지형		안전에 대한 관심이 높고 의존적임. 제반 사회, 경제, 정치제도 등에 비판적임	가격 중시 신중한 구매결정
외향적 소비자 (outer-directed consumer)	순응형 (belongers)	사회규범 등에 매우 순응적. 관습이나 전통 등을 존중함. 과거에 대한 동경심이 높음	가족중심의 구매 대규모 대중시장 애호
	경쟁형 (emulators)	야망이 큼. 신분 의식. 과시적이고 경쟁심 강함	재력 과시를 위한 구매. 모방 좋아하고, 유행 추종
	성취형 (achievers)	리더십이 강하고 유물주의적이며, 성취, 성공, 명예에 대한 욕구 강함	성공 과시를 위한 구매. 고급상품을 취급하는 점포 선호
내향적 소비자 (inner-directed consumer)	개인주의형 (i-am-me)	개인주의적이고 충동. 극적인 것을 좋아함	제품에 대한 호기심 많음 취미 과시를 위한 구매
	경험주의 (experiential)	경험 중시, 활동적, 인화 중시	조립품 구매 선호. 점포 직접 방문, 제품 직접 관찰
	사회의식형 (socially conscious)	사회적 책임감 강하고 도량이 좁음. 내적 성장 도모 비교적 안이한 삶 영위	검소, 절약 환경 관심 높음
통합형(integrated)		정신적 성숙. 사회 및 환경에의 적응력 높음. 자아실현의 욕구 강함. 국가적·세계적 시각에 준하여 행동	자아표현을 위한 구매. 생태학적 영향에 관심 높음

VALS I은 전체 소비자를 3개의 세분시장으로 구분하여 각 세분시장이 너무 광범위하고 일반적인 단점이 지적되었고, 특히 외부 지향적 소비자가 67%로 너무 많아 타깃시장 선정 등과 같은 마케팅 전략 수립에 유용한 정보를 제공하지 못하는 문제점이 제기되었다. 또한 미국에서는 베이비부머 세대의 증가, 다양한 인종의 증가, 다양화된 매체의 선택 가능성, 새로운 가치 출현 등으로 VALS I의 허점이 부각되었다.

이러한 이유 때문에 SRI는 1989년 VALS II라는 새로운 시스템을 발표했다. SRI(strategicbusinessinsights.com)자료에 의하면 VALS II 분석방법은 2,500명의 소비자를 대상으로 조사 후 소비자들을 8개의 집단으로 유형화하고 어떻게 사람들이 마켓에서 소비자로서 그들 자신을 표현 혹은 행동하는지를 예측할 수 있는 측정 도구이다. 소비자들을 이해하기 위하여 중요하고 결정적 개념인 Primary motivation(주된 동기)과 Resources(자원) 두 가지를 이용해 설명하고 있다. 이러한 동기와 자원의 조합으로 어떻게 사람들이 마켓에서 소비자로서 그들 자신을 표현 혹은 행동하는지를 밝혔으며, 자원은 [그림 5-2]와 같이 수직차원에 구성되어 있는 것으로 소득, 교육, 에너지, 자신감, 지적 능력, 새로움에 대한 탐색, 혁신성, 통솔력 등과 같은 정신심리학적 특성은 주요 인구통계와 함께 자원을 결정한다. 또한 Ideals(이상), Achievement(성취), Self-Expression(자기표현)으로 구성된 주된 동기는 소비자의 태도를 설명하고 소비자행동을 이해하고 예상하기 위한 것으로 수평차원으로 구조화하였다.

이상지향적 소비자는 자기 스스로의 관점을 중요시하며, 성취지향적 소비자는 자신을 보는 외부 시선에 관심이 많다. 또한 자신이 바깥으로 보이는 모습을 의식하고, 자기표현지향적 소비자는 사회적 혹은 신체적 활동에 관심이 높고 다양성 추구 원리에 따라 움직인다(김은주, 2010). 이처럼 수직차원의 자원과 수평차원의 개인의 일차적 동기 두 개의 차원을 기준으로 미국 소비자는 [그림 5-2]와 같이 8개의 집단인 Innovators, Thinkers, Believers, Achievers, Strivers, Experiencers, Makers, Survivors로 유형화되었다.

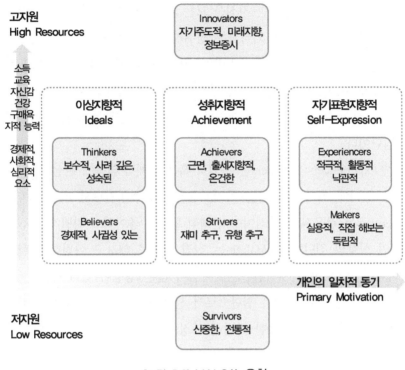

[그림 5-2] VALS II 유형

VALS II 에 의해 소비자 집단은 8개로 유형화되었으며, 이들 집단의 특성을 SRI(strategicbusinessinsights.com) 자료에서 살펴보면 다음과 같다.

① Innovators는 모든 집단 중 자원이 많은 집단으로 자기 주도적, 미래지향적이고 정보를 중요시하며 새로운 아이디어나 테크놀로지에 빠르게 수용하는 도전적인 성향의 집단이다.

②~③ Thinkers와 Believers는 자기 스스로의 관점을 중요시하는 이상지향적 소비자 집단으로 보유하고 있는 자원의 수량에 따라 분류된다. Thinkers는 성숙한 태도와 보수적 성향이 있고 사려 깊은 태도로 모든 행동에 계획적이며 테크놀로지를 기능적인 방법으로 사용하는 경향이 있다. Believers는 기본적으로 옳고 그름이 사회를 이끌 것으로 믿으며, 타인과의 사귐성이 있으며, 경제적으로 절약하는 태도를 취하고 사회의 변화보다는 일관성과 안전성에 가치를 두는 집단이다.

④~⑤ Achievers와 Strivers는 자신을 보는 외부 시선에 관심이 많고 또한 자신이 바깥에서 보이는 모습을 의식하는 성취지향적 소비자 집단이다. 자원이 좀 더 많은 집단인 Achievers는 출세지향적이며 가족과 직장에서 근면하고 부지런하며 동료의식이 있고 생산성을 향상시키는 테크놀로지를 가치있게 여기는 성향이 있다. Strivers는 최신 유행과 재미를 추구하며 대중교통에 의존하는 경향이 있는 집단이다.

⑥~⑦ Experiencers와 Makers는 사회적 혹은 신체적 활동에 관심이 높고 다양성 추구 원리에 따라 움직이는 자기표현지향적 소비자로서 자원이 더 높은 Experiencers는 적극적, 낙관적이며 신체적 활동을 좋아하고 자발적인 집단이며 사교적인 성향의 집단이다. Makers는 직접 손으로 해보고 실천하며 실용적인 것을 추구한다. 또한 기계적인 것에 관심이 많은 경향이 있다.

⑧ Survivors는 연령이 높은 집단으로서 신중하고 리스크를 피하며 전통적 성향이 짙다. 일상적이고 친숙한 사람들과 장소에서 편안함을 느끼며, 브랜드와 상품에 충성하는 경향이 있는 집단이다.

이와 같은 집단 특성을 정리하면 〈표 5-4〉와 같다.

〈표 5-4〉 VALSⅡ 가치집단 정의

가치집단	특징	설명
Innovator	자기주도적, 미래지향적, 정보 중요시	미래지향적이고 정보를 중요시하며, 자기주도적인 소비자 새로운 아이디어나 테크놀로지를 빠르게 수용하며 도전적인 성향을 지님
Thinkers	보수적, 성숙된, 사려 깊은	이상지향적인 집단으로 성숙한 태도와 보수적 성향이 있으며, 모든 행동에 계획적이며 기능적인 방법으로 테크놀로지를 사용함
Believer	경제적, 사귐성 있는, 패션 동조	이상지향적으로 기본적인 옳고 그름이 사회를 이끌 거라 믿으며, 타인과의 사귐성이 있는 편. 경제적으로 절약하는 태도를 취하며, 사회의 변화를 바라지 않고 일관성과 안전성에 가치를 둠
Achiever	근면, 부지런한, 출세지향적, 온건한	출세지향적인 성향을 갖고 있으며, 가족과 직장에 전념하고 동료의식이 있으며, 생산성을 향상시키는 테크놀로지를 가치 있게 여김

Strivers	재미 추구, 유행 추구	최신유행을 추구하는 집단으로 하위 거리문화 집단. 대중교통에 많이 의존하는 경향이 있으며, 고용이 불안정함
Experiencers	적극적, 활동적, 낙관적	자기표현적이고 적극적, 낙관적인 성향에 트렌드를 가장 먼저 수용하며, 신체적인 활동을 좋아하고 자발적임. 사교적이고 현재의 주류에 반대하는 경향이 있음
Makers	직접 해보는, 실용적, 독립적	자기표현적이고 직접 손으로 해보고 실천하며, 실용적인 것을 추구하는 경향. 독립적인 성향이 있으며, 야외 활동을 좋아하고, 기계적인 것에 관심이 있음
Survivors	신중하고, 충성적, 전통적	신중하고 리스크를 피하는 성향이 있으며, 전통적 성향이 짙음. 일상적이고 친숙한 사람들과 장소에서 편안함을 느끼며, 브랜드와 상품에 충성하는 경향이 있음

출처: strategicbusinessinsights.com

06 라이프스타일의 영향요인

Chapter

1. 가족과 준거집단

1) 가족의 본질

어떤 제품이나 서비스는 개인이 단독으로 구매하여 사용하지만 여행, 자동차 회식 등은 가족이 함께 구매의사결정에 참여하고 소비한다. 우리가 가족에 관심을 갖는 이유는 가족구성원의 수나 가족수명주기에 따라 필요로 하는 제품이나 서비스의 유형이 다르고 구성원들의 구매의사결정과정에 미치는 영향 정도에 차이를 보이기 때문이다. 가족은 준거집단 가운데 가장 빈번한 접촉으로 개인의 행동에 직접 또는 간접적으로 영향을 미치므로 구매의사결정 단위로서 가족에 대한 이해는 마케팅 담당자에게 매우 중요하다.

가족(family)은 결혼이나 혈연관계 또는 입양 등으로 맺어져 함께 살아가는 기본적인 사회단위이다. 핵가족(nuclear family)은 남편과 아내 그리고 그들의 자녀들로 구성되며, 확대가족(extended family)은 핵가족에 조부모, 사촌과 같은 친족들이 추가된 형태이다. 이에 비해 가계 또는 가구(household)는 주거단위를 함께 사용하는 사람들의 집단이다. 가족 구성원들 가운데 1명 이상이 가구를 구성할 수 있으며, 가족관계가 아닌 둘 이상의 사람들(예: 룸메이트)이 구성하는 비가족가구(nonfamily household), 그리고 두 가족이 한 거주공간에서 가구를 이루기도 한다.

가족은 마케터가 필수적으로 이해해야 하는 중요한 단위인데 이는 다음과 같은 몇 가지 이유 때문이다. 첫째, 가족은 함께 생활하면서 가치관, 문화, 경제력 등을 공유하기 때문에 개인이 구매하고 사용하는 제품이나 서비스의 구매의사결정에도 영향을 미친다. 둘째, 가족이 함께 사용하는 제품이나 서비스는 가족의사결정을 통해 구매가 이루어지므로 적합한 마케팅전략을 수립하기 위해서는 구성원들의 영향력과 의사결정분야를 이해해야 한다. 셋째, 가족구성원의 변화는 필요로 하는 제품이나 서비스의 유형에 영향을 미치므로 신제품 개발의 좋은 기회가 될 수 있다. 넷째, 가정에서의 성 역할이 변화하여 가정 내에서의 쇼핑 빈도가 늘고, 외식 및 시간절약제품에 대한 수요가 증가한다. 이런 상황은 마케터에게 도전적인 의사결정문제에 직면하게 하고, 기존제품의 마케팅뿐만 아니라 시장기회를 제공하는 기회요인으로써 충분한 가치를 제공한다. 다섯째, 새로운 가구의 유형이 증가함에 따라 이에 대한 이해의 필요성이 증가하였다. 1인가구와 비가족가구, 아이가 없는 부부가구들, 반려동물과 함께 사는 가구들 등 이에 대한 제품 및 서비스의 새로운 기회가 되고 있다.

2) 가족구성원의 역할

가족이 구매의사를 결정하고 실행하는 과정에서 각 구성원들은 다양한 역할을 분담하게 된다. 즉, 정보를 수집하고 제공하는 일, 상표대안을 결정하는 일, 실제로 구매하는 일 등 제품구매에 필요한 다양한 일들이 가족구성원 중 누군가에 의해 수행되지 않으면 안 된다. 그러나 상황에 따라 이들 모든 역할이 가족구성원 중 어느 한 사람에 의해 단독으로 수행되기도 하지만, 대개는 여러 구성원에 의해 분담·수행된다.

가족의 구매 및 소비행동과 관련하여 가족구성원이 수행하는 역할을 분류해 보면 다음과 같다.

- 제안자(initiator) : 특정제품의 필요성을 인식하고 그 제품의 구매를 제안하는 사람

- 정보수집자(information gatherer) : 구매결정에 필요한 제반 정보(즉, 가격, 품질, 상표, 판매처 등에 관한 정보)를 수집하고 제공하는 사람
- 영향력 행사자(influencer) : 구매결정을 하는 과정에서 직·간접으로 영향력을 행사하는 사람
- 구매결정자(decision maker) : 구매할 제품, 상표, 구매장소, 구매시기, 구매예산 등에 관하여 최종적으로 결정을 내리는 사람
- 구매자(buyer) : 실제로 구매하는 사람
- 사용자(user) 또는 소비자(consumer) : 구매한 상품이나 서비스를 실제로 사용하거나 소비하는 사람

사실, 제품의 최종사용자가 그 제품의 구매결정권자나 실제 구매자가 아닌 경우가 허다하다. 예를 들면 장난감의 실제사용자는 아이들이지 "어떤 장난감을 구매할 것인가를 결정하고, 실제로 구매하는 사람은 부모일 경우가 많다. 물론 이런 경우 아이들이 장난감 구매에 대한 나 영향력 행사자로서의 역할을 수행하기도 한다.

그렇다면 과연 어떤 구성원이 어떤 역할을 수행하며, 또 수행해야 하는 것일까? 사실 이에 대해서는 일반화된 정설로 답하기가 용이하지 않다. 왜냐하면 각 구성원의 역할은 그 구성원이 소속하는 가족의 성격, 그리고 구매할 제품의 특성 등 많은 요인에 의해 영향을 받기 때문이다.

따라서 마케팅주체는 우선 그의 제품특성과 관련하여 누가 최종의사결정권자이며, 누가 정보를 제공하고 영향력을 행사하는가를 식별한 후, 그들을 표적으로 하는 촉진전략을 개발하여야 할 것이다.

3) 가족 구매의사결정 모델

가족의 구매의사결정도 개별소비자의 경우처럼 여러 단계의 의사결정과정을 거쳐서 이루어진다. 즉, 가족구성원 누군가에 의해 제품사용의 필요성이 인식되면 그에 의해 구매문제가 제기됨으로써 의사결정과정은 시작된다. 다음으로 구매결정을 위해 필요한 정보를 탐색하고, 여러 대안을 평가한 뒤 평가결과에 따라

최종적으로 구매를 하게 된다. 다만 개인적 구매의사결정에서와는 달리 의사결정의 전 과정이 개별소비자 한 사람에 의해 처리되지 않고 여러 가족구성원들에 의해 분담 또는 공동으로 처리된다는 차이점이 있다.

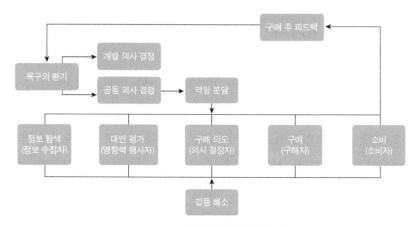

[그림 6-1] **가족 구매의사결정 모델**

구매를 결정하고 실행하는 과정에서 가족구성원이 담당하는 역할을 도식화하면 [그림 6-1]과 같다. 제품이 가족구성원들에 의해 공동으로 사용되는 경우는 말할 것도 없지만, 비록 특정 구성원에 의해 개인적으로 사용되는 제품이라 하더라도 제품구매에 따르는 지각된 위험이 크고 중요한 제품을 구매하는 경우에는 다른 구성원들과 공동으로 구매결정을 하게 된다. 이런 경우에도 가족구성원은 서로 역할분담을 하게 된다. 그러나 이미 전술한 바와 같이, 가족구성원들 사이에 역할분담(또는 역할전문화)이 어느 정도 이루어지는가 하는 것은 가족의 권력구조, 구성원들의 성격 등 많은 요인에 의해 영향을 받는다. 그 결과 행동양식은 다양한 형태로 나타나게 된다.

- 제안자(initiators) : 가족구성원들 모두가 제품이나 서비스에 대한 필요를 표현하여 가족의사결정을 시작하게 할 수 있다.
- 정보수집자(information gatherer) : 제안된 제품이나 서비스에 대한 정보를 탐색하는 가족구성원으로 때로는 정보원천별로 여러 명이 나누어 정보를

수집하기도 한다. 일반적으로 정보원천을 알고 있거나, 정보에 접근하는 경로를 가지고 있는 구성원이 정보수집자의 역할을 수행한다. 정보수집자는 정보수집 경로를 제안하거나 정보원천에 대한 평가를 수행함으로써 정보의 수준과 형태를 통제하는 역할을 수행하기도 한다.

- 영향력 행사자(influencer) : 영향력 행사자는 대안들을 평가하는 방법에 영향을 미친다. 제품이나 서비스를 선택하기 위한 의사결정기준과 평가에 영향력을 행사한다. 자동차 구매에 있어서 고려해야 할 기준과 함께 안전성을 중요하게 고려하게 할 것인가, 경제성을 중요하게 반영하게 할 것인가에 영향을 미칠 수 있다. 일반적으로 정보수집자가 많은 정보를 가지고 의사결정에 영향력을 행사하기도 하지만 다른 구성원이 더 크게 영향력을 행사하기도 한다.

- 의사결정자(decision maker) : 의사결정자는 최종적으로 구매여부를 결정하는 사람으로 구매시기, 구매장소, 구매량 등 구체적인 의사결정을 함께 수행하기도 한다. 제품에 따라 다르기는 하지만 의사결정자는 가족구성원들 사이의 권력구조에 의해 결정된다.

- 구매자(purchaser) : 의사결정자가 정한 구매내역에 따라 실제로 제품을 구매하는 사람이다. 이 사람은 점포의 선택, 구매협상에 있어서 재량권을 행사한다.

- 사용자(user) : 구매한 제품을 실제로 사용하는 사람으로 가족구성 개별 구성원이 될 수 있다. 제품을 실제로 사용한 후 평가를 하고 다른 가족들에게 알려주며 그 제품을 재구매하는 것이 바람직한지 알려주는 역할을 한다.

(1) 가족의 권력구조와 가족구매행동

우리나라 가족구조는 가부장적 특성으로 인해 대부분 가장이 모든 문제에 있어 최종결정권을 갖는다. 그러나 최근에 이르러 우리나라에서도 가족의 권력구조에 많은 변화가 오고 있다. 즉, 아내에게도 상당한 결정권이 주어지고 있으며, 자녀들도 자율적 결정을 할 수 있도록 자유재량권이 많이 주어지고 있다.

가족의 구매의사결정 행태는 부부간의 권력구조를 기준으로 다음과 같이 네 가지 유형으로 구분할 수 있다.

- 자율적(autonomic) 결정형 : 제품에 대한 구매결정이 부부 각자에 의해 독립적으로 이루어지는 유형
- 남편주도적(husband-dominant) 결정형 : 제품구매에 대한 모든 결정이 주로 남편의 주도하에 이루어지는 유형
- 부인주도적(wife-dominant) 결정형 : 제품구매결정을 아내가 주도하는 유형
- 공동결정(syncretic)형 : 부부가 서로 동등한 입장에서 영향력을 행사하고, 주로 합의에 의해 구매결정을 하는 유형

이상과 같이 가족의 권력구조나 구성원의 성격여하에 따라 의사결정형이 구분되기도 하지만, 구매할 제품의 성격이나 의사결정과정의 단계 특성에 의해서도 가족구매행동은 영향을 받는다.

(2) 제품구매 시 지각된 위험이 높을 경우

구매의사결정의 결과가 가족구성원들에게 심리적, 재무적, 사회적 위험을 가지고 있는 경우 공동의사결정을 하는 경우가 많다. 공동의사결정은 주의 깊은 구매의사결정을 하게 되므로 구매의 위험과 불확실성을 감소시키는 좋은 전략이 된다. 예를 들어 새로운 주택을 구입하는 경우에는 재정적인 위험이나 심리적 위험 그리고 이웃과의 관계와 같은 사회적인 위험이 높기 때문에 의사결정의 질을 높이기 위해 공동의사결정을 수행할 가능성이 높다. 공동의사결정과정에서 나타나는 현상 가운데 하나가 위험이전현상(risky shift phenomenon)이다. 공동의사결정을 하는 경우에는 결정이 잘못된다고 하더라도 모든 구성원이 함께 책임을 나누기 때문에 위험도가 높은 의사결정을 하는 경향이 있다. 즉, 남편이나 부인이 혼자서 의사결정을 하는 경우보다는 둘이 함께 공동의사결정을 할 경우 비싼 제품을 구매할 가능성이 커진다는 것이다. 주부들이 집단토론을 한 후에는 다양한 상품을 구매할 때보다 위험성이 큰 의사결정을 내리는 경향이 있다.

(3) 구매결정이 가족에게 중요한 사항일 경우

가족구성원들이 함께 사용하는 제품은 공동의사결정이 이루어질 가능성이 높다. 더구나 가족에게 중요한 구매 의사결정은 공동의사결정을 수행하는 것이 일반적이다. 공동으로 사용하는 저관여제품(화장지, 치약 등)에 비해 자동차, TV와 같은 제품들은 가족 모두의 관여도가 높아 공동의사결정을 수행할 가능성이 높다.

(4) 구매시간에 대한 압박이 적을 경우

구매시간에 대한 압박이 클수록 가족 중 어느 한 사람이 구매결정을 하게 된다. 실제로 많은 제품의 경우에는 가족들이 모두 의사결정에 참여하여 노력과 시간을 들일 필요가 없는 경우도 많다. 그러나 맞벌이 부부인 경우에는 시간적 압박이 크므로, 외벌이 부부의 가정에서는 공동 구매해야 하는 제품의 경우에도 개별결정에 의해 구매하기도 한다.

4) 준거집단의 의의

준거집단(reference group)이란 개인의 가치·태도·행동 수행에 준거점(point of reference)을 제공하는 집단을 말한다.

사람들은 누구나 가족을 비롯하여 학교·직장·종교단체 등 여러 집단에 소속하게 되고, 이들 집단의 규범에 의해 직·간접으로 영향을 받게 된다. 그러나 현재 그가 속해 있는 집단뿐만 아니라, 그가 소속하기를 희구하거나 회피하고 있는 집단에 의해서도 개인은 영향을 받는다. 이를테면, 사람들은 누구나 그가 소속하기를 희구하는 집단에 대해서는 그 집단의 기대에 부응하는 행동을 하고 싶은 강한 욕구 때문에, 그 집단의 규범에 순응하게 되고, 그로 인해 그 집단의 강한 영향권하에 놓이게 된다. 이처럼 개인이 현재 소속해 있는 집단뿐만 아니라, 소속해 있지 않은 집단이라 하더라도 그의 가치, 신념, 행동 등에 영향을 주는 집단을 준거집단이라 한다.

소비자는 구매 및 소비행동을 수행하는 과정에서 가족이 준거집단에 의해 많

은 영향을 받는다. 준거집단이 소비자의 행동을 이해함에 있어 특히 중요한 이유
는 준거집단이 다음과 같은 특성을 지니고 있기 때문이다.

첫째, 준거집단의 영향은 소비자 자신의 뚜렷한 목적이나 의도, 또는 의식적인
노력 없이도 발생한다는 점이다.

둘째, 소비자가 준거집단과 직접적인 대면 관계를 유지하고 있지 않아도 준거
집단은 소비자에게 영향을 미칠 수 있다. 이를테면 어떤 소비자가 연예인을 준거
대상으로 여기고 있다면, 그 소비자는 연예인들의 행동규범에 반응을 보이고,
그들의 행동을 모방함으로써 그들과의 직접적인 접촉 없이도 영향을 받게 된다.

준거집단은 이처럼 소비자에게 직접 또는 간접적으로, 그리고 의식 또는 무의
식 상태에서 뚜렷한 대면적 접촉 없이도 영향을 줄 수 있는 매우 중요한 소비자
행동 영향요인의 하나이다.

한 가지 부언할 점은 소비자의 행동수행에 준거점을 제공하는 대상이 집단이
아니고 개인인 경우에는 준거인(a reference person)이라 하여 준거집단과 구분하기
도 하지만, 일반적으로 준거집단 속에 준거인을 포함시켜도 이해하는 데 전혀 무
리가 없기 때문에 이 책에서는 준거집단에 준거인을 포함한다.

5) 준거집단의 유형

준거집단은 집단의 성격, 개인의 회원가입 여부 등에 따라 여러 유형으로 분류
될 수 있다.

(1) 일차집단과 이차집단

일차집단(primary groups)이란 구성원 간에 직접 대면적 상호작용(face-to-face
interaction)을 통해 일차적 관계(primary relations)를 유지하고 있는 집단을 말한다. 구성
원 간에 유지되고 있는 일차적 관계는 다음과 같은 특징을 지니고 있다.

첫째, 집단구성원들은 구성원 간에 여러 측면에서 상호작용을 하기 때문에 특
정구성원을 대상으로 한 행동반응이 다른 구성원에 대해서도 똑같은 형태로 나타

나지 않는다. 또한 구성원 간에 주고받는 상호반응은 자발적이고 임의적이며 때로는 감정적인 특성을 가지고 있다. 이와 반대로 이차적 관계(nonprimary relations)의 경우(예컨대, 학생과 선생의 관계와 같은 경우)에는 상호 간에 특정측면에서만 교류하기 때문에 상황이 유사하면 다른 사람을 상대했을 때도 유사한 반응이 나타날 수 있으며, 반응은 의도적인 경우가 일반적이다.

둘째, 일차집단에서는 구성원 간에 상호작용하는 대상물에 제한이 없고, 구성원 상호 간에는 일상의 생활습성은 물론 심리적인 것에까지도 자유롭게 상호작용을 한다.

셋째, 구성원 간 상호관계의 궁극적 목적은 개인적 성장, 자기개발, 심리적 만족 등을 추구하는 데 있다.

이런 특징을 지닌 일차집단에는 가족, 교우집단, 동료집단 등이 포함된다. 한편, 이차집단(secondary groups)은 구성원들이 지속적인 대면관계를 유지하고 있지 않은 일반적인 사회집단을 말한다. 따라서 일반적으로 소비자는 이차집단보다는 일차집단에 의해 더 많은 영향을 받게 된다.

(2) 공식집단과 비공식집단

공식집단(formal groups)은 조직적 구조와 기능이 명확히 규정되어 있는 집단을 말한다. 학교, 회사, 노동조합 등이 대표적인 예이다. 공식집단은 집단의 목적에 위배되는 행동을 규제하는 묵시적 규범이나 명시된 규정에 의하여 구성원들의 행동을 제약한다.

비공식집단(informal groups)이란 구조화되어 있지 않고 기능도 명확히 명시되어 있지 않은 집단을 말한다. 공식집단 내에는 무수히 많은 비공식집단이 존재한다. 예를 들면, '회사'라는 공식집단 내에는 구성원들의 입지적 상황, 취미, 학연, 지연 등에 따라 동료그룹, 테니스클럽, 등산클럽 등 많은 비공식집단이 존재한다.

사회학 또는 사회심리학 분야에서는 비공식집단에 대해 더 많은 관심을 보이는데, 그 이유는 비공식집단이 공식집단보다 인간행동에 더 많은 영향을 주기 때문이라고 한다. 마케팅이나 소비자행동 분야에서도 비공식집단에 많은 관심을

보이고 있는데 그 이유도 소비자들의 구매결정 및 소비행동에 대한 비공식집단
의 영향이 매우 크기 때문이다.

(3) 회원집단과 비회원집단

회원집단(membership group)이란 개인이 실제로 소속하고 있는 집단을 말한다.
소비자는 나이, 성별, 교육수준, 결혼상태 등에 의하여 특정집단의 회원자격을
자동적으로 얻기도 하지만, 특정목적을 위해 집단을 형성하거나, 이미 조직되어
있는 집단에 접근하여 구성원자격을 의도적으로 얻기도 한다. 이 가운데 개인이
성별, 연령, 신분 등에 의해 자동적으로 소속되는 집단을 자동회원집단(automatic
membership group)이라 한다.

회원집단은 구성원들에게 여러 측면에서 많은 영향을 준다. 특히 구성원들은
특정집단의 성원으로서 어떻게 행동하는 것이 그 집단의 기대에 부응하는 것일
까에 대한 그들 자신의 지각에 의해 준거적 영향을 받게 된다. 회원집단은 그
집단에 대한 구성원의 태도 여하에 따라 밀착집단과 거부집단으로 구분할 수
있다.

밀착집단(contactual group)이란 집단구성원이 집단의 가치와 규범에 긍정적 태
도를 가지고, 그에 순응하는 행동을 수행함으로써, 집단과 구성원 간에 응집력이
높은 집단을 말한다. 한편 거부집단(disclaimant or discociative group)이란 집단의
구성원이 집단의 규범에 순응하려 하지 않고, 그에 상반된 행동을 수행함으로써
소속감을 거부하는 집단을 말한다. 예를 들면, 어떤 중년여성이 장신구나 의복
등을 구매하는 데 있어 젊고 발랄해 보이는 것만을 추구하면서, 중년층 여성집단
이 갖는 '품위유지에 대한 사회적 규범에 순응하려 하지 않는다면, 적어도 이
중년여인에 있어 중년층 여성집단은 회피하고 싶은 거부집단으로 볼 수 있다.
이처럼 회원 집단이라 하더라도 소속되어 있는 구성원들에게 반드시 긍정적 영
향만 주는 것은 아니며, 거부적 반응을 일으키는 부정적 영향을 주기도 한다.

비회원집단(nonmembership group)은 개인이 현재 소속해 있지 않은 집단을 말

하는데, 개인은 그가 소속해 있지 않은 집단에 의해서도 영향을 받을 수 있다. 특히 그가 소속하기를 갈망하는 집단으로부터는 많은 영향을 받는다.

현재 소속하고 있지 않지만 참여하고 싶어하는 집단을 희구집단(aspirational group)이라 하고, 반대로 소속하고 싶어하지도 않고 영향받고 싶어하지도 않는 집단을 회피집단(avoidance group)이라 한다. 소비자는 특히 희구집단의 영향을 많이 받는다. 소속될 가능성이 거의 없는 경우에도 희구집단을 준거대상으로 채택하고, 그 집단구성원의 라이프스타일이나 행동양식을 모방하려는 소비자들이 상당히 많다.

6) 준거집단의 기능

(1) 사회화 기능

사회화(socialization)란 개인이 가치체계를 형성하고, 그가 속해 있는 사회나 조직, 또는 집단의 규범과 행동양식을 배워가는 과정을 말한다. 따라서 개인은 사회화과정을 통해 하나의 정상적인 사회인으로 성숙해진다. 그런데 이런 사회화 현상은 개인이 소속해 있거나, 소속하기를 희구하는 준거집단의 영향하에서 이루어진다. 준거집단은 개인에게 사회의 구성원으로서 갖추어야 할 교양과 태도, 수행해야 할 역할과 행동이 어떠해야 하는가를 알 수 있도록 해주는 기능을 수행한다.

특히 준거집단은 사회구성원들이 소비자로서 생활하는 데 필요한 지식을 습득하고 행동양식을 개발해 가는 과정에 영향을 줌으로써 소위 소비자 사회화(consumer socialization) 기능을 수행한다. 한 예로, 부모로부터 근검절약하는 생활태도를 보고 배우며 성장한 아이들은 성년이 되었을 때 그들도 근검절약지향적일 가능성이 매우 높은 것도 가족이라는 준거집단의 사회화기능 때문이다.

가족과 같은 일차집단은 가장 확실하게 소비자 사회화기능을 수행한다. 이는 구성원들이 직접적인 대면관계를 유지하면서 밀착된 교류활동을 통해 구성원 상호 간의 가치관과 행동양식의 개발과정에 강력한 영향력을 미치기 때문이다.

이와 같이 사회화기능을 수행하는 준거집단을 특히 규범적 준거집단(normative reference group)이라 한다.

(2) 정보제공기능

준거집단은 소비자로 하여금 집단의 기대에 부응하는 구매 및 소비행동을 할 수 있도록 다양한 측면에서 정보를 제공하는 기능을 수행한다. 일반적으로 소비자들은 제품, 상표, 구매장소 등에 관해 충분한 지식을 가지고 있지 않을 때에는 구매결정을 위해 외부로부터 정보를 탐색하게 되는데, 준거집단의 구성원이 중요한 정보원이 된다. 특히 풍부한 경험과 지식을 소유하고 있는 것으로 지각되는 준거집단의 구성원(또는 준거인)은 정보원으로서 많은 영향력을 행사할 수 있다. 그리고 제품 및 이에 관한 지식이나 경험이 불충분한 소비자일수록 준거인에 대한 정보적 의존도는 높아진다.

소비자가 특히 가시적 제품을 구매하려는 경우, 준거집단 구성원들이 많이 애용하고 있는 상표는 그 자체가 소비자에게는 하나의 유용한 정보로써 작용한다. 소비자는 그가 소속하기를 희구하는 집단성원들이 주로 선호하고 구매하는 상표를 구매·사용하려는 경향이 있기 때문이다. 소비자는 여러 준거집단으로부터 다양한 정보를 수용하게 되지만, 소속에의 매력이 크고 신뢰성이 높은 준거집단으로부터 보다 큰 정보적 영향을 받는다.

(3) 자아개념의 형성

준거집단은 소비자의 자아개념(self-concept) 형성에 준거점을 제공한다. 사람들은 대부분 유년시절에는 가족 속에서 자아상을 개발하지만, 성년이 되면 다른 준거집단의 영향을 받아 자아개념을 더욱 강화하거나 수정한다. 즉, 소비자는 준거집단 내의 다른 성원과의 직·간접적 교류를 통해 자신의 자아개념(즉, 자신은 누구이고 어떤 사람인가에 대한 자신의 지각)을 보호하고 강화하고, 때로는 수정하게 된다.

자아개념에 대한 준거집단의 영향은 특정 제품(또는 상표)에 대한 구매(또는 선호)행동으로 나타날 수 있다. 왜냐하면 소비자들이 구매하는 제품이나 상표는 그들 자신의 자기이미지를 반영하기 때문이다.

이를테면 준거인이 애용하는 의복스타일, 소유하고 있는 승용차의 상표 등은 그 준거인의 자아개념이 반영된 것이기 때문에, 그 준거인과 비교되는 특정 소비자의 자아개념은 준거인의 구매(소비)행동에 의해 영향을 받는다. 즉, 소비자는 준거인이 애용하는 제품과 선호하는 상표가 무엇인가에 따라 자신이 구매할 제품이나 상표를 결정하게 되고, 그에 적합한 자아 개념을 개발하게 된다. 이와 같이 준거집단은 소비자 자신의 자아개념을 준거인의 그것과 비교·평가할 수 있는 준거점을 제공함으로써, 소비자의 자아개념에 적지 않은 영향을 미친다.

2. 사회계층

1) 사회계층의 의의

사회계층(social class)이란 사회구성원이 사회적으로 향유하는 명성, 신망, 권력 등의 차이로 인해 형성되는 사회적 신분계층(social status hierarchy)을 말한다.

사회구성원들은 그들의 혈통, 부, 직업, 학벌, 기술수준 등이 각각 다를 뿐만 아니라, 그들의 사회적 역할 및 사회에 대한 기여도가 제각기 다르기 때문에, 구성원 모두가 동등한 지위를 향유하는 사회를 기대하기는 어렵다. 어느 사회에서나 구성원들은 다양한 기준에 의해 여러 집단으로 분할되고, 이렇게 분할된 집단들은 다시 계층화됨으로써 결국 어떤 형태로든 사회적 계층은 존재하게 된다. 다시 말해서 유사한 사회적 위치를 점한다고 지각되는 일군의 사람들이 하나의 집단을 형성하게 되고, 이렇게 형성된 집단들 간에 사회적 지위상에 상대적인 서열이 형성됨으로써 사회층화 현상이 발생하게 된다.

어느 사회나 그 사회의 문화적·경제적·정치적 제 특성과 전통적인 사회제도로 인해 사회층화 시스템이 형성된다. 오늘날 산업사회에서는 혈통에 의한 세습적 신분보다는 주로 직업, 교육, 소득수준을 기준으로 한 사회적 신분제도가 형성되어 있다. 그 이유는, 산업사회에서는 사회구성원 개개인이 지니고 있는 부, 직업, 학벌 등에 의해 그들이 사회 속에서 향유할 수 있는 명성이나 권력에 차이가 나고, 그로 인해 그들의 사회적 지위가 달라지기 때문이다. 실제로 대부분의 학자들은 사회구성원 간에 불평등을 유발시키는 기본요인으로 부, 명성, 그리고 권력(property, prestige, and power)을 들고 있으며, 이와 같은 개개인의 부, 명성, 권력은 그들 자신의 직업, 소득, 교육수준 등에 의해 직접적인 영향을 받는 것으로 보고 있다. 산업사회에서는 사회계층을 일반적으로 상층·중층·하층으로 구분하고 있는데, 이는 계층구조상 상층의 사람들은 중층이나 하층의 사람들보다 더 높은 사회적 지위를 향유하고 있음을 시사한다.

동일 계층에 속하는 사람들은 그들의 직업·재력·교육수준 등 사회경제적 제 특성이 유사하기 때문에, 그들의 신념이나 가치, 사고방식은 물론이고, 라이프스타일, 행동양식에 이르기까지 여러 측면에서 매우 유사한 양상을 공유하는 특성이 있다. 이런 특성에 준해서 사회계층개념을 보다 구체적으로 정의하면, 사회계층이란 "가치·라이프스타일·행동 등이 유사한 개인 또는 가족을 동질적인 집단으로 층화한 사회적 집단계층"을 말한다.

2) 사회계층의 특성

이미 전술한 바와 같이 사회계층은 소득수준만 가지고 결정되는 단순개념은 아니다. 적어도 사회계층의 상위층에 범주화되려면 명성과 권력, 존경과 신망, 그리고 재력이 있어야 하고, 그러기 위해서는 또한 직업, 소득 등이 좋아야 한다.

이와 같이 사회계층은 권력, 명성, 직업, 교육수준 등 많은 변수가 결정 요인으로 작용하는 복합개념이다. 이런 다원적 성격을 지닌 사회계층개념을 보다 명확히 이해하기 위해 사회계층의 특성을 좀 더 세밀히 검토해 보면 다음과 같다.

(1) 사회계층은 신분을 표상한다

신분(status)이란 개인 간의 상대적인 사회적 지위를 말한다. 일반적으로 개인의 사회적 지위는 그의 개인적인 특성, 즉 다른 사람에 대한 영향력의 정도라든가, 권력, 혈통, 학벌, 직업, 인망 등에 의해 결정된다. 따라서 권력이 많거나 다른 사람이 존경하는 직업을 가진 사람은 타인에 의해 높은 신분으로 지각된다. 사회계층은 바로 이와 같은 사회구성원의 신분을 표상하는 개념이다.

(2) 사회계층구조는 신분구조적 성격을 갖는다

사회계층은 상층에서 하층에 이르기까지 몇 단계로 층화되어 이 신분의 높고 낮음을 나타내는 신분구조적 성격을 가지고 있다. 특정계층에 속하는 사람은 그가 그 계층의 규범이나 행동양식을 따르고 있지 않다 하더라도 그보다 낮은 계층의 사람들에 의해 자신들보다 높은 신분으로 지각된다. 이는 사회적 집단의 세분현상이 결과적으로 신분의 계층화를 초래하였음을 의미한다.

(3) 동일계층의 구성원은 가치, 태도 및 행동양식에 있어 유사성을 갖는다

동일한 계층에 속하는 사람들은 가치관, 사고방식, 태도, 라이프스타일, 행동양식 등에 있어 유사점이 많다. 이는 그들의 사회·경제적 특성이 비슷하기 때문인 것으로 볼 수 있다.

또한 사회계층은 개인의 규범, 태도, 행동에 대한 준거점을 제공하기 때문에 개인은 현재 소속해 있지 않더라도 소속하기를 희구하는 집단의 성원들과 유사한 행동양식을 보이게 된다.

(4) 사회계층은 서로 다른 계층 간의 교류를 제약한다

사람들은 자신과 유사한 가치관이나 태도·행동양식을 가진 사람들과는 비교적 쉽게 어울리고 빈번히 접촉하는 경향이 있지만, 그렇지 않은 사람들과는 잘 어울리려고 하지 않는다. 그 결과, 동일한 계층의 성원들 간에는 상표, 제품, 점포, 광고 등에 대한 정보의 흐름이 원만하지만, 타 계층 간에는 정보의 교환이 제한된다. 이 때문에 상이한 계층 간에는 선호하는 상표나 제품, 그리고 애호하는 점포 등에 차이가 발생한다.

(5) 사회계층은 동태적이다

개인은 특정계층에 영구히 소속되는 것이 아니라, 계층구조를 따라 신분이 상승하거나 하락할 수 있다. 또한 사회 전체적으로도 그 나라 사회계층의 특성은 시간과 상황의 변화에 따라 조금씩 변화한다.

3) 사회계층의 측정

사회계층은 다원적인 복합적 개념이다. 이와 같은 사회계층개념의 다원성으로 인해 실제 각 계층을 식별하는 데에는 많은 어려움이 따른다. 사회계층의 결정요인에는 직업, 소득, 학벌 등과 같은 인구 통계적 변수뿐만 아니라, 명성, 권력, 그리고 가치, 태도, 라이프스타일에 이르기까지 많은 요인들이 포함되기 때문에 이들을 포괄적으로 수용하여 각 계층을 식별·분석하기란 결코 용이한 일이 아니다.

그럼에도 불구하고, 각 계층의 분포를 확인하고 계층별 특성을 파악하려는 연구 노력은 부단히 계속되고 있다. 특히 소비자행동 연구가와 마케팅 실무자들은 사회계층의 식별에 지대한 관심을 보이고 있다. 이는 기존의 연구에서 상이한 계층 간에는 생활관습이나 소비행동 측면에서 서로 차이가 있음이 밝혀졌기 때문이다. 실제로 사회계층에 대한 조사·연구를 통해 마케팅 실무자들은 시장세분을 위한 유용한 자료를 얻을 수 있다. 또한 소비자행동 연구가들은 계층별 특성을 면밀히 분석함으로써, 건전한 소비문화와 사회(또는 환경)문제 등에 대한 소비자들의 태도 및 행동을 예측할 수 있다. 따라서 사회계층의 식별 및 측정은 매우 중요하다.

사회계층의 측정을 위해 현재 많이 이용되는 기법으로는, 주관적 측정법, 평가적 측정법, 객관적 측정법 등이 있다.

(1) 주관적 측정법

주관적 방법(subjective method)이란 사회구성원 개개인으로 하여금 "자신이 어느 계층에 속한다고 생각하는가"에 대해 직접 평가하게 하여 계층구조를 파악하는 방법이다. 이 방법에 의해 계층구조를 파악하려며, 층을 상, 중, 하(또는 상의 상, 상의 하, 중의 상, 중의 하, 하의 상, 하의 하) 등 3-6단계로 구분한 후, 개인으로 하여금 그들 자신이 어느 계층에 속하는 것으로 인식하고 있는지 스스로 평가하게 한 후 이를 분석하여야 한다.

이와 같이 개인의 주관적 계층귀속의식을 조사하여 계층구조를 분석하는 방법은 다음과 같은 몇 가지 문제점이 있다.

첫째, 응답자는 자신의 위치를 실제보다 높은 층에 귀속시키고 싶어하는 성향이 있기 때문에 이 방법에 의하면 정확한 계층구조를 파악하기가 어렵다.

둘째, 이 방법에 의하면 응답자는 상류나 하류라는 용어가 지닌 극단적 의미를 경원하는 경향이 있어 결과적으로 중산층의 규모가 실제보다 비대해진다는 점이다.

이와 같은 문제점 때문에 소비자행동 연구가들은 이 방법을 선호하지 않는 경향이 있다. 그러나 사회구성원 자신이 스스로 생각하고 있는 특정계층에의 귀속의식은 그 자신의 태도 및 행동양식에 직접적으로 영향을 끼치기 때문에 이 방법은 사회구성원의 심리적 계층집단을 파악하는 데는 매우 유용한 방법이다. 실제로 소비자의 행동은 그의 사실적 상황보다는 심리적 인식상황에 의해서 더 많은 영향을 받는다.

(2) 평가적 측정법

평가적 방법(reputational method)이란 사람들에게 자기자신이 아닌 다른 사람의 사회적 지위를 평가하게 하여 계층구조를 파악하는 방법이다. 구체적으로 다음과 같은 두 가지 방법이 이용된다.

- 방법 I : 응답자에게 평소에 그가 잘 알고 있는 다른 사람의 사회적 지위를 평가하도록 한다. 한 예로 특정 지역사회를 잘 아는 몇몇 평가자에게 의뢰

하여 그 지역사회의 전 구성원을 층화하도록 하고 그 평가자들의 평균치로
써 계층구조를 확정한다. 이 방법을 이용하면 평가자는 피평가자와 상호
면식이 있는 사이이므로 평가하는 과정에는 별 어려움은 없지만, 평가결과
에는 평가자의 주관적인 편견이 개입될 가능성이 높다는 문제점이 있다.

• 방법 II : 평가자에게 평소에 잘 알지 못하는 다른 사람의 사회적 지위를
평가하게 하는 방법으로서, 평가자에게 평가대상이 되는 사람의 몇 가지
사회·경제적 특성(즉, 소득, 소유재산, 주거형태, 가족배경 등)을 제시하고 그에
기초하여 평가하게 한다. 이와 같은 평가적 방법은 W. Lloyd Warner에
의해 개발되었는데, Warner가 미국에서 이 방법을 이용하여 장기간의 연구
끝에 확인한 6개 집단(즉, 상의 상, 상의 하, 중의 상, 중의 하, 하의 상, 하의 하)으로
구성된 사회계층구조가 오늘날 많은 실증적 연구의 기초가 되고 있다.

평가적 측정법은 전술한 주관적 측정법과 마찬가지로 평가하는 사람의 나적인
판단에 의해 계층을 식별하기 때문에 특정 지역사회의 계층구조의 상황이나 각
계층집단의 일반적 특성을 파악하는 데는 유용하게 이용될 수 있다. 그러나 소비
자행동 연구가들은 소비자들의 행동적 측면에서 계층 간의 차이점을 분석하는
데 관심이 있기 때문에, 몇 가지 사회경제적 특성을 중심으로 평가자의 주관적
평가에 의해 계층을 식별하는 이와 같은 측정방법보다는 객관적인 측정방법에
더 높은 관심을 보인다.

(3) 객관적 측정법

객관적 방법(objective method)이란 일정한 기준에 의해 계층별로 사회구성원을
분류하는 방법을 말한다. 사회구성원을 분류하기 위한 객관적 기준이 직업, 교
육, 소득, 가족배경, 소유 재산 등 개인의 사회적 지위에 영향을 미치는 요인이라
면 어떤 요인이나 사용될 수 있다. 그러나 조사자에 따라 계층분류에 사용되는
기준은 약간씩 차이가 있다.

W. Lloyd Warner는 계층을 측정하는 기준으로 직업, 수입원, 주거형태, 주거지역

등 네 가지 요인을 사용하였으나, 미국 인구통계국이나 우리나라에서는 직업, 교육, 소득 등 세 종류의 변수를 계층층화의 척도로 사용하고 있다.

주로 사회적·교육적 특성을 기준으로 하여 보다 객관적으로 사회계층을 분화하려는 이와 같은 객관적 측정방법은 소비자행동 연구가나 마케팅 실무자에게 매우 유용하다. 이는 계층 간 행동양식의 차이를 그들의 사회적·교육적 특성과 관련시켜 비교·분석할 수 있기 때문이다. 특히 마케팅 주체는 시장을 세분화하는 데 계층개념을 효과적으로 이용할 수 있으며, 시장의 사회적·교육적 특성을 파악함으로써 세분시장에 쉽게 접근할 수 있다.

객관적 측정법에서는 계층측정기준으로 단일변수를 사용하기 위해 여러 변수를 결합하여 사용하기도 한다.

① 단일변수 지표법

계층을 확인하기 위해 오직 하나의 변수를 이용하는 경우 이를 단일변수 지표법(single-item indexes)이라 한다. 단일변수로 많이 이용되는 요인으로는 직업, 소득, 교육 등이 있는데 이 가운데서도 직업이 가장 많이 이용되고 있다. 따라서 여기에서는 직업을 기준으로 한 단일지표에 대하여 알아보기로 한다.

직업은 사회계층을 식별하는 데 있어 단일변수로서는 가장 적합한 것으로 인정되고 있다. 그 이유로는 첫째, 직업은 소득이나 교육수준과 밀접한 관계가 있기 때문에 직업·교육·소득 등 세 변수를 반드시 종합하지 않아도 직업 하나만 가지고도 개인의 사회적 지위를 파악할 수 있다고 보기 때문이다.

둘째, 유사한 직업을 가진 사람들은 상호 교류할 기회가 많아 사고방식이나 행동양식이 유사하기 때문이다.

셋째, 직업이 유사한 사람들은 여가시간과 여가활동이 비슷하고 라이프스타일도 유사하기 때문이다.

이처럼 직종별로 서열과 점수를 결정해 놓고, 응답자로 하여금 자신의 직업을 정확하게 기술하게 한 후 그에 해당하는 평점에 의해 계층을 결정한다. 일반적으로 서열이 높은 직종은 소득수준도 높지만, 그 직업을 얻기까지 많은 교육과 노력이 투자된 것으로 보기 때문에 사회에서는 그런 직종에 존경과 명성을 부여한다. 따라서 서열이 높은 직종을 높은 사회계층으로 분류한다.

이와 같이 직업을 기준으로 한 단일변수 지표법은 후술하는 복합변수 지표법에 비해 계층을 측정하기가 쉬울 뿐만 아니라 이해와 이용이 용이해서 마케팅 연구에서는 비교적 많이 이용되고 있다. 직업 이외에도 교육, 소득, 소유물 등이 단일변수로 각각 이용되기도 한다.

② 복합변수 지표법

복합변수 지표법(multiple-item indexes)이란 둘 또는 그 이상의 사회·경제적 요인들을 체계적으로 결합하여 지표화하고 이에 의해 계층을 파악하는 방법을 말한다. 이 방법은 전술한 단일변수 지표법에 비해 보다 논리적이라고 할 수 있다. 왜냐하면 사회계층은 복합적 개념이므로 여러 변수를 종합함으로써 더 정확하게 계층을 측정할 수 있기 때문이다. 복합변수 지표법에 의한 계층측정 방법은 일반적으로 다음과 같다.

- 1단계 : 우선, 사회계층의 결정변수로써 중요하다고 생각되는 요인(예를 들면, 소득, 직업 등)을 둘 이상 선정한다.
- 2단계 : 다음으로 이들 선정된 요인들의 중요성에 대한 상대적 비중을 결정한다.
- 3단계 : 각 요인별로 세부적으로 범주화하고, 범주별로 서열 및 점수를 결정한다.
- 4단계 : 개인별로 각 요인에 대한 해당범주를 조사·확인하여 개인별 지표를 아래 산식에 의해 계산한다.

> 지표 = (제1변수의 범주점수 × 비중1) + (제2변수의 범주점수 × 비중2)
> 　　　　 + ‥‥‥‥‥ + (n변수의 범주점수 × 비중n)
> (단, 각 변수의 상대적 비중이 같다고 가정할 때에는 범주점수의 합계나 평균 점수를 지표로 사용한다.)

- 5단계 : 마지막으로, 미리 결정된 계층별 점수범위에 준하여 위에서 계산된 지표가 어느 계층에 속하는가를 확인함으로써 계층을 파악한다.

복합변수 지표법은 조사자가 사회계층의 결정변수로써 어떤 요인을 선정하고, 이들 요인들 간의 상대적 중요도를 어떻게 결정하느냐에 따라 구체적인 지표산 정방법에는 약간씩 차이가 있다. 복합변수 지표로서 대표적인 것으로는 W. Lloyd Warner의 ISC, James M. Carman의 ICC, Richard P. Coleman의 CSI, 그리고 미국 인구통계국의 SES 등이 있다.

Warner의 ISC(Index of Status Characteristics)는 가장 전통적인 복합변수 지표법 의 하나로 그동안 계층연구에 많은 기여를 한 것은 사실이지만, 최근엔 그 이용 가치가 비교적 저하되고 있다. 왜냐하면 계층예측력이 높은 교육이나 소득액과 같은 변수가 포함되어 있지 않기 때문이다. ISC 측정법에 대해 간단히 알아보면 다음과 같다.

- ISC 산정을 위해 사용되는 계층결정변수는 4종이며, 이들의 비중은 다음과 같다.

> 직업 : 4, 수입원 : 3, 주거형태 : 3, 주거지역 : 2

- 각 변수마다 7개의 범주로 세분한 후, 1~7점의 점수를 부여한다. 예를 들어 직업변수는 다음과 같이 세분하고 있다.

전문직 및 대기업 사업주	1점
반전문직 및 대기업 간부	2점
사무직 종사자 및 유사직	3점
숙련노동자	4점
소기업의 사업주	5점
반숙련노동자	6점
미숙련노동자	7점

- 사회구성원들에 대해 위에서와 같은 7점 평점척도로 조사한 응답내용을 분석한 후 다음 산식에 의해 ISC를 산출한다.

> ISC = (직업점수 × 4) + (수입원점수 × 3) + (주거형태 점수 × 3)
>   + (주거지역 점수 × 2)

• 다음의 계층분류체계에 준하여, 위에서 산술한 ISC 점수가 어느 계층에 해
  당하는가를 결정한다.

계층	점수범위
상의 상층	12~17점
상의 하층	18~24점
중의 상층	25~37점
중의 하층	38~50점
하의 상층	51~62점
하의 하층	63~84점

Carman의 ICC(Index of Cultural Classes)는 Warner의 ISC와는 달리 복합변수로
써 직업, 교육, 주거가치(rent or home value)를 사용하고 있으며, 각 변수의 비중도
회귀분석에 의해 결정한다. Coleman의 CI(Computerized Status Index)는 가장 최근
에 개발된 계층측정지표로서 소비자분석을 위해 많이 이용되고 있다. 여기에서
는 교육, 직업, 주거지, 소득액을 복합변수로 사용하고 있으며, 직업만 다른 변수
에 비해 두 배의 비중을 둔다.

계층조사에서 가장 많이 이용되는 지표는 미국 인구통계국의 SES 지표(Socioeconomic
Status Scores)이다. 여기에서는 직업, 교육, 소득 등 세 변수만을 이용하고 있으며,
이들 세 변수의 비중을 동일하게 두고 있다. SES 지표는 특히 마케팅실무자에 의해
많이 이용되는데, 이는 조사결과를 인구통계자료와 비교·분석하기가 용이하며, 시장
세분화에도 유용하게 이용할 수 있기 때문이다.

이상에서 몇 가지 상이한 계층측정방법에 대하여 살펴보았지만, 이들 중 어떤
것이 가장 최선의 방법인지에 대해서는 사실 단적으로 말하기가 어렵다. 왜냐하
면 각 방법마다 약간의 문제점은 다 가지고 있기 때문이 동일한 지역사회를 대상
으로 몇 가지 상이한 방법을 적용하여 조사한 결과들을 분석해 보면 유사한 계층

분포를 보이지 않는 경우가 많이 있다.

정확한 계층측정이 어려운 이유를 몇 가지 요약해 보면, 우선 계층구조는 고정되어 있지 않고 동태적이기 때문이다. 또한, 특히 복합변수에 의해 계층을 측정하게 되면 한 변수에서의 높은 점수가 다른 변수의 낮은 점수에 의해 상쇄됨으로써 중간지위로 평가되는 결과를 초래하기 때문이다. 이를테면 독학으로 어려운 시험에 합격한 사람이나 자수성가하여 대기업의 사업주가 된 사람은 교육평점이 직업평점을 상쇄하게 되어 계층분류에 혼란을 가져오게 된다. 그 외에도 맞벌이 가족이 증가함으로써 가장의 직업, 소득만을 기준으로 측정한 계층구조에는 정확성의 측면에서 문제점이 있는 것으로 지적되고 있다.

그러나 소비자분석을 위해서는 주관적 방법이나 평가적 방법보다는 객관적 방법이 더 유용한 것으로 평가되고 있다. 또한 객관적 방법 중에서도 단일변수에 의한 측정이 보다 정확하고 합리적인 결과를 산출하는 것으로 평가되고 있다. 따라서 조사목적에 따라 복합변수로 이용할 때에는 계층결정 변수를 신중하게 결정하는 것이 무엇보다 중요하다.

3. 문화

1) 문화의 정의

어느 사회나 그 사회 특유의 생활방식이 존재하며 그로 인해 사회구성원들은 여러 측면에서 유사한 행동양식을 공유하고 있다. 그러나 특정 사회에서 타당성이 부여되고 보편화된 행동이라 하더라도 다른 사회의 구성원들에게는 그것이 부자연스럽고 이해하기 어려운 현상으로 보여질 수도 있다. 즉, 문화적 행동양식은 특정 사회구성원들 개개인에 내재하는 어떤 기질로 인해 형성되는 것이 아니라, 사회구성원들이 그 사회의 역사적인 전통과 환경적인 관습에 적응하는 과정에서 형성되는 학습의 결과로 나타난다. 따라서 각 사회마다 그 사회 특유의 생활관습이나 행동양식이 존재하게 된다.

문화라는 개념은 그 사회 특유의 역사적 전통은 물론 사회구성원들의 종교적, 지역적, 기질적, 민족적 제 요인이 상호작용하여 나타나는 복합적인 사회현상을 의미하는 매우 광범위한 개념이다. 문화를 '사회적 학습을 통해 사회구성원들이 공유하는 그 사회 특유의 생활양식'이라 정의하고 있는 것이 일반적인 견해이고, 이는 사회의 문화적 현상을 단순히 기술적 관점(descriptive view)에서 보고 있다.

한편, 문화를 규범적 관점(normative view)에서 보는 견해도 있다. 규범적 관점에서는 문화를 '특정사회의 핵심적 가치체계가 행동적 표현으로 구체화된 그 사회 특유의 생활양식'으로 정의한다. 즉, 각 사회마다 인간으로서 보람 있게 삶을 영위하기 위해서는 어떻게 살아야 하고, 어떻게 행동해야 하는가에 대한 사회구성원들의 가치 또는 신념체계가 각각 달라서, 사회구성원들의 생활방식이나 행동양식에 차이가 나타나게 되고 이것이 결국 그 사회 특유의 문화적 특성을 규정 짓는 것으로 본다. 따라서 사회구성원들이 공유하는 행동적 규범(또는 사회의 핵심적 가치)을 문화의 가장 핵심적 특성으로 본다. 사회구성원들의 이와 같은 핵심적 행동규범을 문화적 가치(cultural values)라 한다.

소비자행동 연구가들은 이와 같은 문화적 가치의 지역별 비교연구에 많은 관심을 보이는데, 이는 각 사회의 문화적 가치가 그 사회구성원들의 소비자행동에 매우 중요한 영향을 미치기 때문이다.

2) 문화의 특징

문화의 본질을 좀더 명확히 이해하기 위하여 문화의 속성에 대해 알아보면 다음과 같다.

(1) 문화는 학습되고 후천적으로 습득된다

인간은 생활하는 과정에서 욕구를 충족시키는 방법을 배우고, 선과 악을 구분하는 판단력을 기르며, 특정상황에 대응하는 가장 적합한 행동이 어떤 것인가를 배운다. 어린 시절부터 자신의 문화적 가치를 학습하는 이러한 과정을 사회화과정이라 하는데, 이 사회화과정을 통해 인간은 비로소 사회의 제반환경에 적응하며 살아가는 방법을 터득하게 된다.

이와 같이 특정 사회의 제반환경에 적응할 수 있도록 후천적으로 학습되는 생활양식을 문화라 한다. 만일 우리에게 문화의 공급이 주어지지 않는다면 우리는 동물과 조금도 다름없는 행동을 하게 될 것이다.

(2) 문화는 사회적 유산이다

문화는 인간이 창조하여 세대 간에 전승시킨 사회적·역사적 유산이다. 현재의 문화는 선대로부터 내려오는 삶의 지혜가 축적된 결과이며, 여기에 새로운 지혜가 가미되어 후대에 전승된다. 따라서 핵심적인 문화적 가치는 사회적 차원에서 특별한 상황변화가 있지 않는 한, 시대를 초월하여 상당한 세월 동안 크게 변화하지 않는다. 다만, 시간이 지나면서 양적으로나 질적으로 문화적 특성이 성숙되는 것으로 볼 수 있다.

문화적 가치는 일차적으로 부모로부터 자녀에게로 전승되지만, 학교나 종교단체 등도 문화의 전승에 중요한 역할을 담당한다. 그러므로 인간행동에 대한 문화의 영향을 이해하기 위해서는 이들 사회적 조직들의 역할과 기능을 이해하는 일도 매우 중요하다.

(3) 문화는 인간의 행동을 제약한다

문화는 인간이 자연환경에 적응하기 위해 창조한 것이지만, 인간은 그들 자신이 만들어낸 문화적 환경에 의해 행동에 제약을 받게 된다. 왜냐하면 문화는 인간에게 사회의 일원으로서 바르게 생활하는 방법과 살아가는 데 필요한 행동의 유형을 제시할 뿐만 아니라, 그것을 따르도록 강요하는 영향력을 가지기 때문이다.

사실 사람들이 아무 행동이나 할 수 있는 것은 아니다. 먹고 싶고, 가지고 싶다고 해서 남의 것을 훔쳐서도 안 되며, 덥다고 해서 벗고 다닐 수 있는 것도 아니다. 다만 더울 때 어느만큼 시원하게 입고 다닐 수 있는지는 오직 그 사회의 문화적 규범이 말해 줄 뿐이다. 문화적 규범이란 사회가 기대하는 행동양식으로서 만일 사회구성원이 문화적 규범에 어긋나는 행동을 하면 그에게 사회적 질책이 어떤 형태로 주어지기 때문에 사회구성원들은 사회적으로 인정되는 행동을 해야 하고, 또 하게 된다.

(4) 문화는 환경적응적이며 동태적이다

문화란 사회구성원들로 하여금 사회 전체의 욕구를 충족시킬 수 있는 행동을 하도록 지원하는 기능을 수행한다. 따라서 문화적 규범이 사회의 욕구를 충족시키지 못하면 그 규범은 변화가 요구된다.

이와 같이 문화는 사회의 욕구가 변화하면 그에 적응하기 위해 변화하는 특성을 가지고 있다. 일반적으로 경제공황, 전쟁 등에 의해 사회적 상황에 변화가 오면 행동윤리라든가 물질주의에 대한 전통적 가치체계 등이 변화하게 된다. 우리나라도 한편에서는 지속적인 경제성장으로 인해 소득은 증가해 왔지만, 다른 한편에서는 정치적·사회적·경제적 불안이 지속됨으로써 국민들의 가치관과 라이프스타일이 변하고, 특히 소비문화에 커다란 변화를 경험하고 있다.

(5) 문화는 사회구성원에 의해 공유된다

특정 행동유형이나 생활방식이 그 사회의 문화적 특성으로 인식되기 위해서는 다수의 구성원들에 의해 그것이 공통적으로 보유되어야 한다. 따라서 일부의 소수인에 의해 소유되고 실행되는 가치, 신념, 관습, 행동유형 등은 문화적 특성의 범주 속에 포함되지 않는다.

다수의 사회구성원들로 하여금 가치, 신념, 관습 등 문화적 제 특성을 공유할 수 있도록 해주는 일차적 매개변수로는 공통의 언어를 들 수 있다. 일반적으로 공통의 언어를 사용하는 성원들 간에는 의사소통 및 사회적 교류가 활발히 이루어지기 때문에, 문화적 특성의 보편화가 가능하고 용이하다. 흔히 다민족 국가에서 단일문화가 존재하지 않고 다수의 하위문화가 공존하는 것도 이 때문이다.

또한 다양한 매체의 발달도 많은 구성원들로 하여금 문화적 특성을 공유하도록 하는 데 일익을 담당하고 있다. 매체의 발달은 문화적 요소가 인적 교류에 의해 전파되고 보편화되던 때보다도 훨씬 빠르고 광범위하게 확산됨으로써, 문화적 특성을 공유하는 구성원 수가 급속히 증가하는 경향이 있다.

3) 문화의 분류

문화는 여러 관점에서 분류할 수 있지만, 소비자행동을 이해하기 위해서는 문화를 물질문화와 비물질문화로 구분하여 비교·검토하는 것이 상당히 유익하다. 따라서 여기에서는 문화를 물질문화와 비물질문화로 구분하여 문화의 성격에 관해 알아보기로 한다.

(1) 물질문화

물질문화(material culture)란 우리가 일상생활에서 사용하는 모든 물리적 유형재와 그것을 이용하는 기술적 방법에 관한 문화를 말한다. 즉, 식사할 때 사용하는 도구(포크, 수저 등)에서부터 건물, 도로, 교통수단, 커뮤니케이션 수단, 대중매체 등에 이르기까지 사람들의 일상생활과 관련된 물리적 측면을 총칭하는 개념이 물질문화이다. 물질문화의 구성요소로는 도구, 기계, 기술, 테크놀로지 등을 들 수 있는데, 최근에 이르러 IT기술의 중요성이 점차 커지고 있다. 이는 IT기술이 발달됨으로써 우리의 물질문화 수준이 급속히 향상되고 있기 때문이다.

물질문화는 정신문화와는 달리 '유용성'이 문화수준을 평가하는 기준이기 때문에 사회 간 우열의 평가를 쉽게 내릴 수 있는 것이 특징이다. 인간의 기본적 욕구를 충족시키기 위해 어떤 재화나 도구가 사용되고 있으며, 어느 정도로 문명의 이기가 보급되어 있는가 등에 따라 그 사회의 물질문화 수준이 결정된다.

물질문화는 정신문화에도 상당한 영향을 미친다. 물질문화가 발달되어 있는 사회일수록 합리주의나 실용주의가 사회적 가치로 작용하게 된다. 이 물질문화의 척도인 실용성·합리성이 학문·기술·종교·사상 등의 분야에도 파급되기 때문이다. 그러나 이는 물질문화의 수준이 그 사회의 정신문화의 성숙도와 항상 정비례한다는 것을 의미하지는 않는다.

(2) 비물질문화

비물질문화(non-material culture)란 인생의 목표와 방향, 그리고 행동의 준칙과 방식에 관한 문화를 말한다. 즉, 미신·사상·관습을 비롯해서 예절·법률·제도 등 정신적·행동적 측면의 생활양식을 비물질문화라 한다. 일반적으로 비물질문화는 정신문화(또는 가치문화)와 행동문화(또는 규범문화)로 구분할 수 있다.

정신문화(mental culture)는 삶의 의미와 인생의 목표, 그리고 행동의 방향에 대해 부여하는 가치, 신념, 태도에 관한 문화를 말한다. 인간으로서 보람있는 삶을 영위하기 위해서는 무엇을 어떻게 해야 하는가, 즉 이상적인 인생설계에 대한 그 사회의 보편화된 신념 및 가치체계를 정신문화라 한다.

행동문화(normative culture)란 구체적으로 행동이 수행되는 절차나 방식에 관한 문화이다. 다시 말해서 대다수의 사회구성원이 인정하고 기대하는 행동양식을 행동문화라 한다. 민습, 원규, 법률, 제도 등이 행동문화를 구성한다.

민습(folkways)이란 전통적으로 계승되어 습관화된 행동을 말한다. 이를테면 문상 갈 때는 검은색 의복을 입으며, 결혼식에 초청받으면 축하의 마음을 전해야 하고, 기일이 되면 제사를 지내는 등 우리에게는 우리 특유의 많은 민습이 있다. 그러나 우리와는 달리 차례나 제사를 지내지 않는 나라도 많으며, 나라마다 민습에는 많은 차이가 있다. 민습을 따르지 않는다고 해서 어떤 법적 제재가 주어지는 것은 아니지만, 상당한 강제력을 가지고 그 사회구성원들의 행동을 제약하는 특성을 가지고 있다.

원규(mores)는 민습보다는 상위에 있는 행동규범으로서 보다 권위적이고 신성시되는 규범을 말한다. 일반적으로 원규는 그 사회의 지배적인 종교적 신념이나 도덕·윤리와 밀접히 관련되어 있다. 이를테면, 부모에 대한 효도, 스승에 대한 존경, 노인에 대한 우대 등은 봉건사회로부터 이어진 뿌리 깊은 원규이지만, 최근에 이르러 우리 사회에서는 그 권위력이 상실된 상태이다.

법률이나 제도는 민습이나 원규와는 달리 의식적으로 규정한 행동규범으로서 사회구성원들의 행동을 제약한다. 사회가 복잡해짐에 따라 원규를 지원하고 사회질서를 유지하기 위해 법률과 제도가 필요해지는 것을 볼 수 있다. 따라서 그 사회의 필요에 의해 제각기 상이한 법률과 제도를 가지게 된다.

4) 문화의 측정

다양한 방법들이 문화를 측정하는 데 사용된다. 대부분의 문화에 대한 측정방법은 사회학, 문화인류학, 심리학 등에서 개발된 방법으로 관찰법, 내용분석법, 가치조사법 등이 있다.

(1) 관찰법

관찰법은 전통적으로 문화인류학자들에 의해서 주로 사용되어 온 방법이다. 훈련된 관찰자를 측정하고자 하는 현장으로 직접 파견하여 조사하고자 하는 사람들과 가까이 지내면서 사람들의 가치, 신념, 관습과 같은 문화적 특성을 파악하는 것이다. 즉 그 사회를 대표한다고 생각되는 몇몇 사람들을 표본으로 추출한 다음 그들의 행동을 관찰하고 그 관찰결과를 토대로 그 사회의 문화적 특성을 측정하는 것이다.

관찰법의 특징으로는 우선 관찰이 인위적인 환경이 아닌 자연스러운 환경에서 이루어진다. 또한 관찰대상자가 관찰을 받는다는 사실을 인식하지 않은 상태에서 관찰이 가능하며 행동에 대한 관찰에만 집중된다. 그렇기 때문에 이러한 방법 관찰이 제한되어 구매 전 행동이나 이후의 행동 및 가정 내 의사결정과 같은 내용은 조사될 수 없다는 한계점을 지닌다. 또한 관찰대상자의 사적인 행동이나 타인으로부터 관찰되기를 원치 않는 행동들은 관찰하기가 어렵다.

반면, 관찰법은 행동으로 나타나므로 응답과정에서 생길 수 있는 오류가 많이 줄어든다. 또한 대상자가 자신의 느낌이나 태도를 정확하게 모르는 경우에도 조사가 가능하다. 무의식적 행동이나 말 또는 글로 표시하기 어려운 문제, 혹은 응답자가 정확히 인식하지 못한 문제와 같은 경우에는 관찰을 통해서만 측정이 가능해진다. 조사과정에서는 조사자 개인의 감정이 배제되어야 하고 관찰결과에 대한 해석상의 문제로 인해 고도로 숙련된 전문가가 요구된다.

(2) 내용분석법

내용분석법(content analysis)은 한 사회의 문화를 연구하기 위하여 커뮤니케이션 메시지에 사용되고 있는 술어(verbal)와 광고카피와 아트요소를 포함한 그림부분의 내용을 분석 검토하여 그 사회 전체 혹은 사회 전반의 다양한 측면을 연구하는 객관적 방법이다. 이러한 방법은 당시의 메시지가 곧 그 사회의 가치를 반영하고 있다는 이론적 근거에서 전달자가 아닌 메시지에 초점을 맞춘다. 물론 확실한 내용분석이 되기 위해서는 객관적, 체계적이며 정량적인 분석이 되어야 한다.

내용분석법은 특히 어느 사회 내에서 사회적, 문화적 변동의 발생 여부를 객관적으로 조사하기 위한 수단으로 많이 이용된다. 가령, 시간이 경과함에 따라 가족의 의사결정구조가 어떻게 변화했는가를 알아보기 위해서 일정 기간의 연도를 설정하여 관련 내용의 잡지 및 TV 광고나 기사를 수집하여 조사하는 것이다. 이러한 방법은 마케터뿐만 아니라 정책입안자들도 많이 사용하는 방법이며 마케터의 경우 경쟁사의 광고를 조사하여 그에 대한 대응책을 강구하려 할 때도 많이 실시된다.

5) 하위문화

하위문화는 보다 크고 복잡한 사회 안에서 다른 영역과 구별되는 부분으로 존재하는 독특한 문화집단이라 설명할 수 있다. 특정 하위문화의 구성원들은 같은 사회의 다른 구성원들과 구별되는 신념과 가치나 관습을 가지는 경향이 있다. 그러나 그들은 또한 그 전체 사회의 지배적인 문화적 신념이나 가치, 그리고 행동양식들은 대부분 고수하고 있다. 이러한 면에서 한 사회나 국가의 문화적 내력은 특정 하위문화의 구성원들이 가지고 있는 독특한 신념, 가치, 또는 관습 등과 하위문화에 관계없이 그 사회의 대부분이 공유하는 중심이 되는 문화적 내용으로 이루어졌다고 볼 수 있다. 예를 들어 한국인들은 크게 보면 한국적 생활양식의 결과라고 볼 수도 있으나 또한 각 개인들은 다양한 하위문화의 구성원이기도 하다. 즉, 문화의 일반적 요소인 언어, 의식주 생활 등과 같은 요소들을 공유하고 있으므로 하위문화라 규정할 수 있다. 우리나라와 같은 동질성이 강하고 단일민족적인 문화에서는 하위문화라고 할 수 있는 독특한 문화가 별로 존재하지 않지만, 다민족들로 구성된 미국문화에서는 소비자 행동을 제대로 이해하는 데 하위문화에 대한 연구가 대단히 중요하다. 이러한 국가에서는 인종에 따른 하위문화를 구분하여 각각 독립적인 마케팅 프로그램을 작성하기도 한다.

(1) 연령별 하위문화

연령으로 하위문화를 구별할 수 있다. 가족수명주기에 따라 성인의 생명주기별로 하위문화를 구분할 수 있다.

(2) 종교하위문화

종교에 따라서 하위문화로 구분할 수도 있다. 가톨릭이나 기독교, 불교, 유대교 등은 모두 그들의 종교적인 신념에 따라 행동하며 그러한 신념 또한 다음 세대로 전수되는 것이다. 이러한 전통과 관습은 구매행동에서도 그 모습이 나타난다. 소비자행동은 여러 종교 축제일과 상징적으로 관련된 제품을 통해 영향을 받는다. 또한 종교는 정보를 처리하고 상표를 평가하는 방법에 영향을 미친다.

최근 소비자들은 생활이 점점 세속화되어감에 따라 종교가 기본적인 신념과 가치를 형성하는 데 대한 영향력이 줄고 있고, 전통적인 종교 법칙을 고수하는 경향도 약해지고 있다.

(3) 인종하위문화

미국과 같이 다민족으로 구성된 사회에서는 인종과 국적 등에 따른 하위문화가 두드러진다. 특정 인종이나 출신 국가의 소비자들이 공통된 구매행동이나 가치관을

가지고 있을 때 하위문화의 구성원으로 간주될 수 있다. 연령이나 지리적인 또는
종교하위문화와 마찬가지로 인종하위문화도 인종으로만 따로 하위문화를 설명하기
에는 너무 광범위하다. 예를 들자면 인종 사이에도 저소득층, 중소득층, 고소득
층으로 나누는 것은 그들 간의 차이도 무시할 수 없을 정도로 크기 때문이다.
그러나 예를 들어 미국 같은 사회에서 보면 흑인이나 스패니시 또는 아시안들은
그들 나름대로의 독특한 문화와 독특한 특징을 가지고 있다. 이러한 하위문화는
각기 인구통계적 특성이나 구매상표, 구매행동, 가격, 매체선정 등에 차이가 있다.

(4) 지역별 하위문화

　같은 국가에 사는 사람들도 사는 지역에 따라 다른 행동양식을 보이기도 하며
가치관과 라이프스타일도 서로 다른 경우가 많다. 이러한 차이는 지형이나 기후,
천연자원, 경제적 구조, 인구구조, 또는 그 지역 내의 다양한 국적인들의 분포
등에 따라 결정된다. 미국의 Maxwell house 커피는 제품을 전국적으로 판매하고
있으나 맛은 각 주별로 다르게 판매하고 있다. 강한 커피를 좋아하는 서부지역에
서는 진한 커피를 팔고, 동부지역에서는 그보다 약한 커피를 판매하고 있다.

> 읽 을 거 리　**"커피는 원래 타 먹는 거야"… '배민' 김봉진, 믹스커피집 연다**
>
> 　배달의민족 운영사 우아한형제들의 창업자인 김봉진 전 의장이 커피 사업에
> 도전한다. 지난해 9월 신규 법인 그란데클립(grandeclip) 설립을 알린 지 6개월
> 여 만이다.
> 　7일 유통업계에 따르면 그란데클립은 오는 14일 서울 성동구 성수동에 카페
> '뉴믹스커피'를 연다. 카페는 뉴믹스커피를 마시거나 제품을 사갈 수 있는 형태
> 로 운영된다.
> 　김 전 의장이 설립한 그란데클립은 클립처럼 사소하고 평범한 것에서 가치
> 를 찾아 위대하게 만들겠다는 의미를 담고 있다. 배민 출신 임원들이 주요 보직
> 을 맡고 있는 것으로 알려졌다. 뉴믹스커피는 이들이 처음으로 선보이는 사업
> 이다. 뉴믹스커피는 지난달 말 소셜미디어(SNS) 인스타그램 계정을 개설하고
> 본격적인 홍보 활동에 들어갔다.

뉴믹스커피는 "우리가 언제부터 커피를 내려 마셨지? 원래 커피는 타 먹는 거야" "이탈리아의 맛? 에스프레소. 미국의 맛? 아메리카노. 베트남의 맛? 코코넛 커피. 그럼 한국의 맛은? 당연히 믹스커피. 코리안스타일 커피" 등 문구로 새로운 믹스커피를 홍보하고 나섰다.

김 전 의장은 지난해 7월 우아한형제들 의장직에서 물러났다. 김 전 의장의 사임은 지난 2010년 배달의민족 서비스를 선보인 지 13년 만이자 2011년 우아한형제들을 설립한 지 12년 만이었다.

출처 : 중앙일보(2024.03.07.)

소비자 그리고 라이프스타일

소비트렌드와
분석방법

07 소비트렌드

Chapter

1. 소비트렌드의 개념과 범주

1) 트렌드의 정의

트렌드를 사전에서 찾아보면 '변화의 동향, 추세'라는 설명이 나온다. 구체적으로는 사회 전반, 우리의 생활, 문화 등이 변화하는 모습 또는 변화하는 동향을 말한다. 즉, 트렌드란 미래에 일어날 사회 각 분야의 움직임을 보여주는 징후이자 현실 동향이다. 또한 트렌드는 운동성과 지속성을 가지는 일련의 사건으로 단순한 유행, 예측, 예언이 아니라 점진적 연속성을 가지는 안정된 운동이다. 가까운 미래에서 일어나 상당기간 지속되는, 그러면서도 이전과는 다른 경향과 방향성을 지닌, 사회 각 분야의 움직임을 나타내는 징후이며 현실적 동향이다. 그러므로 트렌드는 새로운 이론이나 현상이 사회 전반적으로 반영되어 시대를 대표하는 현상으로 나타난다.

트렌드는 현재의 사회를 만들어내고 있으면서 앞으로도 우리의 미래를 만들어 갈, 항상 존재하는 힘이다. 그러므로 트렌드라는 용어 속에는 과거, 현재, 그리고 미래라는 세 가지가 복합적으로 포함되어 있다. 과거의 경향과 현재의 징후에 대한 세심한 관찰을 통하여 트렌드를 파악하고 이러한 트렌드를 확인하고 분석함으로써 미래를 예측할 수 있다(서정희, 2005; 마티아스 호르크스, 2004).

2) 트렌드의 종류

트렌드는 지속하는 시간적 길이와 동조하는 소비자의 범위에 따라 마이크로 트렌드, 패드(FAD), 트렌드, 메가트렌드 등으로 구분할 수 있다. 따라서 트렌드란 용어가 어떤 사람에게는 소소하고 작은 변화의 의미로, 또 어떤 사람에게는 아주 큰 변화의 의미로 이해될 수 있다. 이들 용어는 모두 변화의 동향과 추세를 표현하는 용어라는 점에서는 공통점이 있다. 그러나 변화의 동향이나 추세가 지속하는 시간과 이러한 변화에 동조하거나 영향을 받는 사람들의 범위가 얼마나 큰가에 따라 서로 구분되는 용어들이다.

우리가 관찰하는 단편적 모습들은 마이크로 트렌드일 수도 패드(FAD)일 수도 있다. 하지만 왜 이런 현상이 나타났는지 고민하는 과정과 장기적으로 지속하면서 변화의 추이를 읽는 과정에서 트렌드나 메가트렌드를 읽어내는 것이 가능해진다. 트렌드의 종류들을 구체적으로 살펴보면 다음과 같다(김선주·안현정, 2013).

(1) 마이크로 트렌드(micro-trend)

마이크로 트렌드[1]는 작고 사소한 힘이 큰 변화를 이끌어내는 '마이크로 소사이어티(micro society)'의 개념과 연결되어 개성과 자아가 중요하게 다루어지는 영역이다. 즉, 소수의 열정적인 집단이 동조하는, 그들만의 개별적인 니즈와 욕구가 이끄는 트렌드를 의미한다. 따라서 이것의 영향을 받는 사람들의 범위가 다른 트렌드 종류들보다 훨씬 작은 즉, 사회 전반이라기보다 일부에서 나타나는 변화를 가리키는 개념이다.

오늘날 소비자 개개인의 영향력이 커지고 매스 마케팅으로부터 마이크로 타기팅이 기업의 중요한 전략적 의사결정 중 하나가 되면서, 기업들은 주류 트렌드와는 다른 소수지만 새롭고 선도적인 소비자 집단을 발굴하여 이들이 열정적으로 추구하는 마니아적 소비성향에 따른 틈새시장을 개발하려는 노력을 중요하게 생각하고 있다. 마이크로 트렌드를 이끄는 소수의 소비자 집단이야말로 가장 효

---

1) 10% 미만의 적은 동조현상

율적인 세분시장(segmentation)을 이루고, 명확한 지향점을 가진 목표시장일 뿐
아니라 자발적 지속성까지 유지할 가능성이 높은 강력한 소비자 집단이라 할
수 있기 때문이다. 마이크로 트렌드의 개념은 소비자의 일상에 숨어 있는 수많은
작은 변화의 움직임에 주목하려는 미시적 접근방법이다(Penn, 2007).

(2) 패드(FAD: For a Day)

패드[2]는 'For A Day'의 약자로 트렌드보다 지속하는 시간이 짧은, 보통 짧게
는 1년 미만, 아무리 길어도 2~3년 이상 지속하지 못하는 변화 동향을 나타낸다.
일시적인 유행이라는 패드의 사전적 의미에서 알 수 있듯이, 흔히 사람들이 유행
이라고 말하는 것들이 대부분 여기에 해당된다. 우리가 보통 '올해는 파스텔톤이
유행이야'라고 할 때의 '유행'이라는 것이 패드의 다른 표현이라고 생각하면 이해
가 쉽다. 패드는 마이크로 트렌드보다 동조의 범위가 넓고 지속 시간이 상대적으
로 긴 트렌드를 의미한다(김선주·안현정, 2013).

(3) 트렌드(trend)

마이크로 트렌드, 패드, 메가트렌드 등의 개념들과 구분해서 트렌드[3]를 설명
하면, 약 5~10년에 걸쳐 지속되는 변화의 동향, 추세로서 대다수 사람이 영향을
받는 변화라고 할 수 있다. 좀 더 구체적으로 트렌드와 일시적 유행(패드)의 비교
를 통해서 트렌드의 개념을 이해하면 다음과 같다(서정희, 2005).

① 트렌드는 시장이 변화하는 방향, 즉 대세를 의미하는 것으로 인구통계적
   변화, 가치관이나 태도, 생활양식과 소비욕구, 기술 등의 변화에 의하여
   시장 전반에 점진적이면서도 광범위한 변화를 가져온다. 특히 생활양식과
   소비욕구의 변화 등 사회문화적 요인과 이를 충족시키는 기술이나 사업모
   델 등이 결합하여 형성되는 트렌드는 경제, 기업경영, 그리고 소비자들의

---

2) 수시로 변화, 1년 이내
3) 주기적, 3~5년간 지속

생활에 큰 변화를 초래한다. 이와 달리 일시적 유행은 시류를 좇는 대중문화나 대중매체가 선도하기 때문에 비교적 짧은 기간에 폭발적으로 등장했다가 사그라든다.

② 일시적 유행은 제품 자체에 적용되는 말이나 트렌드는 소비자들이 물건을 사도록 만드는 원동력에 관한 것이다. 사람들의 마음속에 확실한 심리적 동기가 있어야 트렌드가 될 수 있다. 즉, 남이 하니까 따라 하는 것은 일시적인 유행 심리이나, 욕망이든 본능이든 강력한 심리적 동기가 내재되어 있다면 트렌드가 될 수 있다.

③ 트렌드는 사회적 토대가 마련되어 있기 때문에 장기간 지속된다. 트렌드는 전쟁이나 자연재해 등과 같은 뜻밖의 상황에 의해서 변화되거나 달라질 수는 있으나 완전하게 뒤바꾸지는 못한다. 일시적 유행은 시작은 화려하나 곧 스러져 버린다. 일시적으로 유행한다고 해도 사회적 토대가 무르익지 않으면 지지할 바닥이 없는 공중누각이 되기 때문이다.

④ 일시적인 유행은 사회, 경제, 정치적 의미가 없다는 점에서 트렌드와 구분된다. 따라서 일시적 유행은 트렌드가 가지고 있는 지속적인 힘이나 영향력을 행사하지 못한다.

⑤ 유행하는 제품과 유행하는 제품의 기초가 되는 트렌드 사이에는 상관관계가 있다.

(4) 메가 트렌드(mega-trend)

메가 트렌드[4]는 트렌드보다 지속기간이 훨씬 긴, 적어도 10년 이상의 오랜 기간에 걸쳐 나타나는 사회·문화적 변화이며 동조하는 소비자의 범위도 트렌드보다 훨씬 넓은 것이 특징이다. 메가트렌드는 단기간이 아닌 장기간에 걸쳐서, 어느 한 지역에서가 아니라 전 세계적으로 일어나는 광범위한 변화의 흐름을 말한다. 메가 트렌드는 국가나 지역의 정치, 경제, 사회, 기술 수준에 따라서 순

---

4) 장기적, 10~15년간 지속

차적으로 시간차를 두고 영향을 미친다(Naisbitt, 1982). 따라서 유행처럼 금방 나타났다 사라지는 경우는 드물다. 과거에는 크게 느끼지 못하던 메가 트렌드도 시간의 흐름에 따라 영향력이 강화돼 사회 전반에 미치는 강도가 커지면서 점점 현실화되어 가는 것을 느낄 수 있다. 미래 징후들은 세계화, 고령화, 개인화, 여성화, 지구온난화, 도시화와 같은 메가 트렌드가 어떻게 우리의 현실에서 트렌드로 나타나는가를 보여주는 단초가 되기도 한다(최윤식 등, 2012).

메가 트렌드 이후는 문화(culture)다. 문화는 30년 이상 주기를 갖고, 세대 간으로 전수된다.

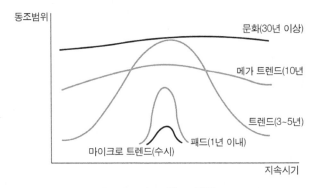

[그림 7-1] **트렌드 종류**

3) 트렌드의 요소

복잡한 현상 속에서 트렌드를 파악해 내기는 쉽지 않다. 우리가 트렌드를 감각적으로 인식한다고 할 때 오감을 통해 특성을 감지할 수 있는 부분을 '형식 요소'라고 한다면, 형식 요소에 담겨 소비자를 만족시키는 가치와 효용을 '매력 요소'(또는 의미 요소)라고 할 수 있다. 형식 요소가 보이는 특성이라면 매력 요소는 보이지 않는 특성이다. 따라서 트렌드가 반영된 사물이나 현상을 형식 요소와 매력 요소의 결합체로 정의할 수 있다. 이는 현상의 복잡성에서 핵심만 꺼내 단순화시키는 것이며, 소비자가 사물을 인지하고 이해하는 가장 단순한 방식이기도 하다.

(1) 형식 요소

흔히 트렌드는 유행하는 것 그 자체를 가리키는 말로 쓰이곤 하는데, 유기농·친환경 트렌드가 그 예이다. 그러나 트렌드는 '흐름'을 가리키는 말이기 때문에, 구체적인 현상이나 사물에는 어울리지 않는 말이다. 따라서 '요즘은 유기농이 트렌드야'라는 말은 유기농 식품이 구현하는 어떤 가치가 트렌드라는 뜻이다. 즉, 그 가치가 구체화된 형태 중 하나가 '유기농'인 것이며, 따라서 그 트렌드는 유기농 아닌 다른 형태로도 나타날 수 있다. 바로 그런 형태를 형식 요소라고 할 수 있다.

우리는 트렌드가 투영된 현상의 형태적·형식적 특징을 오감으로 지각한다. 대물의 형태·크기·색상·배치·구조·기능·맛 등의 물리적 속성이나 특정한 스타일을 형성하는 모든 것을 형식 요소로 볼 수 있다. 혹은 사람들의 행동 방식, 어법(조어), 시간을 보내는 방법 등도 라이프스타일의 형태적 특성으로서 트렌드의 형식 요소에 포함될 수 있다. 형식 요소는 어디서든 관찰할 수 있다. 사람들의 소지품, 그들이 사는 집, 신상품, 거리, TV 프로그램 등 주변에서 볼 수 있는 모든 것이 형식 요소를 포함하고 있다. 이런 점에서 형식 요소는 구체적이고 미시적이며, 현재적이고 특수적이다. 요컨대 형식 요소는 소비자의 변화하는 욕구가 스며 나오는 통로 또는 충족되는 방식이다. 형식 요소에는 새로운 욕구와 가치가 응축되어 있다. 형식 요소를 통해 사람들의 정서와 공감대, 감성과 심미안 의 변화를 읽을 수 있다. 형식 요소는 매력 요소가 실제로 구현되는 방식이다.

(2) 매력 요소

매력은 사람을 끄는 힘이다. 매력 요소는 형식 요소로 하여금 사람들의 마음을 움직이게 하는 내재적인 힘이다. 형식 요소가 트렌드의 미시적이고 개체 중심적이며 표출적인 측면을 가리킨다면, 매력 요소는 형식 요소가 출현하게 된 사회적 인간적 배경, 즉 동기와 관련이 있다. 이는 어떤 트렌드를 나타나게 한 사회적 맥락과도 관련된다. 따라서 메가 트렌드는 매력 요소를 이해하는 첫 번째 열쇠 역할을 한다. 사회 구조의 수평화, 집단 윤리를 앞서는 개인화, 가치소비를 지향하는 고급화 등과 같은 메가 트렌드는 이런 욕구들과 부합한 것에 사람들이 반응하도록 만드는 근본적인 원동력이다. 메가 트렌드가 변화한다는 것은 사람을 움직이는 동기나 움직이는 방식이 변화함을 의미한다. 즉, 사람을 끌어 모으는 매력 요소가 변화하는 것이다.

매력 요소를 파악한다는 것은 소비자의 취향이나 심미안을 파악하는 것과 같다. 형식 요소는 대상의 개별적인 특성이지만, 매력 요소는 수많은 개별적 특성에 공존하는 속성이다. 형식 요소는 손쉽게 교체할 수 있지만, 매력 요소는 쉽사리 바뀌지 않는다. 이것이 소비자의 마음을 돌려놓기 어려운 이유이다. 하나의 매력 요소가 구체적인 형태로 표현될 수 있는 가능성은 매우 많다. 따라서 형식 요소에 공통적으로 함축된 감성적·감각적 특징(매력 요소)을 통찰함으로써 소비자의 속마음을 엿볼 수 있다. 매력 요소는 형식 요소를 통해서 간접적으로 관찰되고 추적될 수 있다. 트렌드가 상품과 문화에 투영된 새로운 욕구의 흐름이라는 지적은 바로 이 점을 강조하는 것이다.

매력 요소가 어떻게 변화하는지 알면 소비자의 마음이 가리키는 방향도 알 수 있다. 매력 요소는 인간 생활에 영향을 미치는 경제적·사회적·문화적·환경적·제도적 변화의 상호작용에 따라 변화한다. 주어진 환경 조건에 따라 선호가 변화하는 것과 같은 이치이다. 더워지면 빙수를 찾고, 추워지면 뜨끈한 국물을 찾는 것이 사람이다. 매력 요소는 새로운 형식 요소가 출현하고 확산되며 어느 순간 소멸하게 만드는, 바로 그 이유이다(이순종, 2010).

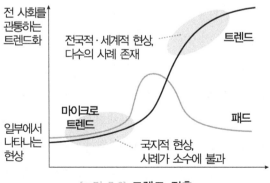

[그림 7-2] **트렌드 징후**

2. 트렌드 분석 및 예측의 중요성

1) 트렌드의 급속한 변화

과거에는 소비자의 선호가 급격히 바뀌는 경우가 흔치 않았다. 트렌드가 급변하는 일이 드물었던 것이다. 그러나 생활수준이 급속히 향상되고 정보화 네트워크가 활성화되며, 다양한 마케팅 기술의 진보가 합세하자 시장의 속도가 급격히 빨라졌다. 또한 소비자의 능동성이 신장되고, 소비자 간의 상호작용이 폭발적으로 증가하였다. 결과적으로 소비자 선호의 변화 주기가 빨라지고 기존의 상식을 뛰어넘는 선택이 급증했다. 즉, 트렌드가 빨라지고 복잡해진 것이다. 따라서 트렌드의 진화 경로를 읽지 않으면 소비자의 변화를 총체적으로 파악하기 어려워진 것이다.

한편 트렌드 분석을 토대로 한 미래 예측은 미래의 다양한 가능성을 예측하고, 창안하고, 형성해 나가는 노력이다. 미래를 족집게처럼 맞추기 위해서라기보다는, 미래에 영향을 미치기 위해서, 미래를 만들기 위해서 미래를 예측하는 것이다. 미래를 만들어갈 수 있는 가능성이 존재하는 한, 미래상을 스케치하는 것은 매우 중요하다. 또한 모든 예측은 위험성이 큰데, 트렌드 예측도 마찬가지이다. 더구나 트렌드는 시장의 경쟁과 기업의 전략적 의사 결정에 중요한 영향을 미칠 수 있다. 트렌드 예측의 위험은 트렌드를 따라잡아야 하는 대상으로 간주할 때 더욱 커진다. 예측이 빗나갈 경우의 기회비용이 막대하기 때문이다. 트렌드를 창조하고 선도할 수 있다는 관점에서 보면 위험의 문제에서 더욱 자유로워질 수 있다.

트렌드 예측은 수많은 기회 중 가장 유력한 기회를 골라내는 하나의 수단이다. 결과의 맞고 틀림보다 중요하게 생각해야 할 것은, 트렌드를 예측하는 과정에서 새로운 가치에 대한 영감을 활성화하고 구체화시키는 실험적 활동이다. 장기적인 통계자료와 수학적 추정이 중요한 경제예측과 달리, 트렌드 예측은 처음부터 직관적 · 감각적 · 경험적 통찰과 해석이 중요한 매우 질적인 작업이다. 이 점에서 트렌드 예측은 사회 전반의 변화와 소비자의 경험 세계에 집중함으로써 영감을 얻을 수 있는 기회를 확대하는 과정이라는 데 의의가 있다(이순종, 2010).

2) 트렌드 분석과 예측의 중요성

트렌드 분석과 예측의 중요성을 구체적으로 살펴보면 다음과 같다.

첫째, 시장과 우리 사회 전체의 변화가 빠르기 때문이다. 기술의 발전, 인구구조의 급격한 변화, 무한경쟁의 심화, 산업 간 융·복합 등에 따라 우리가 체감하는 변화의 속도는 점점 더 빨라지고 있다. 환경이 빠르게 변화하면서 당연히 이에 대한 대응도 빨라지지 않으면 안 되는 상황이다. 이러한 빠른 변화에 어떻게 대응할 것인가 하는 문제는 새로운 상품이나 서비스를 기획할 때만 해당하는 것은 아니다. 예를 들어 기업 활동의 거의 전 영역에서 빠른 변화에 대한 대응을 혁신이라는 이름으로 요구하고 있다. 따라서 우리가 어떠한 일을 하는 새로운 변화를 빠르게 인식하고 대응할 필요가 있는 것이다.

이렇게 환경이 급격하게 변화한다는 것은 기회 요인이 되기도 하고 위협 요인이 되기도 한다. 기회가 되느냐 위협이 되느냐는 얼마나 빠르게 환경의 변화를 인식하느냐, 또 이러한 인식을 기반으로 변화에 얼마나 빠르게 대응하느냐에 달려 있다. 따라서 이와 같은 맥락에서 트렌드에 대한 관심이 점점 높아지고 있다.

최근 기업들은 트렌드를 이해하기 위한 교육을 강화하거나 자체적으로 정기적인 트렌드 리포트를 작성해 구성원들에게 배포하는 등 빠른 변화에 대응하기 위해 노력하고 있다. 꼭 기업이 아니더라도 상황은 마찬가지다. 누구든지 빠른 변화에 얼마나 적절하게 대응하느냐가 성패를 좌우하는 시대이다. 매년 연말이면 서점에 다음 해의 트렌드를 소개하는 책이 넘쳐나는 것은 이러한 이유 때문일 것이다. 다양한 트렌드나 사회 변화를 책이나 신문, 또는 연구보고서를 통해 접함으로써 간접적으로 트렌드 변화를 인식할 수도 있다. 하지만 직접 체험하는 것만큼 큰 자극이 되는 것은 없다. 변화와 트렌드를 직접 인식하면 여기에 어떻게 대응해야 할지, 업무 또는 사업에 이를 어떻게 접목할 수 있을지에 관해 아이디어를 얻고 실현하는 작업이 더 폭넓고 다양한 차원에서 빠르게 이루어질 수 있기 때문이다.

둘째, 새로운 아이디어를 통한 차별화가 중요해졌기 때문이다. 오늘날에는 기업이든 개인이든 차별화된 무언가를 지속적으로 내놓지 않으면 경쟁에서 우위를 점하기 어렵다. 이는 새로운 상품이나 서비스의 개발 부서뿐만 아니라, 인사 또는 재무관리 영역에서도 마찬가지이다. 경쟁에서 우위를 점하기 위해서는 무언가 다른 사람과 달리 차별화된 기획이 필요하고, 이것의 원천을 아이디어라고 할 수 있다. 그런데 이 아이디어라는 건 아무 노력 없이 갑자기 생각나는 것도 아니고, 몇 시간씩 회의를 한다고 나오는 것도 아니다. 흔히 무에서 유를 창조한다는 표현에서처럼 아무것도 없는 곳에서 새로운 것이 나오지는 않는다. 즉, 새로운 자극과 영감 없이 새로운 아이디어는 절대 얻을 수 없다.

트렌드의 분석과 예측은 꼭 새로운 공간을 찾아 떠나지 않더라도, 새로운 시각에서 우리의 일상과 주변을 관찰(watch)함으로써 항상 새로운 자극에 나 자신을 노출하는 효과를 낳는다. 즉 새로운 아이디어를 위한 자극, 영감의 소재를 일상생활 속에서 찾을 수 있게 하는 것이다. 따라서 트렌드의 분석과 예측을 통해 상품뿐만 아니라 홍보, 영업 등 다양한 분야에서 새로운 기획을 위한 아이디어를 얻는 것이 가능하다. 이러한 아이디어는 개인이나 기업이 경쟁자와 차별화할 때 유용하게 활용될 수 있을 것이다.

셋째, '잠재니즈를 어떻게 하면 알 수 있을까'에 대한 기업 또는 개인 차원의 관심이 높아졌기 때문이다. 잠재니즈란 표출되지 못하고 숨어 있는, 즉 분명히 존재하지만 고객이 말이나 글로써 표현하지 않거나 표현하지 못하기 때문에 파악하기 어려운 니즈를 말한다. 이렇게 숨어 있는 고객의 잠재니즈를 어떻게 하면 파악할 수 있을까에 대해 기업, 특히 새로운 상품이나 서비스를 기획하거나 개발하는 부서에서 무척 관심이 높다. 고객이 표현하는 니즈에 대응하는 것만으로는 혁신적인 것을 만들어내기도 어렵고, 다른 기업이나 사람과 차별화하기도 어렵기 때문이다. 트렌드 분석과 예측은 이러한 잠재니즈를 파악하기 위한 방법으로서도 유용하다. 고객들이 잠재니즈를 말이나 글로 표현하기는 어렵지만 표정이나 행동 등에서 무의식 중에 이러한 니즈를 나타내므로 관찰을 통해 이를 파악할 수 있기 때문이다(김선주 · 안현정, 2013).

3. 트렌드의 발생과 확산

1) 트렌드의 발생

트렌드는 어떻게 생겨나고 확산되는가? 트렌드의 발생과 확산에 대한 설명으로 효용이론과 사회학적 관점을 들 수 있다. 효용이론은 트렌드가 사람들에게 제공하는 유 · 무형의 이점에 주목하는 것이다. 예를 들어 웰빙 트렌드가 성장할 수 있었던 이유를 삶의 질 향상이라는 이점에서 찾는 것이다. 사회학적 관점은 차별화와 모방의 술래잡기 게임으로 트렌드가 생겨나고 사라지는 과정을 설명한다.

트렌드는 소비자의 욕구가 투영된 결과라는 점에서 효용이론은 정확한 분석을 제공한다고 볼 수 있다. 그러나 시장형성의 메커니즘을 이해하는 데 더 많은 시사점을 제공하는 것은 사회학적 관점이다. 트렌드의 수명을 결정하는 것은 효용이지만, 단지 효용을 가진 신제품이 출시되었다고 해서 시장의 판도가 바뀌지는 않는다. 누가 트렌드를 주도하느냐가 제품의 혁신성보다 더 중요한 경우가 많다. 시장은 매우 사회적이고 심리적이기 때문이다.

2) 트렌드 수명주기

트렌드의 수명은 여러 변수들의 상호작용에 따라 다소 차이가 있을 수 있지만, 트렌드가 나타나고 성장하고 소멸하는 과정은 대체로 일정한 패턴을 보여준다. 트렌드는 일반적으로 징후를 최초로 감지하거나 표현하는 소수의 트렌드 창조자로부터 출발하여, 점차 의견선도자 혹은 트렌드 결정자의 관심을 끌기 시작하고 이후 대중에게 알려지면서 큰 시장을 형성하여 유지되다가 점차 영향력이 약해져 소멸되거나 기존 문화의 틀 안으로 통합되어 간다. 이런 과정을 잠재기, 전기 확산기, 후기 확산기, 냉각기로 나누어 설명할 수 있다.

(1) 잠재기

① 솟아나는 징후와 트렌드 창조자 : 언제나 트렌드는 조금씩 드문드문 변화의 신호를 보내는 것으로 시작한다. 잠재기는 트렌드가 될 가능성이 있는 징후가 나타나는 시기이다. 징후는 정해지지 않은 형태로 여기저기서 솟아난다. 그것은 어떤 작가의 신작일 수도 있고, 신기한 아이디어 상품일 수도 있으며, 누군가의 색다른 휴가 계획일 수도 있다. 혹은 통계수치의 변화 속에도 징후가 숨어 있을 수 있다. 성장가능성이 높은 트렌드의 징후는 어떤 한 분야에서만 나타나지 않는다. 서로 관련 없어 보이는 다양한 분야에서 속속 나타나는 징후일수록 후에 영향력이 큰 트렌드가 되기 쉽다. 따라서 다양한 분야를 균형 있게 관찰하는 것이 중요하며, 서로 다른 제품 카테고리에서 비슷한 시도가 나타나고 있지는 않은지 주시할 필요가 있다.

잠재기에 드문드문 신호적으로 나타나는 변화에 있어 트렌드 창조자들의 역할이 매우 크다. 지금 이 시대는 트렌드를 창조하기 위한 경쟁이라고 해도 과언이 아니다. 누가 소비트렌드의 열쇠를 쥐고 있을까? 사상가·예술가·엔지니어·디자이너·작가·사회운동가·여행가 등 새로운 가치와 가능성을 찾아 실험하기를 그치지 않는 이들, 탐구·설계·시도·실험·탐미·유랑·모험 등의 단어가 어울리는 사람들이 트렌드 창조자의 역할을 하고 있을 가능성이 높다. 이들이 매사를 트렌드를 주도하겠다는 생각으로 임하는지 알 수 없지만, 확실한 것은 이들은 기존의 것에 안주하기를 거부하며 실패를 두려워하지 않는다는 점이다.

② 소비자가 이끄는 트렌드의 시대 : 트렌드 창조자들은 확실히 남다른 감성과 상상력을 가진 사람들임에 틀림없다. 이들의 일대기는 신화가 되고, 이들의 철학은 오랫동안 회자되며 다양한 형태로 재생산되어 왔다. 그러

나 정보기술이 생산의 주도권을 생산자에서 소비자로 이전시키면서 사회가 소수의 천재적인 창조자와 대다수의 수동적인 대중으로, 중심과 주변으로 이분되던 시대는 끝났다. 오히려 소비자의 생산성과 창조성이 새로운 개념과 스타일을 만들어내는 결정적인 역할을 한 사례도 늘어나기 시작했다. 그리고 많은 기업이 소비자의 새로운 발상을 산업화하기 위해 노력하기 시작했다. 거물 디자이너나 스타급 연예인, 혹은 그들의 스타일리스트뿐만 아니라 일반인도 트렌드 창조에 참여하는 기회가 확대되기 시작한 것이다.

이 모든 것이 정보와 커뮤니케이션의 주도권이, 개인을 수직적으로 통합하는 조직과 단체에서 개인들의 수평적 연합으로 분산된 덕분이다. 문화 다원주의와 탈중심주의, 소비자의 자기결정성 증대, 생산과 소비의 민주화, 사회구조의 수평화 등도 특별한 소수가 독점하던 트렌드 창조자 혹은 결정자의 지위를 보다 일반적인 것으로 변화시키는 데 기여하고 있다. 결과적으로 오늘날에는 다양한 사회적·경제적 배경을 가진 사람들이 트렌드의 주도층이 될 수 있는 잠재적 기회를 가질 수 있게 되었다. 물론 이러한 사실이 전통적인 트렌드 창조자 집단의 중요성을 약화시키는 것은 아니다. 오히려 전통적인 트렌드 창조자 집단의 다양성이 확대됨을 의미한다. 이는 트렌드 발생의 기회가 그만큼 더 많아졌다는 암시인 것이다.

(2) 전기 확산기

잠재기에 새로운 변화가 여기저기서 솟아나기 시작했다면 전기 확산기에는 소비자 중에서 변화에 가장 민감한 집단, 즉 트렌드 결정자들이 이를 포착하고 자신의 삶에 수용하여 과시하기 시작한다. 이어 트렌드 결정자의 움직임에 민감한 관련 시장이 대응하게 된다.

① 트렌드 결정자 : 트렌드 결정자는 트렌드 세터(trend setter)라고도 표현하는데, 의도 여부와는 무관하게 새로운 트렌드가 확산될 수 있도록 안착시키

는 사람들이다. 트렌드 결정자는 일반적으로 변화에 민감할 뿐만 아니라 변화를 적극적으로 수용하는 사람들이다. 이들은 신제품을 가장 많이 소비하며, 스타일과 취향이 아주 개방적이고 호기심도 왕성하며 스타일의 변화를 기꺼이 받아들이는 데 누구보다 앞장선다. 트렌드 결정자들이 새로운 것을 선호하는 이유는 차별화이다. 이들은 자신이 남과 다름을 확인하기, 즉 구별짓기를 원한다.

트렌드 결정자는 일반적으로 대중이 주목하는 직업을 가진 인물인 경우가 많다. 주로 인기 연예인, 유명 모델, 스포츠 스타, 방송인, 유명 예술인, 다양한 분야의 인기 명사, 상류층 등이 트렌드 결정자가 된다. 물론 유명인이나 상류층만이 트렌드 결정자가 될 수 있는 것은 아니다. 일반인 중에서도 변화에 민감하고 새로운 시도에 거침없으며 주변인의 호감과 질투를 동시에 불러일으키는 인물들이 있다. 이들은 자신이 속한 네트워크 안에서 다른 구성원들의 의사결정에 영향을 줄 수 있다. 이들이 주변의 인기를 모으며 질투심 혹은 호감을 살 만한 매력을 지닌 존재라면, 이들의 일거수일투족은 주변에 인기 연예인 못지않은 영향력을 미칠 수 있다. 오늘날 SNS(Social Networking Service)로 인해 일반인 트렌드 결정자도 유명스타 못지않은 사회적 영향력을 발휘하게 되었다. 트렌드 결정자의 선택은 단지 새로움 때문에 대중에 전파되는 것이 아니라, 그것을 선택한 트렌드 결정자 개개인의 독특하거나 매력적인 캐릭터의 힘과 결합하여 대중의 호기심을 획득하게 되는 것이다.

② 조기 수용자(early adapter) : 조기 수용자와 트렌드 결정자는 많은 면에서 비슷해 보인다. 사실 모든 트렌드 결정자는 조기 수용자이다. 그러나 모든 조기 수용자가 트렌드 결정자인 것은 아니다. 이 두 집단의 차이는 바로 대중의 이목을 집중시키는 힘이다. 트렌드 결정자는 조기 수용자에 비해 매스컴으로부터 훨씬 많이 주목받는다. 따라서 트렌드 결정자가 조기 수용자보다 트렌드의 전파에 더욱 직접적인 영향력을 행사한다. 일반적으로 트렌드 결정자는 직업이나 성격 등 캐릭터의 여러 측면에서 많은 사람들

의 이목을 집중시키기 때문이다.

그에 반해 조기 수용자는 반드시 대중의 이목을 집중시키는 캐릭터를 갖고 있지는 않다. 또한 사회구조적으로 자신의 일거수일투족이 대중에게 중요한 영향을 미치는 위치에 있지 않을 수도 있다. 사람들 앞에 나서지 않고 조용히 사는 사람이라도 개인적으로 새로운 것에 관심이 많으면 조기 수용자가 될 수 있다. 하지만 그의 대중적인 영향력은 낮다. 따라서 조기 수용자라고 해서 반드시 트렌드 결정자가 되는 것은 아니다. 그럼에도 조기 수용자의 잠재력이 커질 가능성은 높다. 1인 미디어가 보편화되면서 조기 수용자가 새로운 대상에 대한 자신의 경험을 불특정 다수에게 전파할 수 있게 되었기 때문이다. 이들의 의견은 트렌드의 잠재 동조자들에게 신뢰할 수 있는 기준으로 작용할 가능성이 높다. 이제 대중의 눈에 쉽게 뜨이는 유명인이 아니어도 트렌드를 주도할 수 있게 된 것이다.

③ 트렌드 확산의 기폭제인 매스컴 : 매스컴은 트렌드를 확산시키는 데 매우 중요한 역할을 담당한다. 트렌드 결정자는 매스컴에 뉴스거리를 제공하고, 매스컴은 그들의 라이프스타일을 대중에게 드라마틱하게 전달함으로써 대중의 호기심을 만족시킨다. 대중은 새로운 스타일에 적응하고 학습된다. 얼마 전까지만 해도 필요치 않았던 것이 서서히 필요해지고, 주변 사람들의 변화가 속속 눈에 들어온다. 이와 같이 대중의 안목과 취향을 이끌고 가는 과정의 일등공신이 바로 매스컴이다. 매스컴이야말로 최신 트렌드를 전 세계로 확산시키는 일등공신이다.

(3) 후기 확산기

어떤 대상이 일반인에게까지 사랑받기 위해서는 충분한 수의 트렌드 결정자에 의해서 일정 시간 동안 관심을 끌어야 한다. 트렌드 결정자의 일거수일투족이 방송 등의 매체를 통해 대중에게 전달되면서, 트렌드 결정자가 보여주는 스타일이나 새로운 개념 및 가치관 등에 대한 대중의 호기심과 친숙성이 높아진다. 이때 트렌드 시장의 규모가 최대화되는 시점에 도달한다. '하이엔드(high-end)'급

제품보다 보급형 제품이 시장을 주도하고, 제품군별로 트렌드 신제품이 계속해서 쏟아져 나오는 시기가 후기 확산기이다.

전기 확산기를 트렌드 결정자가 주도한다면, 후기 확산기는 대부분의 일반 소비자가 주도한다. 이들은 변화를 싫어한다기보다는 덜 예민할 뿐이고, 위험이나 실험을 좋아하지 않는다기보다는 즐기지 않는 편에 가깝다. 다수의 소비자들이 트렌드 결정자에게서 본 새로운 대상이 좋고 바람직하며 매력적이라고 느끼기 시작하면서부터 트렌드가 대중적인 기반을 갖게 된다. 대중이 새로움이나 변화에 무관심한 것은 아니다. 다만 많은 경우 대중은 새로움 자체보다는 누가 그것을 추구하는가에 더 많은 관심이 있다. 남보다 먼저 새로운 스타일을 창조하고 앞서가는 것보다는 트렌드 결정자의 행보를 주시하는 것이 이들에게는 더 안전한 전략이다. 후기 수용자들은 트렌드 결정자들이 무엇을 언제 어떻게 하는지 지켜보면서 변화를 감지한다. 그들이 받아들인 대상은 방송에서 많이 본 것이거나 주변 사람들이 먼저 구매한 것이었을 가능성이 높다. 후기 수용자들에게는 안전함, 익숙함 같은 부류가 되는 소속감, 체험의 즐거움이 새로운 것을 시도하는 스릴보다 더 의미 있다. 새로운 것을 받아들이는 데 있어서 주변의 상황과 나름의 타당성을 고려하는, 신중하고 합리적인 이들이 바로 후기 확산기 시장의 고객인 대중이다.

(4) 냉각기

① 진부화 : 냉각기는 트렌드 열풍이 잦아드는 시기이다. 그러나 여전히 시장은 트렌드 상품으로 가득하고 여전히 괜찮게 팔려나간다. 그러나 확산기만큼의 추진력이나 새로움은 많이 약해져 있다. 진부해지기 시작하는 것이다. 트렌드는 끝난 것인가? 냉각기에 접어든 트렌드는 일반적으로 소멸 아니면 통합의 수순을 밟아가면서 대중의 관심에서 멀어지게 된다.

② 소멸 혹은 통합 : 쓸모가 없어지면 사라진다. 경제논리와 같다. 유지에 드는 비용이 실질적인 이득보다 크면 유지할 필요가 없어지는 것이다. 예를 들어 한때 트렌드였던 패션 아이템은 한 차례 열풍이 휩쓸고 지나가면

쉽게 진부해져 대부분 시장에서 사라져버린다. 트렌드가 한참 지난 옷을 입는 경우 좋은 평가를 많이 받을 가능성이 거의 없기 때문이다. 철 지난 패션을 고수하면 검소하고 알뜰하다는 평가를 받기보다는 답답하고 생기가 부족하고 세상물정 모르는 사람으로 보이기 쉽다. 트렌드를 따라잡아야 한다는 의무 아닌 의무감에는 이러한 마음이 배어 있다.

반면 어떤 트렌드를 일상생활 속에 유지하는 실질적인 이득이 유지비용보다 크다면 그 트렌드는 문화에 통합될 가능성이 높다. 트렌드의 사회적 이슈성이 없어지는 대신, 사람들의 일상생활 속에 자리를 잡는다는 것이다. 트렌드의 새로운 빛이 바랬을지라도 그 효용과 가치는 존속할 수 있는 것이다. 열풍은 식어도 시장에 남는 트렌드는, 계속해서 쓸 만한 신제품이 나온다든지 혹은 다른 것으로 대체할 수 없는 근본적 가치(건강·행복·성공 등)를 가지는 등 나름의 존재의 이유가 있다(이순종, 2010).

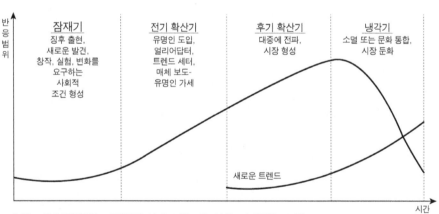

출처 : 이순종(2012), 디자인의 시대 트렌드의 시대, 미래의창, p.49.

[그림 7-3] **트렌드 수명 주기**

3) 트렌드 확산 유형

① 직선형 트렌드 : 얼핏 보면 직선형 트렌드가 가장 이해하기 쉽다. 한마디로 변화가 일정한 속도로 일어나고 있다는 뜻이다. 미래를 생각할 때 제기해야 할 진정한 질문은 '이 트렌드가 언제 변화할 것인가?'이다.

② S곡선 : 빠른 상승세를 보이는 S형 곡선을 보면 '이 추세가 영원히 지속될
까?' '상승세를 자연스럽게 멈출 요소가 있을까?'라는 질문을 던져야 한다.

③ 포물선 : 포물선은 새로운 시대가 열리기 바로 직전을 보여준다. 이러한
트렌드는 시작은 미미하나 폭발적인 상승세를 보인다. 이러한 트렌드를
보면서 앞으로 이 곡선이 얼마나 더 상승할 것인지, 조만간 정체기로 돌입
하지는 않을 것인지 등을 살펴야 한다. 이러한 물음은 인터넷을 사용하는
현재도 해당되는 사안이다.

④ 역포물선 : 포물선의 반대곡선으로 기하급수적 하락을 보여주는 것이다.

트렌드를 볼 때는 이 트렌드가 나아갈 다양한 방향에 대해 생각해 보아야 한
다. 뭔가 변화를 포착했다면 이 트렌드가 직선형인지, 곡선형인지, 포물선형인지
를 알아보아야 한다. 그리고 이 트렌드가 우리의 미래에 어떤 영향을 줄 수 있을
지 생각해 보아야 한다. 즉, 이 트렌드가 여전히 요인으로 작용할 것인가? 이
트렌드가 곧 정체상태에 접어들어 더 이상 문제가 안 될 것인가? 새로운 시대가
우리 눈앞에 도래해 있는가? 등이다(Garland, 2008).

4. 트렌드의 영향요인

트렌드는 복합형 형상이다. 트렌드는 단순히 소비자의 선호도가 아니고, 소비
문화도 아니다. 트렌드는 그 모든 것의 변화를 꿰는 열쇠이다. 따라서 트렌드를
간과하려면 정치, 경제, 사회, 문화 환경 제 분야의 동향을 총체적으로 파악해야
한다. 또한 트렌드가 확산되는 원리는 새로움을 추구하고 다른 사람을 참조(혹은
모방)하는 사람들의 자연스러운 심리적 영향과 깊은 관련이 있다. 따라서 트렌드
의 발생 및 확산에 영향을 미치는 요인은 매우 다양한데, 이를 대략 사회적 요인,
기술적 요인, 환경적 요인, 경제적 요인, 제도적 요인, 우발적 요인 등으로 구분할
수 있다.

트렌드의 종류에 따라 영향 요인의 상호작용도 다를 수 있다. 예를 들어 메가

트렌드는 기술적 요인이나 인구 관련 요인과 깊은 관련이 있는 데 반해, 패드 (FAD)는 매체나 해외교류 등과 더 깊은 관련이 있다. 한편 어떤 트렌드에 대한 요인들의 일반적 영향관계를 추론할 수는 있지만 모든 영향요인을 사전에 규명 하기는 쉽지 않다. 트렌드의 영향요인을 아무리 많이 조사해도, 모든 요인 간의 상호작용을 사전에 계산하기는 어렵다. 마치 슈퍼컴퓨터로 가공할 양의 정보를 계산하지만 정작 일기예보 결과는 틀리는 경우와 같다고 할 수 있다. 따라서 트렌드의 영향요인을 경험적으로 어렴풋이 이해하고 추론할 수밖에 없는 것이 다. 그럼에도 불구하고 트렌드 예측의 기본은, 여러 분야의 변화 동향을 고르게 관찰하는 것이다. 어느 한 분야만 관찰해서는 변화의 징후를 충분히 찾아낼 수 없기 때문이다. 트렌드의 영향요인은 전부 다 검토되어야 하는 변수라기보다는, 트렌드에 대한 관찰력과 상상력을 증진하는 도구로 보는 것만으로도 충분하다. 트렌드 확산의 영향요인이 다양할 수 있다는 사실을 인식하는 것만으로도 트렌 드 안목은 크게 향상될 수 있다. 이제 트렌드의 영향요인을 중요한 요인들을 중심으로 살펴보면 다음과 같다.

1) 사회적 요인

사회적 요인은 경제 및 기술적 요인과 함께 트렌드의 발생과 확산에 큰 영향을 미친다. 사회적 요인에 포함되는 변인은 매우 다양한데 몇 가지만 살펴보면 다음 과 같다.

(1) 가치체계적 요소

물질, 개인, 성역할, 관습 등에 대한 개인적·사회적 가치관과 이러한 가치관 의 변화가 트렌드의 성장에 영향을 미친다. 어떤 가치관을 가졌느냐에 따라 선호 체계와 새로움에 대한 감수성, 행동 양식의 차이가 발생하기 때문에 똑같은 대상 도 어떤 사회에서는 강력한 트렌드가 되는데 다른 사회에서는 주목할 트렌드로 부상하지 못하는 경우가 발생하게 된다.

(2) 사회환경적 요소

① 도시화는 일반적으로 인구밀도의 증가와 사회적 상호작용의 증대를 야기한다. 따라서 도시화율이 높은 지역일수록 트렌드가 발생하고 확산되는 속도나 빈도가 높아지게 된다. 또한 도시화된 지역일수록 트렌드 시장의 규모도 크다.

② 계층구조는 트렌드의 확산범위를 예측하는 데 중요한 요인이다. 트렌드는 사회의 상층부에서 시작하여 차츰 하위계층으로 확산되어 나가는 경향 (trickle down)을 보이기 때문이다. 일반적으로 구매력 있는 중산층이 두터울수록 트렌드 시장이 커진다.

③ 교육제도가 발달할수록 트렌드의 확산속도가 빨라지고 확산범위도 넓어질 가능성이 높다. 교육수준이 높아질수록 새로움과 차이에 대한 감수성이 높아지는 경향이 있기 때문이다.

④ 매체는 대중화되고 개인화될수록 트렌드의 확산속도를 높인다. 매체는 사회 전반적으로 정보전달 속도를 높이기 때문에, 개인화된 대중매체가 보급될수록 트렌드 확산속도가 빨라지는 것이다. 대신 트렌드의 지속 기간은 단축될 가능성이 높은데, 이는 소비자들이 다른 새로운 정보에 노출되는 빈도가 더욱 높아지기 때문이다.

⑤ 해외교류의 빈도와 다양성이 증가할수록, 트렌드 확산이 활성화될 가능성이 높다. 해외교류는 이국 문화와 각종 정보에 대한 노출을 의미하기 때문이다. 트렌드는 대체로 선진국에서 시작되고 점차 후발국으로 하방 전달되는 경향이 있다.

2) 기술적 요인

정보·통신 기술의 발달과 대중화는 현대사회의 트렌드 확산과 지속에 매우 중요한 영향을 미치고 있다. 정보 처리 및 관리의 기술이 발달하면서 개개인에 대한 맞춤형 상품 생산과 서비스가 가능해졌고, 고객관계관리 분야의 마케팅 기술이 급격히 진화할 수 있었다. 또한 최근 들어 급부상하고 있는 인공지능, 증강 현실, 로봇, 사물인터넷, 공유경제 등의 발전은 이미 소비생활에 적용되어 자리 잡기 시작하였으며 향후 소비생활을 더욱 빠르게 변화시킬 것으로 예측되고 있다.

한편 건강관리, 미용, 질병 예방 및 치료와 관련된 의료기술의 진보는 수명연 장을 가능케 했을 뿐만 아니라 노화에 대한 태도를 송두리째 바꾸어 놓고 있다. 그에 따라 가치관과 욕구 구조도 달라지고 있고, 이는 당연히 트렌드에도 영향을 미치고 있다. 이와 같이 기술적 요인들은 트렌드 확산을 가속화시킬 뿐만 아니라 소비자의 트렌드 체감도를 높이는 사회구조적 인프라로 작용하고 있다.

3) 경제적 요인

경제는 한 사회의 트렌드 성장 속도를 가름하는 중요한 변인이다. 특히 경기가 중요하다. 트렌드의 강약은 경기의 영향에 민감한 소비로 드러나기 때문이다. 호황에는 트렌드가 보다 급속히 광범위하게 확산되는 경향을 보인다. 불황기에 는 전반적으로 소비가 주춤해지기는 하나 불황기 특유의 소비성향, 즉 욕구 위축, 손실 회피, 보상 심리 등에 따른 독특한 소비트렌드가 나타난다. 또한 불황에도 중요한 가치소비는 건재하다(이순종, 2010).

트렌드의 성장에는 트렌드 결정자나 매스컴 등의 역할도 중요하지만 대중의 구매력이야말로 트렌드 시장을 확대하는 데 더욱 중요한 역할을 담당한다는 점 은 변함없다. 대중의 구매력은 현재 개인의 가치지향과 상황적 니즈에 따라서도 큰 영향을 받고 있다.

5. 소비트렌드 추적

1) 문화는 소비트렌드를 바꿀 만큼 힘이 있다

문화는 가치관, 관습, 종교, 언어 등 한 민족과 다른 민족을 구분하는 여러 가지 요인들이 합쳐서 이루어진 무형의 것이다. 문화는 모든 사람들의 일상적인 생각, 신념, 의지 결정 등이 형성되는 데 중요한 역할을 한다. 그러므로 소비트렌드를 분석하기 위해서는 문화를 적용하고 검토할 줄 아는 능력이 필요하다(김승욱 역, 2000). 앞으로 10년 동안 벌어질 트렌드의 마지막 기초는 문화이다. 문화는 가치관, 관습, 종교, 언어 등 한 민족과 다른 민족을 구분하는 여러 가지 요인들이 합쳐진 무형의 것이다. 최근 문화는 뉴스에 많이 등장하고 있다.

사회문화적 변화에 민감해야 소비트렌드를 읽을 줄 아는 감각이 예민해진다. 다양한 사회문화적 현상이 소비자 욕구에 영향을 미치기 때문이다. 현재 뜨고 있는 문화현상이 무엇이며, 이러한 문화현상이 새로운 소비자니즈와 어떻게 연결되고 있는지를 분석할 수 있어야 한다.

2) 미래는 단순히 과거의 연장선에서 결정되는 것이 아니다

유동적인 본성과 복잡성이 특성인 현대 디지털 사회에서 소비트렌드를 예측하기 위해서는 미래가 단순히 과거의 연장선에서 결정된다는 가정을 버려야 한다. 과거를 통하여 미래를 잘못 예측한 사례는 수없이 많다(신근수 역, 2001).

3) 미래의 징후는 현재에 있다

변화는 겉으로 모습을 드러내기 훨씬 이전부터 우리가 친숙하게 느끼는 현실 속에서 움직이고 있다. 변화는 어느 순간에 갑자기 닥치는 것이 아니라 계속해서 일어나고 있다. 트렌드 예측 전문가는 보통 사람은 쉽게 눈치채지 못하는 변화의 징후를 발견하여 그것을 단서로 그 배후에 숨어 있는 부분과 보이지 않는 미래를 추측한다. 다시 말하면 현실에서 출발하여 과거와 현재, 미래를 이어 보고 비교하는 변화의 방향성에 대한 감각이 뛰어나야 트렌드를 정확하게 빨리 읽을 수 있다.

4) 트렌드 징후인 의미 있는 기호를 읽는다

이미 알려져 있는 소비문화의 세계가 의미 없는 기호인 데 비하여, 현실 세계에서 일어나는 새로운 트렌드의 징후는 일반에게 알려져 있지 않다는 뜻으로

'의미 있는 기호'가 된다. 의미 있는 기호로 인지되는 징후가 미래에 널리 퍼질 때, 그것이 많은 이들에게 인지되어 이미 알려진 세계가 된다. 그 시점에서는 '의미 있는 기호'이던 트렌드가 '의미 없는 기호'가 된다.

트렌드 징후는 마치 '빙산의 일각'처럼 보인다. 현재 우리가 관찰할 수 있는 '의미 있는 기호'는 빙산의 일각에 불과하다. 따라서 빙산의 일각을 통하여 수면 밑에 숨겨진 전체를 파악해야 한다. 부분을 통하여 수면 밑에 숨겨진 보다 중요한 전체를 인지하는 것이 필요하다.

5) 모니터 요원을 정해 두고 지속적으로 인터뷰를 반복해 본다

모니터 요원의 삶의 관심사가 무엇인지, 요즘은 어떤 생활 변화를 보이는지, 가치관의 변화는 어떤 방식으로 나타나는지 등을 물어보면 직접 체험하지 않아도 사람들이 요즘 어떤 트렌드를 보이는지 간단히 파악할 수 있다.

6) 선도 사용자를 조사해 본다

소비트렌드를 파악하기 위해서는 소비트렌드의 진원지와 전파경로를 추적하는 것이 중요하다. 소비트렌드의 진원지와 전파경로는 소비트렌드에 따라 다르게 나타나기 때문이다. 소비트렌드는 특정 지역이나 특정 계층에 조금씩 발생하며 퍼져 나간다. 그러므로 그 진원지에 주의를 기울이면 조기에 움직임을 파악할 수 있다.

7) 고객과 생활에 관한 다양한 정보를 적극 활용한다

소비트렌드를 추적할 때는 창의적인 발상이 무엇보다도 중요하다. 이를 위해서는 생활 속의 사소한 힌트도 다시 생각해 보는 노력이 필요하다. 그러나 무엇보다 우리 주변에 널려 있는 많은 체계적인 정보를 곱씹어보는 노력이 필요하다.

8) 상호 연관성을 분석한다

우리 사회에서 일어나는 모든 사회 현상은 하나하나가 서로 떨어져 고립적으

로 존재하지 않는다. 어떤 현상은 다른 현상의 원인이자 또 다른 현상의 결과이
다. 생활의 상호 연관성을 고려하면서 소비트렌드를 추적하려고 할 때 가장 손쉬
운 방법은, 매스컴의 동향을 살피는 것이다.

9) 전염병처럼 번지는 정보의 확산을 주시한다

초연결 사회에서는 정보를 공유하는 벌떼와 마찬가지로 어떤 생각이나 메모들
은 다른 유사한 생각이나 메모들을 밀어내면서 이 사람에게서 저 사람에게로
전염병처럼 번져 나간다. 이러한 움직임의 시작을 잘 포착하면 소비트렌드의 징
후를 관찰하는 데 큰 도움이 될 수 있다.

10) 신조어를 분석한다

언어는 사회의 변화상을 직설적으로 반영한다. 변화가 빠를수록 언어의 변신
도 눈부시다. 빠르게 변화하고 있는 초연결시대에는 자고 나면 신조어가 생겨난
다. 국립국어원은 일간지 등 언론에 노출된 신조어를 조사하여 매년 보고서를
발간하고 있다.

11) 미래정보가 아니라 미래지식을 추구하라

미래에 관련된 정보만을 추구해서는 미래예측의 정확도를 높일 수 없다. 미래
를 보다 정확하게 예측하기 위해서는 집중적으로 관찰하고 관찰한 것을 바탕으
로 하여 나만의 눈으로 세상 보는 방법을 익히고 나만의 방식으로 미래에 대한
지식을 쌓아가야 한다.

12) 히트상품을 분석한다

히트상품이란 고객에게 기대이상의 가치를 제공하여 폭발적 수요를 창출하고
높은 이윤을 보장하는 상품이다. 이러한 상품을 분석하여 트렌드를 인지할 수 있다.

소비자트렌드 분석방법

1. 델파이 기법

1) 개요 및 특징

델파이(Delphi) 기법은 전문가의 자문을 거쳐 소비트렌드를 선정하는 방법으로 많은 미래예측 연구기관이 흔히 사용하는 것이다. 다시 말하면, 미래를 예측하는 경우에 일반화 혹은 표준화된 자료 및 데이터가 없을 경우 전문가들의 직관을 통한 합의점을 도출하는 방법이다.

델파이 기법의 가장 중요한 두 가지 핵심 요소는 익명성과 피드백이라 할 수 있다. 이는 진정한 논쟁과 개인의 독립성을 장려하기 위한 목적으로 특정인의 설득적 주장이나 교육의 영향력이 연구에 행사되는 것을 방지하고자 익명성을 강조하는 것이며, 참여자들의 최종 의견들은 모두 동일한 비중으로 연구조사원들에 의해 종합되고, 다음 단계 분석을 위해 다시 참여자 전체에게 피드백함으로써 의견 일치를 도모하는 것이다.

2) 장·단점

델파이 기법은 판단이 요구되는 문제에 대해 객관적으로 접근할 수 있으며,

조사과정을 통해 미래 예측 결과가 시험과 확인과정을 거치게 됨으로써 비교적 신뢰할 수 있고, 정량화가 어려운 내용을 신뢰성 있는 통계로 보여줄 수 있다는 장점이 있다. 또한, 익명성이 있고 독립적이기 때문에 자유롭고 솔직한 전문가의 의견을 들을 수 있으며, 일부 의견에 휩쓸리지 않게 된다.

반면, 가장 큰 약점은 소요 시간으로, 한 단계를 거치는 데 최소 3주 정도가 소요됨으로써 3단계 과정을 거치는 델파이의 경우 준비단계에서 분석까지 적어도 3~4개월이 소요된다. 또한, 설문조사에 대한 회수율이 높지 않고 더군다나 조사가 반복됨에 따라 회수율은 더욱 떨어지는 단점을 지니고 있다.

다수의 전문가를 확보하여 조사를 수행하는 것이 전제되어야 하기 때문에 다수의 전문가 확보도 어려운 문제이며, 수행절차상 소수 의견이 원천적으로 배제되는 등 의견 단일화를 향한 압력으로 인해 창의적 발상이 저하될 수 있다.

2. 퓨처스휠(Futures Wheel)

1) 개요 및 특징

퓨처스휠(Futures wheel)은 사회 트렌드들과 특정 사건들이 가져오는 2차, 3차 영향과 그 결과를 밝히도록 해주는 방법론이다.

퓨처스휠은 미래관련 질문과 생각들을 조리 있게 정리하는 하나의 방식으로, 아이디어를 짜내는 토론과정(brainstorming)을 구조화한 것이다. 사회 트렌드나 미래에 일어날 잠재성 있는 사건을 종이 가운데 써놓고 중앙에서부터 바퀴 모양으로 점차 생각을 확장해 나가는 방식으로 진행된다. 이때, 일차적 영향이나 결과물들로 첫 번째 고리를 만들고, 2차 영향과 결과물들은 두 번째 고리를 만들어가며, 계속해서 영향들과 결과들이 고리의 형태로 겹겹이 생겨나다 보면 사회 트렌드나 사건에 대한 유용하고 구체적인 실행결과들이 나타나게 된다.

2) 장 · 단점

퓨처스휠은 미래 학자들이 자주 이용하는데, 그 이유는 미래에 대한 사람들의 생각을 가장 쉽게 이끌어낼 수 있는 방식이기 때문이다. 퓨처스휠은 사용하기 쉽고 다른 아무런 기구나 소프트웨어도 필요 없다는 장점이 있으며, 또한 긍정적 피드백 순환과 부정적 피드백 순환을 알아내는 데도 도움을 줄 수도 있다. 또한, 어떤 결과들이 한순간에 모두 일어나는 것이 아니라 많은 시간에 걸쳐서 여러 요인들과 상호작용하는 과정을 거쳐 이루어지는 것이라는 것을 보여주어 복잡하고 시스템적인 사고로 발전하도록 도움을 준다. 퓨처스휠은 지도 형태의 그림으로 나타나 결과물 간 상호작용을 한눈에 확인할 수 있게 되므로, 어떤 사물이나 사건, 사람에 대해 개인이 미래를 예측해 보는 능력을 향상시켜 준다.

반면, 점차 늘어나는 결과물들과 상호작용을 나타내는 고리들에게서 일정 패턴이 나타나지 않으면 그 양과 복잡성이 참가자들을 압도할 수 있다는 단점이 있다. 퓨처스휠은 사람들이나 그룹이 어떤 사물들 간 인과관계를 이해하고 상호관계를 알아내는 것을 도와줄 수도 있지만, 하나의 영향이 다른 영향들이나 결과물과 관련하여 미치는 타이밍이 모호해지면서 너무 단순해지기도 한다. 퓨처스휠을 이용하는 데 충분히 익숙지 않은 사람은 엉망진창으로 생각들이 뒤섞여버려 결국 사회 트렌드나 사건을 명료하게 보는 것이 오히려 불가능해질 수도 있다.

3. 환경 스캐닝(Environmental Scanning)

1) 개요 및 특징

환경 스캐닝이란 조사된 자료에 대해 전체적인 분석을 시도하는 것으로, 수동적 스캐닝, 적극적 스캐닝, 초점화 스캐닝의 세 가지 유형으로 나누어볼 수 있다. 첫째, 수동적 스캐닝은 신문과 매거진 등을 읽는 것을 통해 이슈를 확인하는 것이다. 둘째, 적극적 스캐닝은 신문과 매거진뿐만 아니라 관련된 저널이나 분석지 등을 정기적으로 구독 및 습득하여 분석하는 것을 의미한다. 셋째, 초점화 스캐닝은 특정한 주제에 초점을 맞추어 집중적인 자료탐색과 분석을 통해 이슈를 확인하는 것이다.

2) 장·단점

이러한 접근방법은 특히 최근에 일어나고 있는 주제를 다루는 데 유용하다. 그 이유는 전통적인 분석방법으로는 새로운 분야에 대한 데이터가 충분하지 않을뿐더러 찾기가 어렵기 때문이다. 또한, 환경 스캐닝은 환경변화의 동인에 대한 조사 및 분석에 유용하며, 미래 연구의 사전단계에 적합한 유용한 정보수집을 가능하게 해준다. 최근에는 웹, 정보통신 등의 성장에 따라 정보수집 수행이 더욱 쉬워졌으며, 그 효용성도 커지고 있다.

반면, 지속적이고 광범위한 영역을 조사해야만 유용한 정보의 생산이 가능하다는 단점이 있다. 앞서 서술하였듯이 환경 스캐닝은 미래연구의 사전단계에 적합한 방법으로 세부적인 전망이나 전략도출을 위해서는 추가적인 절차가 필요하다.

4. 교차영향분석 기법(Cross Impact Analysis)

1) 개요 및 특징

교차영향분석은 예측항목 간에 존재하는 상호관계를 무시하는 직관적 기술예측 수법의 하나인 델파이법의 문제점을 개선하기 위하여 고안된 것으로, 한 항목의 발생확률을 예측하거나 다른 예측항목과의 사이에 존재하는 상호작용에 대한 판단을 행하고 그 판단에 비추어서 지금 예측하고자 하는 항목의 발생확률에 대하여 수정을 가하는 방법이다.

2) 장·단점

교차영향분석은 분석이 용이하고 각 분야의 특성 파악 및 상관관계 파악이

용이하다는 장점을 갖고 있다. 또한, 앞서 기술한 바와 같이 다른 방법론 특히 시뮬레이션 모형과 결합될 경우 미래 전망에 대한 유효성이 더욱 커진다.

　반면, 교차영향분석은 구성요소가 많아질수록 조건부 확률에 대한 판단이 가중된다는 단점이 있다. 일례로, 10×10 행렬의 경우 90개의 조건부 확률이 필요한 반면, 40×40 행렬은 1,560개의 조건부 확률이 필요하다. 또한 교차영향기법은 두 개의 사건들 사이에서 상호 연관성에 초점을 맞추는 것으로서, 현실 세계에서의 사건은 두 개일 뿐만 아니라 삼중 혹은 다중으로 복잡하게 영향을 끼치고 있으므로 현실을 완전히 반영하지는 못한다.

5. 시나리오 기법(Scenario)

1) 개요 및 특징

　미래 연구방법론 중 가장 널리 활용되고 있고 그 틀이 가장 진화되어 있는 방법론은 시나리오 기법인데, 이는 미래에 일어날 개연성이 높고 인간과 사회에 있어 그 영향력이 클 가능성을 추려내어 이를 제시하는 방법이다.

　시나리오들의 목적은 바람직하고 가능한 미래 상황들을 체계적으로 탐구하고, 만들고, 이를 실험하는 것이다. 시나리오는 결정과 결과를 설명하는 인과관계 고리의 연속으로 명확한 미래 묘사와 현실을 이어주는 이야기라 볼 수 있기 때문에 시나리오는 하나의 예언이나 예상이 아닌 미래에 관한 많은 발언들을 체계화하는 수단이며, 입안자가 이러한 상황에 의한 문제와 도전 그리고 기회를 명확하게 조사하고 파악할 수 있어야 한다. 또한, 시나리오는 특정 예측의 예보가 아니라 무엇이 일어날지에 대한 가능성들을 설명하기 위해 사건들과 추세들을 전개 과정에 따라 나열하여야 한다.

　좋은 시나리오는 우선, 인과관계와 결정들을 확연하게 보여주는 이성적 수단이 있어야 하며, 둘째, 내적으로 일관성을 유지하여야 하는데, 이는 대안으로 제시된 시나리오들도 비교 대상이 될 수 있는 비슷한 주제를 다루어야 하며, 셋째,

결정 과정에 영향을 미칠 정도로 미래를 실재적으로 만드는 흥미와 재미를 유발해야 한다.

2) 장·단점

시나리오들은 희망하고 가능성 있는 미래 상황들에 가깝게 접근할 수 있는 장기간의 정책, 전략, 계획들을 세우는 데 도움을 주기 때문에, 대안적 미래 제시가 가능하고 실제 외부 환경변화 발생 시 조직의 빠른 적응전략 수립을 가능케 하는 장점이 있다.

반면, 때때로 우리가 어느 특정한 미래를 추구하지 못하거나 그 미래가 불가능하다는 것을 보여줘 우리의 한계를 드러낼 수도 있다는 단점이 있다. 또한, 구체성 결여로 의사결정 및 실행에 어려움이 있을 수도 있으며, 정책 결정자가 원하는 미래 사회 방향을 강조하다 보면 정작 실현 가능성이 높은 미래 사회 시나리오가 간과될 가능성도 존재하게 된다.

6. 추세 연장 기법(Trend Extrapolation)

1) 개요 및 특징

추세 연장적 접근은 기존의 자료나 추정을 바탕으로 미래에 발생할 상황을 예측해 보고자 하는 것으로, 미래 예측 방법의 기본형으로 가장 많이 활용되는 방법 중 하나이다. 실제로 전문가의 판단으로 나오는 많은 예측들은 추세 연장 기법에 의한 결과라 할 수 있다. 추세는 양적으로 표현될 수 있는 현상이며, 눈에 보이는 발전 패턴을 갖는다. 예를 들어, 인구나 기술적 업적 등을 추정하는 데 추세 연장 기법이 사용된다. 추세는 과거의 데이터를 뜻하며, 연장은 이런 데이터들이 미래에도 반영된다는 것을 의미하는 것으로 장기간 계속되어 온 추세로부터 나오는 변화의 규모를 나타낸다.

추세 연장적 접근은 과거에 발생한 일들은 특별한 사건에 의해서 방해받지 않는 한 미래에 재연될 것이라는 전제하에 접근하는 방식으로 시계열자료에 의존한다. 즉, 추세 연장 기법은 과거에 관찰된 데이터의 패턴이 미래에도 일어날 것이라는 지속성, 규칙성, 그리고 자료의 신뢰성과 타당성의 세 가지 가설에 기초하고 있다. 첫 번째와 두 번째의 지속성과 규칙성의 가정은 사회적 현상에서도 물리학에서 이야기하는 관성이 존재한다는 것이다.

세 번째의 가정은 조사방법론에서 말하는 측정의 신뢰성 및 타당성의 조건이다. 이러한 세 가지 가정이 충족될 수 있어야 추세 연장 기법을 통하여 동태적인 사회 변화를 이해하고 미래의 일정 시점에서 발생할 가능성이 높은 미래 상태를 예측할 수 있을 것이다.

2) 장·단점

추세 연장 기법의 가장 큰 장점은 일련의 데이터를 바탕으로 미래의 발전추세 파악이 용이하고 그 상황에 대한 의미 해석이 용이하다는 것이다.

반면, 현재 추세가 미래에도 계속된다는 가정에 기반하기 때문에 예측 기간이 길어질수록 급격히 예측력이 떨어지는 단점이 있다. 예측 기간이 길어질수록 새로운 영향 요소들이 추가되거나 다양한 요인들이 복합적으로 작용할 가능성이 높아지기 때문이다. 또한, 이 방법은 역사적 경로 분석을 통한 변화의 패턴을 찾고 그것을 바탕으로 미래를 예측하는 것으로, 패턴 밖의 의미 있는 데이터를 배재할 가능성이 매우 크며, 변화가 불연속적일 때는 예측이 빗나가기 쉽다.

7. 전문가 패널(Expert Panel)

1) 개요 및 특징

전문가 패널은 분석하고자 하는 분야의 전문가들을 섭외하여 그들이 토론 중에 얻은 생각이나 지식을 통하여 미래를 예측하는 방법이다. 이때 전문가는 보통 15~20인으로 구성되며 활동기간은 3~18개월간 유지된다.

전문가 패널에서의 전문가는 델파이에서 말하는 순수 전문가 집단보다는 전문가와 시민단체 등 다양한 이해당사자들이 참여하여 상당한 기간 동안 존속된다는 특징이 있다. 전문가 패널은 이러한 전문가들의 의견에 기초하여 미래의 가능성에 대한 창의적 탐구를 하는 기법으로서, 하나의 독립된 미래 예측 기법이라기보다는 브레인스토밍 혹은 시나리오 기법과 병행하여 활용되는 미래 예측기법이다.

2) 장·단점

이 방법은 여러 전문가들의 다양한 관점과 의견이 제시되므로 고려되는 변인 및 동원되는 정보의 양이 많고, 상호 의견교환을 통하여 편견이 배제될 가능성이 높다는 장점이 있다.

하지만 집단 내의 압력이나 토론의 분위기 또는 인간관계나 체면 등으로 인하여 자신의 의견 표명에 제약을 받을 수 있다. 또한, 달변가, 공격적인 사람, 연장자나 상급자 등의 영향력 있는 전문가에 의해 결론이 크게 좌우되기도 하고 다수의 판단이나 의견과는 다른 결론에 도달하는 등의 왜곡 현상이 일어날 가능성이 크다는 단점이 있다.

8. 우선순위 로드맵(Road Mapping)

1) 개요 및 특징

우선순위 로드맵은 불확실성이 높은 미래수요를 충족시키기 위해 향후 개발되어야 할 미래기술 방향 및 대안을 탐색하기 위한 미래기획 방법이다. 우선순위 로드맵은 주로 민간부문에서 미래 불확실성에 대처하기 위해 미래 유망기술과 제품 개발을 위한 중장기 전략의 수단으로 광범위하게 작성되어 왔으나, 최근에는 기술로드맵이 개별기업이나 산업을 넘어 국가 수준에서 미래 유망기술을 도출하는 과학기술정책의 목적으로 활용범위가 확대되고 있다.

2) 장·단점

우선순위 로드맵은 현존하는 기술들의 기술적 발전속도와 한계점에 대한 분석을 토대로 이러한 한계를 극복하고 새로운 기술혁신을 창출할 수 있는 새로운 기술적 대안들을 탐색하는 데 기여할 수 있다는 장점이 있다.

전반적으로 기술적 불확실성이 높은 경우에는 우선순위 로드맵의 활용이 증가하고 있으나, 기술적 불확실성이 낮은 영역에 있어서는 효과적인 기술 로드맵의 활용이 불투명하다. 로드맵 작업은 그 개념에 비해 어렵고 힘든 작업이며, 효과적인 예측을 위해서는 시장-제품-기술을 통합적으로 전망할 수 있는 전문지식을 요하기 때문에 관련 전문가를 찾기가 쉽지 않다.

9. 페르소나 분석(Persona Analysis)

1) 개요 및 특징

분석에서 말하는 페르소나는 어떤 제품 또는 서비스를 사용할 만한 타깃 집단에서의 다양한 사용자 유형을 대표하는 가상의 인물을 말한다. 즉 페르소나는 사용자 연구를 통해 사용자를 가상적으로 묘사하는 것으로서, 유사한 목표 및 동기를 가지고 있다. 표적 목표 계층의 일반적 특성을 조합하여 가상화하는 페르소나는 사용자들이 어떤 특정한 상황과 환경 안에서 어떻게 행동할 것인가를 예측하기 위해 실제 사용자들의 자료(특징, 목표, 니즈, 태도, 주변 환경 등)를 기반으로 개인의 개성을 가상의 인물에 부여하여 만든다.

페르소나의 구성요소는 페르소나를 현실적인 인물로 표현하기 위한 요소로 이름, 인물사진, 나이, 직업, 성격이 있고, 다양한 행동 패턴을 표현하기 위한

요소로 태도, 행동, 동기 멘탈모델, 업무의 흐름, 주변환경, 불만사항, 겪고 있는
어려움 등이 있다.

2) 장·단점

페르소나는 다음과 같은 이점이 있다. 우선, 페르소나의 목적과 과업은 디자인
설계 노력 과정에서의 기초가 된다. 둘째, 디자인 의사결정 과정에서 일반적인
언어로 사용되며, 사용자 중심의 디자인을 유지하도록 한다. 셋째, 페르소나가
제공하는 이야기 구조를 통해 많은 사용자들의 미묘한 차이를 이해하기 쉽다.
넷째, 페르소나에 대한 테스트를 통해 실제 사용자들의 디자인 선택 형성과정을
보여줄 수 있다. 실제 사용자들을 완벽하게 대체할 수 없어도 디자인적 문제해결
을 돕는 강력한 도구로 사용된다. 마지막으로 페르소나를 통해 제품에 대한 흥
미, 지식 등을 도출하여 제품마케팅이나 영업계획에도 기여할 수 있다.

소비자
라이프스타일
실제

세대

Chapter

1. 세대의 정의

세대(generation)라는 단어의 어원은 '출현' 또는 '성립'을 뜻하는 그리스어 'genos'에서 유래하였으며, 구체적 용례로 새로운 아이의 탄생, 새로운 또래 집단의 등장, 일정한 생애 단계로의 도달 등 다양한 의미로 활용된 것으로 알려진다 (Nash, 1978). 세대의 의미는 사회과학적으로 크게 네 가지로 구분할 수 있다. 이러한 세대의 의미를 대표적으로 제시한 Kertzer(1983)는 가계단위의 세대 구분 방식, 비슷한 시기에 출생한 출생 코호트(birth cohort[1])로 보는 방식, 생애주기의 동일한 단계에 있는 사람들의 집단으로 보는 방식, 특정 역사적 시기에 생존한 사람들로 보는 방식의 네 가지 용법으로 구분하여 정의하였다.

구체적으로 살펴보면 첫째, 가계 계승의 원리로서의 세대는 좁은 범위에서는 친자, 넓은 범위에서는 친족 체계 일반의 계보학적 서열을 가리킬 때 쓰인다. 예를 들어 부모 세대나 자녀 세대와 같이 항렬이 동일한 사람들을 의미하는 것으로 사회인류학 분야에서 자주 사용되는 개념이다.

둘째, 비슷한 시기에 출생한 출생 코호트(birth cohort)의 개념으로 활용되는 코호트로서의 세대이다. 이는 비슷한 출생 시기를 가진 사람들은 생애주기의 동일

---

1) 특정한 기간에 태어나거나 결혼한 사람들의 집단과 같이 통계상의 인자(因子)를 공유하는 집단

한 단계에서 동일한 역사적 사건을 경험하기 때문에 유사한 의식 및 행위구조가 나타날 수 있다는 점에 집중한다(이명진, 2005). 이러한 일반적인 출생 코호트 중심으로 이루어진 연구와 더불어 김영곤(2016)은 조직 내 세대를 연구하는 데 있어서는 입사 코호트의 관점도 고려해 볼 필요성이 있다는 점을 제시한다.

셋째, 세대를 동일한 생애주기에 있는 사람들로 보는 관점으로 사람이 태어나서 생을 마감하기까지 사회적으로 부여되는 다양한 역할에 따른 변화와 더불어 생물학적인 작용으로 나타나는 변화까지 포함하여 보는 개념이다. 이는 청년세대, 노년세대 등과 같은 용법으로 사용되기도 하며, 많은 연구에서 세대가 아닌 연령효과(aging effect)로 부르고 있다(허석재, 2015).

넷째, 4·19세대, 전쟁 체험 세대 등과 같이 특정한 역사적 시기에 살았던 사람들로 보는 관점이다. 이는 주로 역사학 분야에서 사용되며, 두 번째 관점과 비슷하게 주요 역사적 사건에서의 경험이 의식구조를 형성하는 데 어떠한 영향을 주는지에 초점을 맞춘다. 그러나 코호트(cohort)는 제한된 기간 중 주요 사건을 동시에 경험한 사람들을 의미하지만, 특정한 역사적 사건을 경험했다는 사실은 넓은 의미에서 다양한 범위의 코호트를 포함하는 특징을 가지게 된다.

이상에서 알아본 의미를 종합하여 세대를 정의하면 다음과 같다. 세대는 동일한 역사와 문화권에서 비슷한 시기에 출생하여 역사적, 문화적 경험을 공유하고 이러한 공유된 경험에 기반하여 다른 코호트와 비교했을 때 상대적으로 유사한 의식구조와 태도, 행동양식이 일정 부분 지속적으로 유지되는 경향을 의미하며, 본인이 속한 코호트에 있어 최소한의 동류의식을 가지는 사람들의 집합체라 규정할 수 있다(박재흥, 2005).

2. 세대의 구분

하나는 세대를 어떻게 구분할 것인지에 대한 명확한 기준을 정립해야 한다는 것이다. 세대를 구분짓는 기준은 학자마다 다양하다. Marias(1970)는 한 세대를 시간의 연속선상에서 일정한 간격(15~30년)으로 나눌 수 있다는 입장을 취하지만,

Mannheim(1952)은 주관적·내면적인 시간개념에 초점을 두고 사회가 변화함에 따라 다양한 세대 구분 간격이 나타난다고 주장하고 있다. 또한 Mannheim(1952)은 같은 시기에 태어났다는 사실 자체는 그 세대가 어디에 위치(generation location)하는지만 알려줄 뿐이고, 실제 세대는 중요한 사회적 경험을 함께 겪으며 변화한다고 설명한다(허석재, 2015). 그러나 단순히 동일한 시기에 태어나 연령상의 차이에 따라 구분된 집단의 개념보다는 같은 역사적 사건을 겪고 주요 사회적 경험들을 공유하며 비슷한 사상을 가지는 '동년배 집단(cohort)'의 관점으로 여러 연구들(김우성·허은정, 2007; 김귀원, 2011; Meredith et al., 2002)이 이루어지고 있다. 이는 한 세대를 특징짓는 것이 특정한 시간 기준에 따라 정해지기보다는 사회 변동에 따라 각각의 세대들이 경험한 일들이 상이하고 이를 통해 형성된 가치관 또한 다를 수밖에 없기 때문에 많은 학자들은 Mannheim(1952)의 의견을 따르고 있다.

또한 세대 구분은 나라마다 달라질 수 있다. 미국의 세대 연구에서는 세대를 시기별 주요 사건과 출생연도를 중심으로 전통세대(또는 퇴역군인세대), 베이비붐 세대, X세대, 밀레니얼 세대(또는 Y세대)로 구분(이명진, 2005; Crumpacker & Crumpacker, 2007; Glass, 2007; Cogin, 2012)하는 방식이 보편적이다. 이들 중 경제활동을 하지 않고 직장에서 은퇴한 세대로 보는 전통세대를 제외하고 베이비붐 세대, X세대, Y세대(밀레니얼 세대)의 주요 특징을 구체적으로 살펴보면 다음과 같다(〈표 9-1〉 참조).

〈표 9-1〉 **미국의 세대 구분과 세대별 특징**

세대 구분	주요 사건	특징
베이비붐 세대 (1946년~1964년)	베트남전쟁, 우드스톡 인권운동, 케네디 암살, 워터게이트, 우주탐험	낙관주의, 유능한 중간관리자, 일중독, 경제적 성공, 권위존중, 직업안정성 중시, 시간절약
X세대 (1965년~1979년)	베를린장벽 붕괴, 챌린저호 사고, AIDS, MTV, 이란인질사태, 걸프전	권위에 냉소적, 독립적, 다양성, 일과 가정의 균형 중시
밀레니얼 세대 (1980년 이후)	9·11테러, 콜럼바인 총격, 소셜미디어, 비디오게임, Y2K	기술을 이용한 멀티태스킹에 능함, 높은 자존감, 유연성, 성숙된 사회의식과 시민 의무

이와 같이 미국의 경우 세대 관련 많은 연구들의 축적으로 그들만의 공통적인 세대 구분 방식이 인정받아 활용되고 있다. 그러나 우리나라의 경우 세대의 개념을 규정하는 데 있어 연령, 생애주기, 코호트, 세대적 특성 등 연령의 의미와 관련된 다양한 논의들이 활용 및 혼용되어 명확한 정의가 어려우며(박경숙 외, 2012), 세대 구분 방식에 있어서도 연구자마다 의견이 다양하고, 합의된 기준이 존재하지 않기 때문에 연구자의 연구목적, 가치관 등에 따라 다양하게 구분되고 있다. 이처럼 세대를 구분하여 이루어진 선행연구를 살펴보면 오대혁 외(2011)의 연구에서는 약 10년 단위로 세대를 구분하되, 특정 출생 연도를 중심으로 조직 구성원을 베이비부머 세대(1955~1964년생)와 X세대(1965~1976년생)로 구분하였다.

이혜정(2012)의 연구에서는 우리나라에서 통용되는 세대 구분 기준에 따라 1955~1964년에 출생한 집단을 베이비붐 세대, 1965~1976년에 출생한 집단을 X세대, 1977~1995년에 출생한 집단을 Y세대로 구분하여 연구가 이루어졌다. 임세영, 옥광희(2014)는 이혜정(2012)의 연구를 기반으로 연구 대상의 세대를 구분한 후에 Y세대를 1983년 기준으로 다시 구분한 후, 신세대(N세대)를 추가하여 세대를 구분하였다. 김영곤(2016)의 연구에서는 선행연구를 바탕으로 베이비붐 세대, X세대, Y세대로 구분하여 실증분석을 하였으며, 주효진, 장봉진(2019)의 연구에서는 세대를 연령(나이)을 기준으로 구분하고 50대 이상의 586세대(베이비붐 세대), 40대는 X세대, 30대는 Y세대(현재 30대), 20대는 Z세대로 명명하여 구분하였다(〈표 9-2〉 참조).

〈표 9-2〉 **한국의 세대 구분**

세대 구분	주요 사건	특징
베이비붐 세대 (1955~1964년)	냉전, 유신시대, 5.18민주화운동, 6월 민주화항쟁, 교육에서 과밀화 과잉경험(학생급증)	경제적 궁핍시기에 성장, 가족과 사회를 위해 희생·봉사, 치열한 경쟁, 조직에 충성·애착, 성취지향
X세대 (1965~1979년)	청소년기에 6월 민주화항쟁경험, 정보화, 탈산업화시대의 급속한 변화 경험	중간에 끼인 세대로 특징의 일반화가 어려움, 물질적 풍요 속 성장, 산업화 수혜세대, 조직에서 안정과 인정 추구
밀레니얼 세대 (1980~1990년)	정권교체, IMF경제위기, 2002 월드컵, 인터넷-휴대폰	삶의 여유와 여가 중시, 즐거움, 자율성, 자존감 중시, 개인의 성장 중시
Z세대 (1995~2005년)	경제위기 상시화, 국제분쟁, 한류와 뉴트로, 주52시간 도입	새로운 기술과 소비활동에 적극적, 평등 중시, 다양성, 개개인의 보상 중시

최근 우리나라 서울대학교인구학연구실에서는 1955~1964년 출생인구를 1차 베이비붐 세대, 1965~1974년 출생인구를 2차 베이비붐 세대, 1975~1984년생이 같은 감정을 공유하는 X세대, 1985~1996년 출생인구를 밀레니얼 세대, 1997~2010년대 초반 출생인구를 Z세대, 2017년 이후 출생인구는 골드베이비 세대로 구분짓고 있다.

3. 세대의 특징

우리나라 세대 구분 중 X세대와 밀레니얼 세대, Z세대를 중심으로 주요 특징을 살펴보면, 우선 X세대는 아날로그와 디지털을 모두 경험한 세대로 90년대 대중문화 부흥의 주역이자 개인의 '개성'을 중시하는 세대다. 두 번째, 밀레니얼 세대는 모바일 환경에 익숙하여 스마트폰 활용에 능숙하고, 자기 표현 욕구가 강하다. 세 번째, Z세대는 태어날 때부터 디지털 환경에 노출된 디지털 네이티브로 나의 만족이 최우선 고려 요소로 개인주의 다양성을 추구하는 신인류라고 할 수 있다.

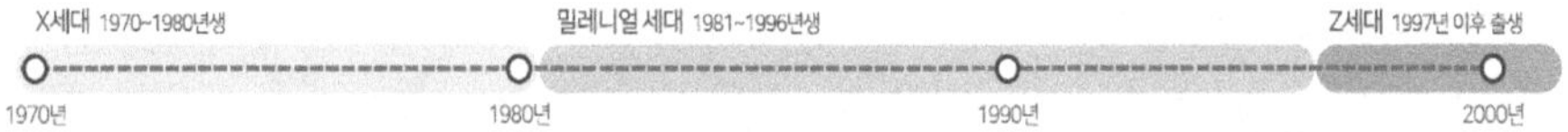

	X세대	밀레니얼 세대	Z세대
	디지털, 인터넷, 베이비붐, 성장	데이터, 모바일, 글로벌, 소통, 성향	유튜브, 온라인, 패션, 소비자, 크리에이터, 공유
상징제품	TV	스마트폰, 태블릿	유튜브, 웨어러블
관심사	워라벨	자유	개인의 행복
커뮤니케이션	이메일, 문자	소셜미디어(SNS)	영상통화
미디어이용	디지털 이주민	디지털 유목민	디지털 네이티브
직업의식	개인 포트폴리오, 전문능력	디지털 창업, 조직을 위해서가 아니라 함께 일함	유연한 고용, 본업과 부업 멀티태스킹
키워드	개성, 개인주의, 대중문화, 서태지와아이들	자기계발, YOLO, 언택트, 가심비, 핫플레이스, 펭수	콘텐츠, 크리에이터, 스트리밍, 급식체

출처 : 플레이디(2021.01), X · M · Z세대를 중심으로 살펴보는 세대별 트렌드

[그림 9-1] **우리나라 세대 구분의 주요 특징**

더욱이 최근에 가장 주목받고 있는 세대인 MZ세대는 밀레니얼 세대(1980년대 초반에서 2000년대 초반 출생한 세대)와 Z세대(1990년대 중반부터 2000년대 초반에 출생

한 세대)를 말하며, 이들은 사회가 정한 기준이 아닌 자신의 기준을 따르며, 뚜렷한 소신으로 그들만의 문화현상을 만들어 나가고 있다. 이에 MZ세대는 기존 세대와는 다른 가치관으로 인해 '신인류'로 지칭되기도 한다.

행정안전부(2021.04) 기준 국내 인구수 대비 밀레니얼세대(1981~96년생) 비중은 22%이고, Z세대(1997~2010년생)는 14%로 나타났고 총인구의 36%에 달하는데, 이는 베이비부머세대(1955~1964년생, 15%)와 X세대(1965~1980년생, 26%)를 합친 것과 비슷하다.

월드데이터랩(https://worlddata.io)에 따르면, 전 세계 밀레니얼 세대의 소비력은 지난해 X세대를 뛰어넘었고, 2035년에는 Z세대가 X세대의 구매력을 따라잡을 것으로 예상하였다. IBM 기업가치연구소(2021)의 설문 조사 결과, Z세대 10명 중 7명은 가족이 가구, 가전용품 등을 구입할 때 의사 결정에 영향을 미치는 것으로 나타났다. 따라서 중·장년층의 구매 결정권도 MZ세대가 쥐고 있는 셈이며, 이러한 소비시장에서의 MZ세대로의 이동은 기존의 소비패턴을 빠르게 바꾸어 가고 있다.

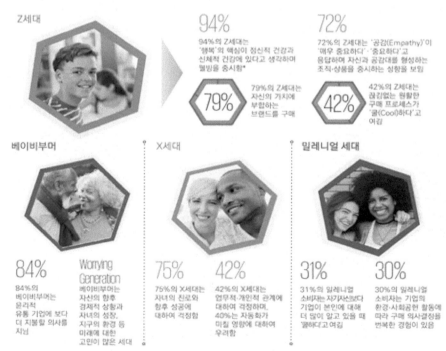

출처 : KPMG(2021.06.10), 변화하는 소비자와 글로벌 소비트렌드

[그림 9-2] **세대별 소비트렌드의 주요 특징**

특히, 새로운 소비그룹인 Z세대에 더 주목해야 하는데, 이유는 세계적으로 인구층이 가장 두터워 오래지 않아 최대 경제력과 소비 파워를 지닐 것이라 예상하기 때문이다. 투자은행 뱅크오브아메리카(BoA)가 최근 내놓은 보고서에 따르면, Z세대의 경제력은 모든 세대를 통틀어 가장 빠르게 커지고 있는 것으로 나타났고, 10년 후 이들의 경제력은 지금보다 5배 늘어난 33조 달러에 달할 것으로 전망(한경글로벌마켓, 2020.12.29)하였다. 다시 말해, Z세대와 연결된 브랜드는 평균적으로 14배 더 많은 성장의 기회를 가질 것이다.

우리금융경영연구소(2021)에 따르면, 국내 MZ세대는 2030년 기준 생산연령인구(15~64세)의 약 60%를 차지하며, 전 세계 MZ세대의 소득은 총소득의 60%를 차지할 것으로 예상했는데, 2030년을 기점으로 부와 소비 중심이 이동되는 것으로 전망했다. 경제적 효익에 영향을 미치거나 창출할 잠재력이 강한 MZ세대는 이미 세계시장의 소비와 마케팅 전략을 견인하고 있는데, 특히 Z세대는 기존 세대와는 전혀 다른 가치관과 행동양식으로 시장에 접근하고 소비활동을 하며, 이는 기존 문법으로는 그들을 고객으로 맞이하기 어렵다는 점을 알아야 한다.

Z세대는 미디어 디바이스 중 모바일 이용률이 가장 높고, 스마트폰 이용자 중 동영상 이용자의 비중이 96%에 이르러 하루 평균 6시간 이상 스마트폰 이용에 할애하는 것으로 나타났으며, 이러한 스마트폰 영상 이용은 이들에게 독자적인 영상 시청 매체로써 사용되고 있다. 또한 SNS를 통해 정보를 습득하고 즉각적으로 반응하는 성향으로 인해 텍스트보다 이미지나 영상에 반응하는 것으로 나타났다(닐슨코리안클릭, 2017.3.22).

Z세대는 모바일 디지털 플랫폼을 선호하여 콘텐츠 관련 소비가 많고, 콘텐츠를 직접 만들고 공유하는 것에 익숙하다. 또한 전 세계의 콘텐츠를 SNS(Social Network Services)를 통하여 접하면서 선진 문화를 체험하거나 다양한 가치관과 이질적인 문화의 열린 사고가 가능하게 되었고, 변화에 대한 수용력이 높아 개방적인 성향을 가지고 있다(오지연·성열홍, 2019).

김민균(2020)은 이들이 개인적인 성향으로 혼자의 라이프를 추구하는 경향을 보이며 SNS(Social Network Services)를 이용하여 비대면 소통을 통한 관계를 유지하려는 경향에 따라 관계성을 유지하는 수단이 과거와는 다르게 디지털 방식으로 전환된 것으로 보인다고 하였다.

소셜미디어를 통해 다양한 소통을 하는 Z세대는 정보탐색에 있어서 이미지에 주목하여 영상으로 정보를 획득하고, 다양한 경로를 이용하여 신중하게 정보를 찾는다. 또한 소비 가치에 있어서 현실적이고 실용적인 소비를 추구한다(양연지·김기옥, 2020).

글로벌 컨설팅사 매킨지(McKinsey & Company)의 보고서에서 Z세대 중 50~60%는 소셜미디어 및 온라인 웹사이트를 통한 온라인 구매를 선호하였으며, 소비트렌드는 소셜미디어 의존도가 높으나 사용방법은 신중하였다(연합뉴스, 2020.7.1). 이들은 자신만의 스타일을 추구하면서도 보편적 범위를 크게 벗어나지도 않기 때문에 균형점을 찾는 게 만만치 않아, 모두에게 일괄적으로 제공되는 제품과 서비스로는 한계에 직면할 수밖에 없다(정지영 외, 2019).

읽을거리　　　　　**Z세대 다음은? … '완전한 온라인 첫세대' 알파가 온다**

"알파 세대(Generation Alpha)가 온다"

전원이 21세기에 태어난, 명실상부한 디지털 세대인 알파 세대가 주목받고 있다.

미국 온라인 매체 악시오스는 1일(현지시간) '획기적 세대'(A landmark generation)라는 제목의 기사에서 1990년대 중반 이후 태어난 Z세대의 다음 세대로 떠오르고 있는 알파 세대를 조명했다.

알파 세대라는 용어를 만든 사회학자 마크 매크린들에 따르면 2010~2024년에 태어났거나 태어날 알파 세대는 전 세계적으로 20억 명이 넘는 역사상 가장 큰 인구 집단이 될 것으로 예상된다.

대부분 밀레니얼 세대(1980~1994년 출생)의 자녀인 알파 세대는 아직 태어나는 중이기 때문에 미래 영향력을 완전히 알 수는 없지만, 이미 나온 지표만으로도 무시하기에는 너무 큰 영향력을 미치고 있다고 악시오스는 짚었다.

알파 세대를 관통하는 단어는 디지털이다. 악시오스는 "완전한 첫 온라인 세대"라고 평가했다.

알파 세대의 가장 어린아이들은 아이패드가 출시되던 해에 태어나 '아이패드 키즈'로 불리기도 한다.

알파 세대 아이들은 어렸을 때부터 동영상 플랫폼 틱톡 등 소셜미디어(SNS)에 노출돼 왔다.

미국의 시장조사업체 와이펄스(YPulse)에 따르면 밀레니얼 세대 부모의 79%는 자녀가 SNS를 사용한다고 답했다. 또 44%는 자녀가 적어도 매주 스마트폰으로 동영상 콘텐츠를 본다고 했다.

와이펄스의 콘텐츠 책임자인 메릴리 블리스는 밀레니얼 세대 부모들은 자녀가 9살 정도가 되면 첫 스마트폰을 주는 것으로 나타났다고 말했다. 그는 알파 세대가 매우 어린 나이 때부터 이전 세대와는 다른 방식으로 "미디어 중심의 어린 시절을 보내고 있다"고 했다.

이들은 애플과 아마존의 인공지능(AI) 비서인 '시리', '알렉사', 오픈AI의 생성형 AI 챗GPT 등 AI에도 친숙하다.

기업들은 틱톡이나 유튜브 같은 SNS를 통해 '미래 소비자'인 알파 세대에 다가가며 이들의 소비 잠재력에 주목하고 있다.

알파 세대의 범위를 규정한 매크린들은 "알파 세대는 AI와 인간의 경계가 흐릿한(blurring) 세계만 알고 있다"고 말하기도 했다.

코로나19 팬데믹도 알파 세대를 화상 수업 등 온라인 상호작용에 더 익숙하게 만들었다는 분석이 나온다. 장기간의 비대면 수업 등은 팬데믹 이후 결석률 증가, 학업 성취도 저하 등으로 이어지기도 했다.

기후 위기가 현실로 나타난 시대에 태어난 알파 세대는 기후변화, 인종차별, 빈곤 등 사회적 문제에도 관심을 보이는 것으로 나타났다고 악시오스는 전했다.

출처 : 연합뉴스(2024.01.02.)

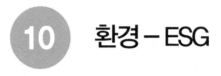

CONSUMER AND LIFESTYLE

1. ESG 등장 배경

ESG는 환경(Environment), 사회(Social), 지배구조(Governance)의 머리글자를 딴 단어로 기업의 지속 가능성(Sustainability)을 평가하는 프레임이다. 기업 활동에 매출, 이익 등 재무적 요소뿐만 아니라 환경, 윤리, 사회 문제 등 비재무적 요소를 함께 고려한다면 지속 가능한 발전을 이룰 수 있다는 핵심 가치를 담고 있다. 지속 가능한 발전에 대한 논의에서 시작된 ESG는 새로운 기후변화 체제가 출범하고, 탄소 중립이 글로벌 의제로 부상하는 등 환경(E)에 관한 논의가 활발해지면서 개념이 재조명되고 있다.

기후변화 체제는 1992년 브라질 리우에서 열린 유엔환경개발회의(UNCED)에서 각국 정상이 유엔기후 변화협약에 서명하면서 시작되어, 1997년 교토의정서 채택으로 37개 선진국 중심의 온실가스 감축 의무로 구체화되었다. 이후 2015년 파리협정에서 전 세계 모든 국가가 참여하는 보편적인 기후변화 대응 기조로 전환되었으며, 5년 단위로 각국의 온실가스 배출 현황과 감축 정책 이행 과정을 점검하기로 규정했다.

기후변화에 대응하기 위한 인류의 노력이 전 세계적 합의점을 찾아가면서 ESG는 이런 노력을 측정, 평가, 관리하는 수단으로 각광받고 있다. 특히 세계 각국이 탄소중립, 즉 이산화탄소 배출량만큼 흡수량도 늘려 실질적인 배출량을

0(net-zero)로 만들겠다고 선언하면서 탄소국경제, 플라스틱 규제 등을 도입함에 따라 앞으로 ESG 경영 흐름은 더욱 강화될 것으로 보인다.

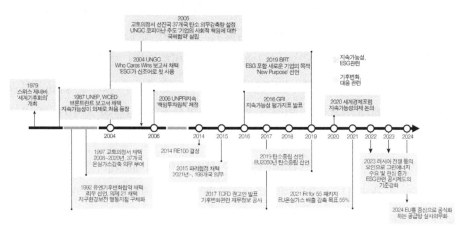

출처 : 손광표 · 황원경(2021.09)

[그림 10-1] **글로벌 ESG, 기후변화 대응 관련 주요 사건**

　　글로벌 ESG 진화의 주요 사건을 보다 자세히 살펴보면, 1987년 브룬트란트위원회가 공표한 지속가능발전 개념은 패러다임의 문명사적 전환이었다. 1994년에는 지속가능소비와 생산(SCP) 개념이 태동하고, 2002년 실행계획이 나온다. 한국은 2000년 대통령 직속 국가지속가능발전위원회 설치, 2002년 지속가능발전기업협의회(KBCSD)를 설립했다.

　　1990년대에는 사회적 책임(CSR)이 확산된다. 1953년 미국 경제학자 하워드 보웬이 제시했으나, 아치 캐롤 교수가 기업의 경제 · 법률 · 윤리 · 사회공헌 책임을 피라미드 모델로 발표하면서 활성화된다. 1997년 GRI(Global Reporting Initiative)로 기업은 지속가능성 보고서를 작성하기 시작했다. 2011년 마이클 포터 교수는 기업경영에서의 공유가치 창출 강조로 CSV 개념을 창안했다.

　　ESG가 공식용어로 등장한 것은 2004년이다. 코피 아난 유엔사무총장의 지속가능발전 금융 이니셔티브로 발간된 보고서('Who Cares Wins')에서였다. ESG는 2006년 UN 책임투자원칙(PRI)의 6개 중 하나로 들어갔다. 같은 해 록펠러재단은 사회적·환경적 요인을 강조한 '임팩트 투자 이니셔티브'를 제시했다.

2014년에는 RE100 이니셔티브가 등장한다. 기업이 100% 재생에너지 사용을 실행하거나 REC(재생에너지공급인증서) 구매로 대체하는 제도다. 2015년에는 반기문 UN 사무총장 주도로 UN SDGs가 공표되고, 신기후체제로 파리협정이 체결돼 올해부터 시행에 들어갔다. 2015년에는 또 기후변화 관련 재무정보공개협의체(TCFD)가 발족된다. 기업이 지배구조·전략·리스크관리·지표 및 목표치의 4개 항목을 공개해 기후변화 위험과 기회를 경영에 반영토록 한 것인데, 78개국 2,000여 개 기관이 지지선언을 했다.

2019년 미국에서는 비즈니스라운드테이블(BRT)이 이해관계자를 고려할 것을 선언하고, 영국에서는 FT가 '자본주의. 리셋할 때' 캠페인을 전개한다. 2020년 WEF는 4차 산업혁명 시대의 기업 목표로 이해관계자 자본주의를 부활시켰다. 경제적 불평등과 기후위기 등을 해결하려면 자본주의 리폼이 불가피하다는 것이다.

ESG 강풍은 운용자산액 8조 6,800억 달러인 블랙록의 래리 핑크 회장의 연두서한에서 불어왔다. 그는 2020년 "지속 가능성을 투자 최우선 순위로 삼겠다", 2021년 "2050년 넷제로 달성 목표에 부합하는 사업계획을 공개하라"고 요구했다. 기후리스크가 투자리스크가 됐지만 투자기회로 만들 수도 있다면서, 지속 가능성과 ESG를 고려한 투자와 이해관계자 자본주의로 빠르게 이행해야 한다고 강조했다.

ESG 바람은 슬그머니 사라질 이슈가 아니다. 개별 기업이 스스로 해결할 수 있는 이슈도 아니다. 기업에 일자리가 있고, 기업이 생산하는 제품은 소비자가 쓴다. 그러니 모든 경제주체가 함께 탄소중립·수소경제·그린뉴딜·지속 가능 발전·ESG 구현에 나서야 한다.

2. ESG와 기업의 대응

전 세계적으로 기후변화 대응과 ESG 경영의 중요성이 강조되면서, 각국 정부도 기후변화 대응 전략을 수립하고 ESG 정보 공시 의무 규정을 마련하고 있다. 2019년에는 유럽연합(EU)이 기후변화와 환경 분야 청사진을 담은 '유럽 그린딜(Green Deal)'을 발표하면서 2050 탄소중립을 선언했고, 2020년에는 중국과 일본 등 주요 국가들의 탄소중립 선언이 이어졌다.

우리 정부도 지난해 12월 관계부처 합동으로 '2050 탄소중립 추진 전략'을 수립하고 탄소중립과 경제 성장, 국민 삶의 질 향상을 동시에 달성하겠다고 밝혔다. 산업 부문의 탄소중립 달성을 위한 컨트롤타워로 '탄소중립 산업전환 추진위원회'를 출범하고, 「환경기술 및 환경산업 지원법」을 개정하는 등 관련 산업 경쟁력 강화와 신산업 창출 지원을 위해 다양한 정책을 추진하고 있다.

더불어 ESG 정보 공시 의무화 관련 정책도 마련하고 있다. 2021년 1월 금융위원회는 ESG 정보 공개와 책임투자 확대 추세에 따른 제도적 기반을 마련하기 위해 ESG 정보 자율 공시 규정을 활성화하고 단계적 의무화를 추진하는 '기업공시제도 종합 개선 방안'을 발표했다. 한국거래소는 상장법인의 ESG 정보 공개 활성화를 위해 'ESG 정보 공개 가이던스'를 제정했다. 가이던스는 보고서 작성과 정보 공개 절차 등 기업이 ESG 보고서를 작성할 때 준수해야 할 원칙을 담고 있다. ESG 정보 공개가 자발적 공시에서 의무적 공시로 바뀜에 따라 이제 'ESG는 선택이 아닌 필수'라는 말이 현실이 되고 있다.

ESG가 빠른 속도로 확산되면서 기업들도 기후변화 대응 관련 캠페인에 가입하거나, ESG 위원회와 전담조직을 신설하는 등 자체적으로 노력을 활발히 전개하고 있다.

〈표 10-1〉 정부 2050 탄소중립 추진전략

국가비전	2050년까지 탄소중립을 목표로 하여 탄소중립 사회로 이행하고, 환경과 경제의 조화로운 발전을 도모		
전략목표	탄소중립 · 녹색성장, 글로벌 중추국가로의 도약		
3대 정책방향	책임 있는 실천	질서 있는 전환	혁신주도 탄소중립 · 녹색성장
	과학과 합리에 바탕을 둔 의사결정과 정책 추진	법과 절차의 준수, 초당적 협력과 사회적 합의 중시	혁신에 기반한 온실가스 감축 및 경제 · 사회 구조 전환

	〈온실가스 감축〉 책임감 있는 탄소중립	〈민간〉 혁신적인 탄소중립· 녹색성장	〈공감과 협력〉 함께하는 탄소중립	〈기후위기 적응과 국제사회〉 능동적인 탄소중립
4대 전략· 12대 중점 과제	① 무탄소 전원 활용 ② 저탄소 산업구조 및 순환경제 전환 ③ 탄소중립 사회로의 전환	④ 탄소중립·녹색 성장 가속화 ⑤ 세계시장 선도 및 新시장 진출 ⑥ 재정·금융 프로 그램 구축·운영 및 투자 확대	⑦ 에너지 소비 절감과 탄소중립 국민실천 ⑧ 지방 중심 탄소 중립·녹색성장 ⑨ 산업·일자리 전환 지원	⑩ 기후위기 적응 기반 구축 ⑪ 국제사회 탄소중립 이행 선도 ⑫ 상시 이행관리 및 환류체계 구축

출처 : 대통령직속 2050 탄소중립녹색성장위원회(https://www.2050cnc.go.kr/)

　제조업 분야에서는 2050년까지 전력 사용량의 100%를 태양광, 풍력 등 재생에너지로 전환하겠다는 글로벌 기업들의 자발적 약속인 RE100(Renewable Energy 100%) 캠페인이 화두로 떠올랐다. 2021년 6월 말 기준 전 세계 310여 개 기업이 RE100 캠페인에 참여하고 있으며 애플, 구글, BMW 등 글로벌 기업이 협력 업체에도 동참을 요구하고 있다. 국내 기업들도 지난해부터 본격적으로 RE100 참여를 선언하고 나섰으며, 현재 9개 기업이 RE100 가입을 마쳤다.

　금융권 역시 그룹 차원에서 ESG 경영전략과 비전을 수립하고, ESG 전담 조직과 의사결정 기구를 신설하며, ESG 관련 상품·투자·대출을 확대하는 등 ESG 확산에 주력하고 있다. 또한 '탈석탄 금융'(국내외 석탄발전소 건설을 위한 프로젝트파이낸싱에 참여하지 않고, 석탄발전소 건설을 위한 채권을 인수하지 않는다는 친환경 금융전략)

〈표 10-2〉 RE100 참여 선언 및 가입 기업

가입연도	기업수	기업명(가입 완료 기업)
2020	6개	SK하이닉스, SK텔레콤, (주)SK, SK머티리얼즈, SK실트론, SKC
2021	8개	아모레퍼시픽, LG에너지솔루션, 한국수자원공사, KB금융그룹, 고려아연, 미래에셋증권, SK아이이테크놀로지, 롯데칠성음료
2022	13개	인천국제공항공사, 현대모비스, 현대위아, 현대자동차, 기아, KT, LG이노텍, 네이버, 삼성전자, 삼성SDI, 삼성디스플레이, 삼성전기, 삼성바이오로직스
2023	9개	삼성생명, 삼성화재, 롯데웰푸드, 신한금융그룹, 카카오, LG전자, 롯데케미칼, HD현대사이트솔루션, LS 일렉트릭

출처 : RE100정보플랫폼(https://k-re100.or.kr/)를 기반으로 저자 추가 수정함

을 선언하고, '적도원칙'(대형 개발사업이 환경 파괴나 인권 침해 등의 우려가 있을 경우 금융 지원을 하지 않는다는 전 세계 금융기관의 자발적 협약)에 가입하는 등, ESG 가치 실현을 위한 움직임도 이어지고 있다.

추가적으로 ESG 비즈니스 사례로 케냐의 에코두두(Ecodudu)는 음식 쓰레기에서 검은 파리 유충을 이용한 유기질 비료 및 가금류, 돼지 및 어류 사료를 생산한다. 유엔에 따르면 음식 쓰레기 부패로 인해 7%의 온실가스가 발생하며 콩 생산의 70%는 동물 사료로 쓰이나 그 과정에서 산림벌채 등의 심각한 문제를 초래한다.

식품 생산 회사 네트워크에서 유기 폐기물을 공급받아 검은 파리 유충을 부화시켜 사료 및 비료로 가공한다. 현재 케냐에서는 발생된 쓰레기 중 38%가 처리되지 않고 있으나 이런 과정을 통해 매일 약 20톤의 쓰레기 매립을 줄이고 토양을 강화하며 농부의 생계를 개선하고 있다.

덴마크 모바일 앱 '투굿투고(TooGoodToGo)'는 소비자가 폐기가 임박한 음식을 슈퍼마켓, 호텔, 주유소, 식당 등의 매장에서 저렴하게 살 수 있도록 연결한다. 급속한 성장세를 보이고 있어 2016년 설립 이후 현재 미국, 프랑스, 영국, 독일 등 전 15개국에 진출하였다. 폐기되는 음식은 물, 노동, 음식을 만드는 데 사용된 모든 자원(한끼를 생산하는 데 필요한 에너지로 휴대폰 422번 충전 가능)을 버리는 것으로 전 세계 온실가스 배출량의 8%를 차지한다는 문제의식에서 출발한다. 손님이 직접 가게에 찾아가야 하므로 소상공인 상생에도 도움이 되고 있다.

소비자 접점의 세계 일류 식품기업 네슬레는 새로운 ESG 실천의 일환으로 저나트륨·저당 식품을 개발하고 이에 대한 소비자정보를 제공하고 있다. 전 세계 소비자들이 비만에 시달리는데 특히 어린이 소비자의 경우 문제가 더 클 수 있 수 있기 때문이다.

미국 파타고니아(Patagonia)는 ESG 경영의 교과서라고 불릴 만큼 경쟁력 있는 기업 중 하나로 "덜 사고 더 요구하세요"라는 슬로건으로 유명하다. 환경보호가 사업의 목적이고, 품질의 기준이 되는 기능성, 내구성, 수선가능성, 관리용이성, 미학가치, 환경영향 등의 소비자 이슈를 경영 핵심가치로 내재화하였다. 또한 매출 1%를 환경단체에 기부하고 각 세계지사를 지역 환경운동에 참여하는 교두

보로 이용하고 있다.

네덜란드 데님 브랜드 머드진(MUD Jeans)은 Lease A Jeans이라는 프로그램을 통해 소비자가 청바지를 구입하는 대신 대여해 주고 있다. 대여 1년 후 또는 청바지가 낡은 경우 고객은 청바지를 다시 MUD Jeans으로 보내고, 지퍼, 주머니 및 단추를 포함하여 청바지 전체를 재활용하여 새로운 제품을 생산한다. 경영진과의 유튜브 공개 토론은 물론 환경, 인종문제 등 사회문제를 논의하는 세미나를 개최하는 등의 행보로 투명경영 및 사회 기여를 강조한다.

미국 스타트업 업추즈(Upchoose)는 유기농 면 유아 의류 세트를 판매하면서 아이가 성장하면 제품을 반환하고 할인된 가격으로 다음 사이즈 세트를 살 수 있게 도움을 주고 있다. 산업용 화학물질로 처리되지 않은 제품을 판매하므로 부모들이 안심하고 서비스를 이용할 수 있다. 할인은 순환 경제를 지원하는 인센티브를 제공한다.

인도네시아 회사 레드브릭스(Redbricks)는 다층 플라스틱 폐기물이 20% 포함된 콘크리트 벽돌을 개발하여 자체 수거하거나 식품 제조회사와의 협력을 통해 원료를 개발하고 있다. 다층 플라스틱 폐기물은 가벼워서 강이나 바다로 날아가 오염원이 되기에, 매일 최대 88,000개의 재활용 불가능한 폐기 다층 플라스틱 폐기물(예: 과자 봉지)을 건축자재로 활용과 동시에 벽돌 생산에 사용되는 탄소 집약 시멘트에 대한 수요를 20%까지 줄일 수 있다.

일본 라이즈 앤 윈 양조회사(Rise & Win Brewing)가 위치한 도쿠시마현에 있는 산간마을인 가미카쓰초는 쓰레기 없는 마을로 유명하며 100% 재활용 자재로 건설된 Rise & Win Brewing은 단순한 술집이 아니라 순환 공동체의 원칙과 자부심이 건물에 반영되어 있다. 마을 내에서 수거된 창문, 신문과 타일, 빈 병을 건축 자재로 사용하고, 창의적인 건물로 유명해져 마을주민뿐만 아니라 관광객에게 어필할 수 있는 가치를 제공한다.

우리나라 LG화학은 스타트업 이너보틀과 함께 소재개발에서 제품, 수거, 재활용에 이르는 플라스틱 자원 순환 패러다임을 기초로 한 비즈니스 모델을 발표하였다. 소비자들에게 제품 리필을 통한 리워드 프로그램 운영으로 재활용을 장려하고 소비자정보를 관리하여 재구매율을 높이고, 특히 탄소 감소가 쉽지 않은 물류회사를 화장품 용기 수거에 활용함으로써 다른 업종의 기업이 플라스틱을 줄이는 데 일조할 수 있도록 하는 에코 플랫폼을 구축하는 것이다.

영국 스코틀랜드에 위치한 쿠안텍(CuanTec)은 키틴에서 퇴비화 가능한 바이오 플라스틱을 개발한다. 키틴은 셀룰로오스 다음으로 두 번째로 풍부한 자연 발생 바이오 폴리머이며 식품 가공산업에서 나오는 게 껍질과 같은 해산물 폐기물에서 추출이 가능하고 음식물 쓰레기와 플라스틱 오염을 모두 해결할 수 있다.

3. 소비자와 ESG

코로나19 팬데믹으로 기후변화의 물리적 위험을 일상으로 체감하고, ESG 경영 확산으로 다양한 기업 정보를 접하게 되면서 소비자의 소비 행태와 기업에 대한 요구도 변화하고 있다.

대표적인 변화로 '미닝아웃(MeaningOut)'을 꼽을 수 있다. 미닝아웃은 정체성을 드러낸다는 의미의 '커밍 아웃(ComingOut)'과 '신념(Meaning)'이 합쳐진 말로, 소비를 통해 자신의 가치관이나 신념을 표출하는 행위를 말한다. 기업이 환경 보호에 기여하는지, 제품이 윤리적으로 생산되는지 등을 고려해 구매를 결정하는 '착한 소비'를 의미한다. 시장조사 전문기업 엠브레인 트렌드모니터가 2020년 실시한 '착한 소비 활동' 설문조사에 따르면, 소비자 10명 중 7명이 '착한 소비를 실천하는 사람이 늘 것이다', '착한 소비에 동참할 의향이 있다'고 답했다. 또 '착한 소비는 친환경 소비를 의미한다'는 응답이 59%로 가장 많았다.

소비 행태가 착한 소비, 친환경 소비로 바뀌면서 기업의 ESG 활동이 소비자의 구매 행위에도 영향을 주는 것으로 나타났다. 지난 5월 대한상공회의소가 국민 300명을 대상으로 실시한 'ESG 경영과 기업 역할에 대한 인식' 설문조사에 따르면, 응답자의 63%가 '기업의 ESG 활동이 제품 구매에 영향을 준다'고 답했고, 70.3%는 'ESG 활동에 부정적인 기업의 제품을 의도적으로 구매하지 않은 경험이 있다'고 답했다. ESG 소비 문화가 정착되면서, 기업의 ESG 활동을 소비자에게 효과적으로 전달하고 공감을 얻는 소통 전략의 중요성이 강조되고 있다.

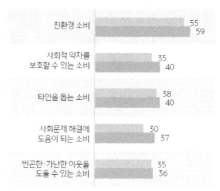

[그림 10-2] **착한 소비인식과 동참 의향**   [그림 10-3] **'착한 소비'의 의미**

ESG는 기업의 지속 가능성을 위한 중요 요소이며(민재형·김범석, 2019) 소비자 중심경영과 부합되는 가치이다. 다양한 산업이 가진 제품/서비스의 라이프사이클과 공급사슬을 분석하여 잉여가치를 교환하고 지역 내 다양한 공동체 수요에 주목하여 ESG 생태계를 확장할 필요가 있다.

개인의 영향력이 강화되는 사회의 변화에 맞추어 혁신적 소비 가치(ESG)를 창출하고 소비자평판(김성숙, 2021)을 관리할 필요가 부상하고 있다. 궁극적으로 투자자 및 소비자에게 정확한 정보를 줄 수 있어야 하므로 소비자중심경영지표의 역할이 중요하다(서여주·정순희, 2015).

ESG의 시작은 신뢰할 수 있는 제품과 서비스의 품질로 소비자 중심경영 모니터 방안을 제도화하는 등 기업의 자율성이 침해되지 않는 선에서 최소한의 소비자 경영 운영 사항을 ESG 평가 지표에 명시해 볼 필요가 있다.

ESG 비즈니스 모델을 만들기 위해서는 신뢰를 기반으로 한 본질적인 소비자 가치 창출에 집중해야 한다(서여주, 2018). 즉 도덕적 경영활동은 선택이 아닌 의무가 되며, 실질적 소비자 가치 창출은 소비자의 목소리를 듣는 것(VOC)에서 출발하므로, 소비자 분야에서 그간 축적해 온 소비자상담, 피해구제 등의 사례를 바탕으로 소비자의 후생(welfare) 증진을 ESG와 연계하기 위한 노력이 필요하다.

기업이 '가치소비' 눈여겨보는 이유

　최근 소비시장의 주 고객층으로 떠오른 MZ세대(밀레니엄+Z) 사이에서 '가치소비'가 확산하고 있다. 가치소비는 자신이 추구하고자 하는 가치를 충족시켜 줄 수 있는 물건·서비스만을 소비하는 방식을 말한다. 가치소비에는 착한 기업의 제품을 소비하는 착한소비, 친환경적인 것을 소비하는 그린슈머 등이 있다. 즉 상품의 질보다는 자신의 구매가 사회에 어떤 영향을 미칠 수 있는지를 고민하는 소비방식인 셈이다.

　이러한 가치소비 트렌드가 확산됨에 따라 유통·소비재 기업에서도 ESG(환경·사회·지배구조) 경영의 중요성이 커지고 있다. 지난해 전국경제인연합회(현 한국경제인협회)가 국민 1,000명을 대상으로 '자유시장경제와 기업의 역할에 관한 국민인식조사'를 실시한 결과, 10명 중 9명이 사회적 책임 이행 수준이 높은 기업의 제품을 우선 구매하겠다고 답했다. 또 이들은 기업의 사회적 책임 강화가 국민 개개인의 삶의 질과 행복에 긍정적인 영향을 미친다고 봤다.

　이에 대해, 식품업계 관계자는 "MZ세대 사이에서 가치소비가 늘어나는 추세다. 이는 유통·소비재 기업에서 ESG경영 강화에 나설 수밖에 없는 이유"라며 "이들이 사회적으로 물의를 일으킨 기업 제품에 대해서는 불매운동에 나서는 것처럼, 기업입장에서 ESG경영은 선택이 아닌, 필수사항"이라고 설명했다.

　삼정KPMG경제연구원이 발간한「ESG 시대, 유통·소비재 기업의 미래 전략」보고서에 따르면 유통·소비재 기업에게 ESG경영 활동은 기업의 단순한 마케팅·사회공헌 활동의 일환이 아닌, 경영의 핵심으로 부상했다. 소비자 행동주의가 급속도로 확산하면서 ESG경영 활동에 관한 투명한 정보 공개 등을 요구받는 기업들도 늘어나고 있다. 보고서는 "최근 소비자들은 기업의 사회적 책임과 더불어 투명성과 정직성 등에 높은 가치를 두고 있는 것으로 나타났다"며 "오늘날의 소비자들은 자신이 중요하게 여기는 다양한 가치를 근거로, 특정 기업에 대해 높은 로열티를 갖거나 구매를 결정함에 있어 이들 기업에게 ESG경영에 대한 적극적인 행보를 요구하고 있다"고 밝혔다.

　보고서는 MZ세대의 경우 본인이 추구하는 가치에 부합하는 상품을 판매하는 기업에 높은 호감을 가지는 경향이 있고, 지속가능한 제품에 더욱 강한 구매 의사를 갖는다고 했다. KPMG 글로벌 조사에 따르면 Z세대 10명 중 7명은 자신의 가치와 맞는 브랜드에 높은 충성도를 보였다. M세대의 경우 기업의 환경·사회공헌 활동에 따라 구매 의사결정을 번복한 경험이 있었다.

　이와 관련, 이재혁 고려대 교수는 "SNS, 동영상 플랫폼의 발달로 기업의 ESG

관련 이슈가 대중들에게 쉽게 공유될 수 있는 만큼, ESG경영에 더욱 신경을 쓸 필요가 있다"고 전했다.

그렇다면 유통·소비재 기업의 지속가능경영을 위해서는 어떤 노력이 수반돼야 할까. 앞선 보고서에 따르면 ESG경영 실행체계 정립, ESG 정보공시 체계화·지속가능 인증 모니터링, ESG 리스크 관리 고도화·핵심 관리지표 설계 등의 세 가지 방안을 제시했다.

보고서는 ESG경영 전략 내재화와 함께 ESG경영의 실행을 위해서는 기업 전반을 ESG경영을 위한 조직으로 재설계하는 부분이 필수적이며, ESG위원회와 같은 ESG 관련 최고의사결정조직을 신설하고 ESG전담조직, 실무 협의체 형태의 조직을 구축해야 한다고 했다.

또 지속적인 모니터링과 이를 자사 제품에 도입해 기업의 ESG경영 수준·지속가능성에 대한 객관적인 지표를 대내외적으로 확보해야 한다고도 했다. 나아가 지속가능 보고서를 기획하고 발간하는 것에 그치지 않고, 외부기관 등으로부터 검증받아 자사의 ESG경영 수준을 고시하는 등의 노력도 있어야 한다고 덧붙였다. 특히 ESG 리스크를 체계적으로 모니터링하기 위해서는 ESG 핵심 관리지표 가이드라인을 도출해야 하며, 글로벌 주요 선도기업 사례를 보고 ESG 핵심 관리지표를 설계할 필요가 있다고 했다.

보고서는 "국내 유통·소비재 기업들이 ESG 전담 인력·조직을 확충해 나갈 때 우리나라에도 ESG를 리드하는 다수의 기업이 태동할 것"이라며 "ESG는 준수해야 할 지침을 넘어 새로운 기회로, ESG를 통한 기업의 새로운 지평선이 그려지고 있는 시점이다. ESG 기반의 새로운 비즈니스 모델 창출에 집중한다면 국내 유통·소비재산업은 또 다른 차원의 도약기를 맞이할 것"이라고 진단했다.

출처 : 비즈팩트(2024.06.03.)

건강과 여가

Chapter 11

1. 최근 건강 관련 이슈

1) 헬시 플레저

최근 건강 관련한 이슈로 코로나19 이후 헬시 플레저(healthy pleasure · 즐거운 건강 관리)가 뜨고 있다. 달리기와 등산, 자전거 라이딩 같은 신체 단련은 물론이고, 식단 관리와 정신건강 관리에 즐거움(pleasure)이 핵심 플러스 요소로 떠오르고 있는 것이다. 1인가구 증가와 팬데믹이 지속 가능한 건강 관리의 중요성을 부각시킨 가운데 SNS(소셜미디어) 인증을 좋아하는 MZ세대(밀레니얼+Z세대, 1981~2010년생)의 재미 추구 경향, 이를 겨냥한 러닝 앱과 명상 앱 등 다양한 헬스 관리 앱 개발 경쟁과 게이미피케이션(gamification · 게임화) 트렌드가 맞물린 덕분이다. 게임 방식이 고진감래(苦盡甘來) 방식을 대체하는 것이다. 글로벌 시장조사기관 스태티스타에 따르면 피트니스, 식단 관리, 명상 등을 포함한 글로벌 건강 관리 시장은 2025년 6조 332억 달러(약 7,227조 7,700억 원)로 2019년 대비 36% 늘어날 것으로 전망된다.

헬시 플레저는 흥미를 유발하고, 경쟁 관계를 만들고 성취에 보상하는 게이미피케이션을 통해 즐거움을 극대화한다. 홈 트레이닝 업체 펠로톤(Peloton), 러닝 앱 스트라바 등이 고성장하고 있는 배경이다. 글로벌 시장조사기관 밸류에이츠에 따르면 글로벌 러닝 앱 시장의 경우 2027년 12억 4,600만 달러(약 1조 4,900억 원)로 2020년 (4억 9,200만 달러) 대비 153% 성장할 전망이다.

카카오의 에듀테크 계열사 야나두에서 내놓은 야핏 사이클은 게임적 요소, 동영상 강의, 현금처럼 쓸 수 있는 마일리지 적립 시스템이 결합된 운동 서비스다. 전면부에 부착된 전용 태블릿PC 화면 속 가상 캐릭터를 움직여 친구들과 사이클 경주를 하거나 주요 도시 랜드마크를 달리면서 '금괴 수집' 등의 미션을 수행한다. 삼성전자, 애플, 구글 등 빅테크 기업도 건강 측정 및 운동 기록 기능을 갖춘 스마트워치 등 웨어러블 기기를 통해 헬시 플레저 시장을 공략하고 있다.

헬시 플레저족들은 피로 관리에도 집중한다. 숙면을 위해 베개 등 침구류 구매에 돈을 아끼지 않는 슬리포노믹스(sleeponomics)가 뜨는 배경이다. 단순 운동을 넘어 약물 중독을 치료하는 디지털 치료제도 헬시 플레저를 반영한다. 미국 페어테라퓨틱스가 개발한 앱 '리셋(reSET)'을 쓰는 마약 또는 알코올 중독자들은 매주 교육 및 미션을 완료하면 온라인 룰렛을 돌리게 해준다. 룰렛에는 꽝도 있고 아마존 상품권으로 바꿀 수 있는 상품도 있다.

'어차피 다이어트를 할 거라면 행복하게 한다'는 말을 줄인 '어다행다'도 헬시 플레저 트렌드를 잘 나타낸다. 식단을 엄격히 제한하는 다이어트를 하면서 도중에 포기하는 것보다는 스트레스를 덜 받고 포기하지 않는 '행복한 다이어트'를 하는 게 어다행다의 핵심이다. 이들은 닭가슴살·고구마가 아니라 곤약 떡볶이, 두부면 파스타, 초콜릿 맛 프로틴 브라우니, 딸기 맛 무설탕 아이스크림 등 칼로리가 낮고 맛있는 음식을 즐긴다. 이들에게 '길티 플레저(guilty pleasure·고칼로리의 맛있는 음식을 먹을 때 즐거움과 함께 느끼는 죄책감)'는 찾아볼 수 없다. 일본에서 무알코올 음료 시장이 성장하는 것도 헬시 플레저 트렌드를 보여준다. 일본 산토리의 '주류 리포트 2020'을 보면, 작년 일본 무알코올 주류 시장은 2,266만 케이스(1케이스·633mL짜리 병맥주 20개)로 5년 새 13% 성장했다. 중국은 '펑커양성(朋克养生·삶을 제멋대로 산다는 펑커(朋克)와 몸 건강을 챙긴다는 양성(养生)의 합성어)'이 젊은 세대의 특성으로 자리 잡고 있다. 이들은 즐거운 삶을 추구하는 동시에 건강식품, 운동용품, 침구류 등을 구매하며 건강 관리에 적극적으로 나서고 있다. 그 결과 지난해 1조 위안(약 193조 원) 규모의 중국 건강 관리 시장에서 18~35세가 차지하는 비율이 83.7%에 달했다.

2) 셀프메디케이션

'셀프메디케이션(self medication)'이란 스스로 건강관리에 집중 투자하고 소비를 아끼지 않는 현상으로 코로나19 영향으로 새로운 소비트렌드로 부상했다.

먼저, 유튜브에서 검색어 불멍을 치면 가정집 벽난로 영상 등이 뜬다. 1시간 내내 장작이 타는 모습만 보여준다. 불멍, 물멍, 풀멍 등의 신조어는 정신건강 중시 경향을 반영한다.

팬데믹이 만든 코로나 블루 확산은 행복한 삶을 위한 '멘털 관리'의 중요성을 부각시켰다. 직장생활로 인한 정신적 피로는 물론 팬데믹 이후 겪는 우울증 등을 치료해 삶의 활력을 되찾는 것이다. 최근 캄(calm), 헤드스페이스(headspace) 등 심리 치료 및 명상 앱 이용자가 급속도로 증가하는 이유다. 1억 명 이상이 내려받은 캄은 키스 어번 등 유명 가수와 함께 만든 명상 및 수면 유도 음악과 이용자가 NBA 스타 선수 르브론 제임스 등과 정신건강을 위한 대화를 하는 프로그램 등으로 흥미를 유발하고 있다. 글로벌 명상 앱 시장이 올해 29억 달러(약 3조 4,000억 원)에 이를 것이라는 전망도 있다.

우리나라 헬시테크 플랫폼 넛지헬스케어의 국민 건강관리 앱 캐시워크는 지난 7월 멘탈케어 서비스 '마음챙김'을 선보였다. '마음챙김'은 스트레스 관리에 실질적인 도움을 제공하고자 정신과 전문의 자문을 기반으로 기획됐다. 명상·이야기·음악의 3가지 테마에 대한 모든 음원을 넛지헬스케어가 직접 제작했다. 캐시워크를 다운로드한 사람이면 누구나 메인 화면 하단의 '마음챙김' 탭을 통해 고품질의 서비스를 무료로 무제한 사용할 수 있다.

또한 '이번주 나의 감정 기록' 기능을 사용하면 마음 상태의 변화 추이를 한눈에 살펴볼 수 있는 아카이브 형태로 저장이 가능하다. 오늘의 감정을 대변하는 이모티콘과 심리안정 등 원하는 변화를 선택하면 나에게 맞는 오늘의 명언과 맞춤형 콘텐츠를 큐레이션으로 받을 수 있다. 이외에 한줄일기도 남길 수 있어 매일 나의 상태를 다이어리처럼 기록할 수 있다. 만일 3일 연속 공휴일인 집콕 추석을 맞아 새로운 멘탈케어 루틴을 만들어보고 싶다면 '힐링 알람' 기능을 통해 맞춤형 콘텐츠를 원하는 시간대에 만나볼 수도 있다.

명상 전문 앱 '마보'에서는 명상에 대한 기초 훈련을 시작으로 '기분별' 그리고 '상황별'로 필요한 콘텐츠를 직접 선택해 명상에 돌입할 수 있다.

잠이 오지 않을 때를 위한 4·7·8 호흡 명상, 잠들기 전 이완 명상 등 편안한 수면 환경 구현을 위한 폭넓은 명상 가이드로 인기를 끌고 있다. 최근에는 국내 유수 기업들과 직원 복지를 위한 제휴를 이어가고 있다.

사용자는 마보를 활용한 명상 시간을 이번 달 기준과 총기준으로 합산해 누적 결과치를 손쉽게 확인할 수 있다. 나만의 명상 음악을 만들거나 혹은 취향에 맞는 명상 음원들만 모아 플레이리스트도 구성할 수 있다. 또한 앱을 사용하는 실시간 사용자의 수도 확인 가능해 명상 체험 후기나 소감 등을 손쉽게 공유할 수 있다. 현재 마보는 7일간 무료 체험 이후 정기구독권 결제를 통해 유료로 사용하는 형태로 운영된다.

두 번째, 글로벌 시장조사기관인 유로모니터에 따르면, 지난해 국내 건강기능 식품 시장 규모는 6조 1,905억 원으로, 6조 원대를 처음 돌파할 것으로 추정된다. 이는 직전 연도인 지난 2019년(5조 9,646억 원)에 비해 3.8% 많은 수준이다. 이처럼 경기불황에도 건기식 시장이 확대된 것은 코로나19 확산으로 건강에 대한 관심이 높아졌기 때문이다. 감기나 인플루엔자 등에 걸려 코로나19 감염 위험을 감수하고 병원에 가느니 차라리 건기식 섭취를 통해 미리 병을 예방하려는 분위기가 확산됐다. 이에 평소 영양제를 챙겨 먹지 않았던 사람들도 영양제를 사기 시작했고, 이미 먹고 있던 사람들은 그 종류를 늘렸다.

특히 중장년층이 주 고객이었던 건강기능식품 시장이 20~30대를 비롯해 전 세대로 시장이 넓어지고 있다. 과거 '몸 보신'을 위해 '홍삼' '인삼' '녹용'을 챙겨먹던 경향에서 연령대에 맞고 스스로에게 필요한 기능을 찾아 골라 먹는 트렌드로 변하고 있다. 시장 구조 역시 '홍삼' '비타민' 일색에서 눈건강을 위한 제품, 다이어트를 위한 제품, 갱년기 여성 건강을 위한 제품 등 소재나 제품이 다양해지고 있다.

마사지기나 안마의자 등의 셀프 의료기기, 홈트레이닝 기구 시장도 급격히 성장하고 있다. 신세계백화점에 따르면 올들어 4월까지 안마의자를 비롯해 헬스운동기구, 척추의료가전, 눈 마사지기 등 헬스케어 가전 제품 매출이 전년 같은 기간대비 36.3% 늘었다. 집에서 시간을 보내는 시간이 늘어나면서 실내에서 건강관리를 하는 수요가 급증한 것으로 풀이된다. 셀프 마사지기, 네일케어, 두피 관리 등 홈뷰티 수요도 날로 커지고 있다.

3) 비거니즘

최근 많은 관심을 받고 있는 비거니즘(Veganism)은 모든 동물성 제품 사용을 거부하는 하나의 문화로서 육식뿐만 아니라 동물의 부산물이 포함된 상품, 동물 실험을 통한 제품 및 서비스에 대한 사용을 금하고 동물복지를 실천하는 문화이다(여은아, 2018). 정지운 · 권하진(2018)은 환경오염과 윤리적 책임으로 인해 소비 패턴이 변화하며 개인 일상생활에 영향을 미치는 친환경 운동이 주목받았고, 이와 관련된 라이프스타일을 비거니즘(veganism), 실천하는 사람을 비건(vegan)이라 명명했다. 미국에서는 고기, 계란, 유제품 등 동물로부터 오는 어떠한 음식도 소비하지 않고 가죽 같은 동물성 제품 사용을 엄격하게 제한하는 사람을 비건(Vegan)이라고 정의한다(Webster, 2020). Munro(2005)는 비거니즘을 동물 복지를 위해 사람의 식생활과 생활양식에서 동물성 제품 소비를 제한하고 동물의 권리를 목표로 하는 것으로 정의했다. 현재 비건의 범위는 음식, 패션, 액세서리, 화장품 등의 생활용품까지 라이프스타일을 추구하는 개념으로 발전되고 있다(배수정, 2020).

한국비건인증원에서 제시하는 비건 제품 인증 기준은 동물 유래 원재료 사용 금지, 동물실험 금지, 제품 생산공정 전중후 교차 오염 금지가 포함된 제품에 한하여 인정한다(한국비건인증원, 2020).

패션 분야와 관련된 비건 제품은 좁은 의미에서 모피, 가죽, 실크, 울 등 동물로부터 나오는 그 어떤 소재도 사용하지 않는 것부터 넓게는 친환경 소재나 100% 재생 물질을 사용하고, 생산 환경과 노동자를 생각한 윤리적 소비를 행하는 것까지 의미한다(김윤정·권유진, 2016; 배수정, 2020).

우리나라에서 비거니즘에 대한 인식은 과거 일부 소수층에서의 극단적 채식주의 관점에서, 2010년 이후 MZ세대 등의 새로운 가치관이 합류하면서 확장된 해석을 필요로 하는 맥락 변화의 시점에 서 있다. 따라서 리포트에서 대홍기획은 데이터의 맥락을 기반으로 비거니즘에 대한 인식 변화와 시장 성장 가능성, 더불어 국내 최초로 비거니즘 소비자의 유형을 6가지로 나누어 분석했다.

하나의 트렌드가 소비자에게 수용되고 지속해서 소비되기 위해서는 의미의 포용성(여러 의미를 포용하는 확장 가능성)과 욕구 연결성(소비자의 근본적 욕구와의 연결성)이 필수적이다. 이러한 관점에서 비거니즘은 과거 채식주의로만 제한적으로 인식됐으나 최근 동물복지, 친환경 등 다양한 의미를 포용하면서 인식이 점차 확대되고 있는 것으로 나타났다.

코로나 위기를 겪으면서 높아진 건강, 안전, 행복에 대한 욕구는 비거니즘의 채식, 친환경, 동물복지와도 서로 밀접하게 영향을 주고받는 근본적 욕구로 이 같은 욕구 연결성을 기반으로 비거니즘은 주류 트렌드로 부상하고 있다.

비거니즘의 검색량과 소셜 언급량은 2019년 말 코로나 발생 시점 이후 급증했다. 이는 코로나라는 시대적, 환경적 위기의 대안으로써 비거니즘에 대한 관심이 높아졌기 때문으로 해석된다. 질적인 측면에서도 과거 음식·식습관과 관련된 제한적인 키워드와 함께 언급됐으나, 2021년부터 '성분' '화장품' '환경' 등 다양한 주제와 같이 언급되며 하나의 라이프스타일로 비거니즘의 개념이 확장된 것을 볼 수 있다. 아직까지 비건 제품의 구매 경험과 시장 규모는 미미한 수준이나, 이처럼 높아지는 관심도와 향후 구매 의향률 등을 고려했을 때 국내 비건 시장 전망은 매우 긍정적이다.

이처럼 성장하는 비건 시장의 소비자를 사로잡기 위해서는 윤리적 가치, 트렌드, 라이프스타일, 품질 신뢰성 등 비거니즘 시장을 관통하는 소비자의 다채로운 맥락을 이해하고 그 맥락에 균형 있게 접근해야 한다. 대홍기획은 비거니즘의 맥락을 파악하고 체계적으로 접근하기 위해 비건 시장 소비자를 6가지 유형으로 세분화했다(서울 수도권 거주 15~49세 남녀 500명을 대상 온라인 설문조사).

각 유형은 성향에 따라 비거니즘을 받아들이고 소비하는 맥락에서 미묘한 차이를 보였으며, 그 맥락을 기반으로 어떤 소비자를 공략할지를 결정하는 것이 비건 브랜드 마케팅의 핵심이 될 것이다. 여섯 가지 유형 중 트렌드와 가치소비를 고려하는 코어 비건, 트렌드세터 비건, 미퍼스트 비건, 트렌드팔로워 비건 집단이 더욱 적극적으로 비건 제품을 구매하고자 하는 의향을 보였다.

읽을거리　'헬시 플레저' 확산에 "칼로리 3분의 1" "제로슈거" 잇단 출시

먹는 즐거움뿐 아니라 건강도 함께 챙기는 '헬시 플레저(Healthy Pleasure)' 문화가 확산하고 있다. 관련 수요가 늘어나는 가운데 식품업계는 이러한 트렌드에 맞춰 다양한 제품을 선보이고 있다.

2024년 5월 6일 한국건강기능식품협회에 따르면 지난해 건강기능식품의 국내 시장 규모는 6조 2,022억 원으로 팬데믹 이전인 2019년(4조 8,936억 원)과 비교하면 4년 만에 27% 성장했다. 지난해 건강기능식품을 구매한 경험이 있는 국내 소비자는 전체의 81.2%에 이를 것으로 추산된다.

과거에는 식물성 단백질 관련 제품은 채식주의자를 중심으로 소비돼 시장 규모가 크지 않았지만 최근 몇 년 사이에 MZ세대(밀레니얼+Z세대)를 중심으로 비건(vegan) 소비가 번지면서 큰 성장세를 보이고 있다.

매일유업은 캘리포니아 아몬드로 만든 '아몬드 브리즈'와 핀란드산 통귀리를 갈아 만든 '어메이징 오트' 등 다양한 식물성 음료 제품을 선보여 좋은 반응을 얻고 있다. '아몬드 브리즈 언스위트'(190mL)는 일반 우유 대비 3분의 1 수준인 35kcal의 가벼운 열량으로 체중 관리에 신경 쓰는 소비자들에게 주목을 받고 있다.

헬시 플레저 유행으로 설탕이나 글루텐을 넣지 않은 '제로 식품'도 인기를 끌고 있다. 식품산업통계정보시스템에 따르면 전 세계 제로슈거 식음료 시장 규모는 2022년 기준 약 22조 7,200억 원으로 2027년까지 연평균 4% 성장할 것으로 전망된다.

대상 청정원의 '콩담백면'은 두부와 두유로 만들어 칼로리 부담 없이 면 요리를 즐길 수 있도록 했다. 지난해 5월 재단장(리뉴얼)한 콩담백면은 밀가루가

들어가지 않은 '글루텐 프리'이면서 당류도 0%다. 1인분(150g) 기준 30kcal인 저당 제품으로 한국당뇨협회에서도 공식 후원하고 있다.

건강 관리를 원하는 젊은층이 늘면서 업계에서는 제품의 편의성을 강화하기도 한다. KGC인삼공사 정관장은 기존 인기 제품인 '홍삼정 에브리타임'을 얇은 필름 제형으로 만든 '홍삼정 에브리타임 필름'을 출시했다. 구강용해필름(ODF)에 홍삼농축액을 압축시킨 제품으로 하루 한 장만 섭취하면 된다. 초경량 개별 포장으로 기존 홍삼 제품보다 휴대와 섭취가 간편하고 '제로 칼로리'여서 젊은 층의 반응이 좋다.

출처 : 동아일보(2024.05.07.)

2. 최신 여가 관련 이슈

1) 여가 · 관광 실태

(1) 여행 · 여가 빅데이터 분석 6가지 핵심 트렌드

글로벌 여가 플랫폼 기업 야놀자가 자사 및 인터파크트리플이 보유한 여행 · 여가 빅데이터 분석을 토대로 도출한 6가지 핵심 트렌드를 살펴봤다.

① "더 많이 떠난다" : 여행 심리 회복 가속화(Ditto-Want to Travel)

먼저, 여행 심리 회복 가속화가 올해도 이어질 전망이다. 지난해 야놀자 해외 숙소 거래액은 팬데믹 전인 2019년 대비 590%, 이용 건수는 390% 성장했다. 인터파크 해외 항공 송출객 수도 전년 대비 320% 증가했다. 야놀자 측은 "2023년 해외여행이 강세를 보였음에도 국내 숙소 이용 건수는 전년과 비슷한 수준을 보였다"면서 "국내외 여행 수요가 모두 증가하고 있기 때문"이라고 설명했다.

② "숨은 여행지로" : 여행지의 다양화(Region-Wide Travel)

일본과 동남아 등 단 · 중거리 국가로 여행객이 집중되면서 해당 국가에서 실제 방문하는 도시는 더 다양해질(Region-Wide Travel) 것으로 전망됐다. 야놀자 해외 숙소 예약 데이터를 분석한 결과, 지난 2022년에는 오사카, 도쿄, 후쿠오카, 교토, 삿포로 등 5개 대도시가 인기 순위에 올랐지만, 지난해에는 유후인(14위)과 필리핀 보홀(20위)이 순위권에 신규 진입했다. 베트남도 다낭(4위), 냐짱(7위) 등 새로운 소도시가 급부상했다. 지난해 인터파크 다낭 패키지 이용객 수는 하노이 패키지 대비 5배가량 높은 것으로 나타났다.

③ "빠른 정보 원해" : 트래블 테크의 발전(AI Innovation for Travel)

생성형 AI(인공지능) 등 기술혁신이 가속화하면서 여행에 기술을 접목한 트래블 테크도 빠르게 확산되는 추세다. 트리플은 일정 추천 기능에 AI 기반 언어모델인 GPT를 연동, 개인별 맞춤형 여행 정보를 요약해 제공하고 있다. 최근에는 지오펜싱(Geofencing) 기술 기반 채팅 서비스 '배낭톡'을 출시하기도 했다. 올해는 대규모 언어 모델(LLM)을 활용한 후기 요약 서비스 등 여행의 편의를 극대화하는 고객 서비스를 선보일 예정이다.

④ "코로나 이전처럼" : 문화생활 수요 확대(Gleeful Lifestyle)

공연과 레저 등 여가산업의 회복세에 따라 올해는 문화생활에 대한 수요가 확대(Gleeful Lifestyle)될 것으로 예상된다. 인터파크의 지난해 티켓 거래액은 전년 대비 18% 이상 증가한 1조 원을 돌파하며 역대 최고치를 기록했다. 이는 2019년 대비 42% 성장한 수치다. 같은 기간 야놀자 레저·티켓 상품 구매 건수 또한 2019년 대비 115% 증가하며 여가 수요가 완전히 회복된 것으로 분석됐다.

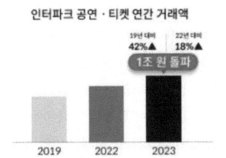

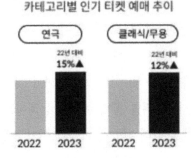

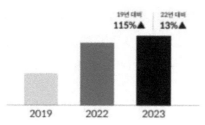

출처 : 파이낸셜 뉴스(2024.01.04.)

⑤ "원스톱으로 즐기자" : 여행 준비 간편화(One-Stop Travel)

올해는 쉽고 편리하게 여행을 준비하는 경향(One-Stop Travel)이 두드러질 전망이다. 지난해 인터파크 패키지 이용객 수는 전년동기 대비 310% 성장, 패키지 수요가 안정화되고 있는 것으로 나타났다. 특히 다양한 여가상품을 한번에 결합 구매할 수 있는 야놀자 장바구니 서비스 거래액은 지난해 2조 원을 돌파했다. 이용 건수 역시 전년 대비 2배 이상 늘어 편의성을 높인 결합상품에 대한 관심이 높아졌음을 짐작게 했다.

⑥ "서로 묻고 답해요" : 여행 커뮤니티 활성화(Networking)

커뮤니티를 활용해(Networking) 여행·여가 문화의 질을 높이는 트렌드도 확산될 것으로 예상된다. 트리플의 '배낭톡'은 같은 지역에 있는 여행자들이 모여 정보를 공유하는 서비스로, 여름 성수기 트래픽이 평균 대비 2배 이상 높았다. 여행 중 발생하는 다양한 상황에 대해 이용자들은 서로 묻고 답하며 새로운 문화를 만들어 갔다. 이 같은 추세에 힘입어 야놀자가 지난해 12월 론칭한 여가문화 커뮤니티 '노른자클럽'은 11대 1의 경쟁률을 보이며 뜨거운 관심을 받았다.

야놀자 측은 "2024년 여행산업은 폭증하는 여행 수요와 트래블 테크를 통한 여행상품 및 서비스 고도화가 맞물려 활기를 완전히 되찾을 것으로 기대한다"며 "커뮤니티를 통해 여행을 독려하는 콘텐츠가 확산되고 여행 준비를 돕는 서비스가 다양해지면서, 여행과 여가활동이 고객들의 일상에 자연스럽게 스며들 것으로 예상된다"고 밝혔다.

(2) 한국관광공사 2024 관광 트렌드

온전히 자신에게 집중하며 감성적 만족을 추구하는 여행이 2024년 한국관광을 이끌 새로운 트렌드로 떠올랐다.

문화체육관광부와 한국관광공사는 최근 3년간의 다양한 데이터를 종합 분석해 내년 관광 트렌드 '루트(R.O.U.T.E.)'를 도출했다. 초고령화 사회 진입과 1인 가구 증가, 인공지능 발달, 글로벌 정세 및 경제 등 사회 전반의 거시적 변화를 반영했으며 한국관광데이터랩 내 빅데이터(이동통신, 카드 소비) 및 소셜데이터 분석, 전문가 인터뷰, 국내 소비자 대상 설문조사(1,000명) 등의 풍부하고 다각화된 데이터를 활용했다.

① 쉼이 있는 여행(Relax and empty your mind)

여행지에서 특별한 활동을 하지 않은 채로 일상생활의 스트레스를 풀고, 온전히 쉬는 것에 집중하는 여행스타일을 보인다.

② 원포인트 여행(One point travel)

단일 여행 콘텐츠(테마, 활동 등) 자체가 목적이 되는 여행으로 박물관, 전시, 베이커리 등 개인의 취미나 관심사 등을 즐기는 여행스타일을 보인다.

③ 나만의 명소 여행(Undiscovered Place)

대중적이지 않은 관광지를 탐험하는 등 낯선 여행지에서의 고유한 경험을 추구하는 여행스타일을 보인다.

④ 스마트 기술 기반 여행(Travel Tech)

AI 활용 여행 추천 서비스 등 첨단기술을 활용하거나 SNS를 통하여 여행 경험을 공유하는 여행스타일을 보인다.

⑤ 모두에게 열린 여행(Easy access for everyone)

시니어 여행, 반려동물 동반 여행 등 여행 구성원이 다양화되고 관광취약계층을 위한 여행 환경이 조성되면서 생겨난 여행스타일을 보인다.

공사에 따르면 내년에는 진정한 휴식을 즐길 수 있는 여행에 대한 수요가 더욱 증가한다. 나의 몸과 마음을 치유할 수 있는 힐링·웰니스 여행에 대한 관심이 커질 전망이다.

국내 소비자 대상 설문조사에 따르면 휴식을 목적으로 하는 국내여행 관심도는 82.3%에 달했다. 여행으로 피곤을 해소하는 소비자는 50.6%로 수면(59.9%)에 이어 2위를 차지했다.

'빵지순례' 등 특정 방문지나 먹거리 등 단일 콘텐츠가 여행의 목적이 되는 원포인트 여행도 대세다. 국내여행 성숙도가 높아지면서 자신의 관심사, 취향을 깊이 있게 향유하는 성향이 증가한 결과다. 원포인트 여행을 경험한 사람의 비율은 35.2%를 차지했고, 한 가지 목적에 집중하는 여행을 희망한다는 답변은 55.4%에 달했다.

나만의 이색여행지를 찾는 '나만의 명소 여행'도 내년 관광시장을 이끌 트렌드다. 공사에 따르면 여행 관련 키워드 중 '숨다', '숨은'이 점점 증가하고 있다. 설문조사에서도 응답자의 67.2%가 숨겨진 관광지 찾기를 희망한다고 답했다. 숨겨진 여행지 선호도는 숲·산(69.8%), 바다·해안(60.8%), 도심의 숨은 명소(55.4%), 지방 소도시(54.0%) 순이었다.

인공지능(AI) 활용 여행 추천 서비스 등 첨단기술을 활용하거나 SNS를 통해 여행 경험을 공유하는 현상은 대세가 되고 있다.

설문 결과 응답자 중 64.3%가 온라인 기반 여행 서비스를 경험했다고 답했다. 경험 서비스는 온라인 예약(61.7%), 실시간 여행 정보 확인(56.0%), AI기반 여행 일정 플래너(31.4%) 순이었다. 여행업계 역시 챗GPT 등 인공지능을 활용한 고객 맞춤형 상품 추천 등 관련 서비스를 확대하고 있다.

반려동물, 혼행(나홀로여행), 시니어 관광 등 여행의 다양성도 확대되고 있다. 반려동물을 키우고 있는 사람 중 54.6%가 반려동물과의 동반 여행 의향을 보였다. 관광취약계층을 위한 무장애 관광 환경 조성 역시 중요한 과제로 인식되고 있다.

(3) 제주항공의 여행 트렌드

제주항공이 자사 SNS를 통해 진행한 설문조사에 참여한 3,010명의 응답을 분석해 2024년 여행 트렌드 키워드로 '소프트(S.O.F.T)'를 제시했다.

① 해외여행은 이동 거리·여행 일정 등 모두 '짧게(Short)'

설문 응답자 93.3%는 '내년에 해외여행 계획이 있다'고 답했으며, 선호 여행지로는 복수 응답을 포함해 일본(28.9%)이 가장 높았고 동남아 지역(24.6%)이 뒤를 이었다. 이는 올해 항공여행을 다녀왔다고 응답한 2,013명이 가장 많이 방문했던 지역과 비슷한 결과로 내년에도 일본, 동남아 등 중·단거리 노선의 인기가 지속될 것으로 분석된다.

중·단거리 지역 여행을 선호하는 이유는 '이동시간이나 편리한 항공 스케줄'이라는 답변이 42.2%로 가장 많았으며, '저렴한 현지 물가로 여행 경비를 줄일 수 있기 때문'이 25%로 뒤를 이었다. 또 향후 해외여행을 계획하고 있는 응답자 중 71.3%가 5일 이내의 짧은 여행을 선택했다.

② 해외여행은 다다익선, 절반 이상이 '자주(Often)'

제주항공은 올해의 경우 억눌렸던 소비가 늘어나는 펜트업 수요가 해외여행 수요를 견인했다면, 내년에는 해외여행의 일상화가 여행 수요를 견인할 것으로 분석했다. 긴 연휴나 휴가 기간이 아니더라도 잠시 여유가 생길 때마다 연차나 주말을 활용해 틈틈이 해외여행을 떠나는 트렌드가 보편화됐다는 것이다. 올해 항공여행을 다녀왔다고 응답한 답변자 중 절반 이상이 '올해 2번 이상 해외여행을 다녀왔다'고 응답했다.

또한, 향후 해외여행 계획이 있다고 답변한 응답자 중 58%가 '2회 이상 해외로 떠날 것'이라고 답했다. 여행 성향에 관한 질문에서는 27.8%가 싸게 자주 떠나는 가성비 여행을 즐길 것이라 답하며, 여행이 일상이 되는 트렌드가 이어질 것이라는 분석을 뒷받침했다.

③ 아무 때나 가고 싶을 때 '자유롭게(Free)'

성수기와 비성수기의 경계가 옅어졌다. 전통적 비수기인 3~6월, 9~10월 여행을 떠나고 싶어 하는 응답이 전체 응답의 60.4%에 달했다. 제주항공은 비수기 기간 해외여행의 수요가 높아지는 원인으로 경기 침체와 부정적인 경기 전망이 지속되는 가운데 더욱 합리적인 여행을 떠나고자 하는 알뜰 여행객의 증가를 주요 요인으로 뽑았다.

④ 취미나 흥미 등 '계기(Trigger)'만 있으면

여행을 결정하는 데 있어 취미나 흥미 요소도 많은 영향을 끼치는 것으로 나타났다. 내년 해외여행을 떠날 의향이 있는 응답자 중 70.7%는 '오직 취미나 흥미 요소를 즐기기 위해 여행을 결정한 경험이 있다'고 답했다. 또 취미나 흥미 요소를 위해 20~30만 원가량을 추가 지출할 의향이 있다고도 31.9%가 답했다.

제주항공은 취미나 흥미 요소를 계기로 여행을 떠나고 본인의 관심사를 위해 비용 지출도 마다하지 않는 여행 형태가 전 연령대로 확산하고 있다고 분석했다.

2) 새로운 복고 '영트로'의 도래

최근 몇 년간 이어져 오는 강력한 메가 트렌드 중 하나는 '복고'다. 복고는 경기 불황기에 늘 떠오르는 트렌드 현상으로 암울한 현실과 불안한 미래에 소비자들이 과거의 향수를 떠올리며 위안을 삼기 때문이다.

그런데 '복고'라는 키워드로 등장한 최근의 트렌드 현상은 과거의 '복고' 열풍과는 사뭇 다른 느낌이 있다. 지금의 '복고', 어떤 점이 다를까? 복고문화의 주 소비층, 소구 포인트, 소환 의미와 이유까지 모두 다른 새로운 복고 문화, '영트로(Young-tro)'를 살펴보자(리테일토크, 2024.02.21.).

(1) 복고 콘텐츠의 끊임없는 재소환

경기 불황시대를 입증하듯 최근 들어 과거에 유행했던 제품, 콘텐츠들이 재소환되면서 높은 인기를 얻고 있다. 장수 브랜드는 물론 탄생 스토리가 거의 전설

급인 제품들, 이른바 '할매니얼(할머니+밀레니얼의 합성어)'로 통칭되는 '약과', '쑥', '흑임자' 등의 전통 디저트들이 구하기도 어려운 핫한 디저트가 되더니, 이제는 아재 술 이미지가 강한 막걸리도 힙하디힙한 술, '힙걸리(hip+막걸리)'라는 신조어를 탄생시킬 정도로 큰 인기다.

그런가 하면, 생성형 인공지능 챗GPT가 등장한 초디지털 시대에 '빈티지 캠코더', '필름 카메라', '레코드판(LP)' 같은 아날로그 제품들이 소장 욕구를 자극하는 특별하고 쿨한 굿즈로 거듭나고 있다.

음식과 패션은 물론 복고풍 음악, 문화, 콘텐츠까지 재소환되고 있다. 어디선가 많이 본 듯한 아이돌들의 복고 스타일링, 과거 인기 스타였던 여성 가수들이 그때 그 시절의 무대와 의상으로 공연하는 콘텐츠까지 큰 화제를 몰기도 한다.

그야말로 대중 소비자들의 라이프스타일에서 '과거', '옛것'이 적용되지 않은 분야를 찾아보기 힘들 정도다.

이러한 복고 열풍은 우리나라뿐 아니라 전 세계에서 나타나는 현상이다. 일본에서도 한국과 유사한 복고 현상이 주목받고 있는데 바로, '쇼와 레트로(昭和レトロ) 붐'이다. '빛나는 일본'이라는 뜻의 쇼와(昭和)시대(1926~1989년대)는 많은 일본인에게 '영광스럽고 자랑스러운' 시대로 인식되고 있다. 우리에게는 일제강점기라는 역사적 아픔이 있었지만 말이다. 어쨌든 지금 일본에서는 Z세대를 중심으로 쇼와 레트로 감성 제품을 판매하는 가게나 아케이드 게임을 즐길 수 있는 오락실 거리가 큰 인기를 끄는 관광 명소로 부상하고 있다.

그런데 곰곰이 생각해 보면 이처럼 핫한 '복고' 유행 현상은 과거에도 있었다. 대표적으로 2011년, TV 예능에 등장하자마자 엄청난 센세이션을 몰고 왔던 '쎄시봉' 열풍을 꼽을 수 있다. 60, 70년대에 활동하던 가수들이 무려 40년 만에 TV 프로그램에 잠깐 등장했을 뿐인데, 그때 그들과 함께한 문화들이 한 시대를 아우르는 거대한 사회현상으로 자리 잡았다. 그것이 바로 '레트로(retro)' 현상이다.

당시 마크로밀 엠브레인이 실시한 조사에 따르면, 대중들은 '복고' 트렌드가 우리의 일상 속에서 '추억(69.5%)', '그리움(64.6%)', '따뜻함(49.0%)', '편안함(48.2%)' 등의 감정을 소환한다고 응답했다(중복 응답). 특히 중장년층에서 그 경향이 뚜렷했다. 그때 그 시절을 기억하는 중장년층들이 '노스탤지어·향수·추억'이란 이름으로 아이템들을 소환해 냈는데, 그 소환된 콘텐츠들이 사회·문화·예술 전반을 휩쓸었다.

그로부터 5~6년 후, '레트로' 열풍과 아주 유사하면서도 뭔가 미묘하게 다른 또 하나의 복고 문화가 등장한다. 2018~2019년의 대표적인 문화 현상, 바로 '뉴트로(New-tro)'이다. '레트로'와 '뉴트로' 둘 다 과거의 것을 소환하는 '복고'라는 공통점이 있다. 하지만 소환의 주체가 달랐다. '뉴트로' 현상에서 과거를 소환하는 층은 중장년층이 아니라 1020대의 젊은 세대였다. 그들이 '새로움과 참신함'에 이끌려 중장년층이 향유했던 과거의 것을 찾는다는 점에서 이전의 복고 문화와는 차이가 있다. 대표적인 예가 30년 전 출시된 제품이나 초기 모델이 최근 재출시되는 현상이다. 한마디로, 주 소비층, 소구 포인트, 의미 면에서 비슷하면서도 다른 양상을 보인다고 할 수 있다.

그렇다면 2024년에 등장한 복고는 '레트로', '뉴트로'와 어떤 다른 점이 있을까?

마크로밀 엠브레인이 실시한 '복고 문화를 향유하는 소비층' 조사결과를 보면, '중장년층'은 생각보다 그 비중이 낮다. 오히려 기존 뉴트로 문화의 주 소비층인 1020세대보다 연령대 범주가 좀 더 '넓어지고' 더욱 '하향화'되고 있음을 알 수 있다. 복고 인기에 따른 문화적 지속성을 감안하면 2024년의 복고 문화는 2030 연령대가 소비 주축이 되면서 10대가 합류하는 양상으로 전개된 것 같다. 주 소비 연령층이 달라졌다. 복고 문화를 향유하는 세대가 달라진 만큼 그 이유도 달라졌다.

과거에는 중장년층이 추억과 향수라는 '정서적 안정감'을 위해 복고 콘텐츠를 향유하는 경우가 많았지만, 젊은층은 다르다. 이들이 복고 문화에 기대하는 것은 '위로'보다는 '재미'다. 실제 조사 결과를 보더라도 복고 아이템으로 현실을 위로받는 것에 대해 젊은층은 상대적으로 낮은 공감대를 보이고 대신 이들이 호응하는 것은 과거의 것이 안겨주는 희귀함과 생경함. 즉, '재미' 요소를 보인다.

더욱 중요한 사실은 젊은층이 복고 유행을 단순히 '마케팅 상술'로 여기지 않는다는 점이다. 이는 복고 문화의 주 소비층인 젊은 세대가 자발적이고 능동적으로 복고 문화에 반응하고 있다는 것을 의미한다. 최근에는 2030세대를 중심으로 '스스로의 학창시절'을 회고하는 예도 점점 더 많아지고 있다.

종합해 보면, 2024년의 복고 흐름은 10~30대들이 그들에게 재미로 기억되는 '자신들의 옛것(성장문화 등)'을 능동적으로 소환하는 경우가 더욱 많아질 것이다. 실제로 요즘 유튜브에는 10대들이 자신들의 어린 시절에 유행했던 노래들을 모아 놓은 '0n년생 플레이리스트'를 심심치 않게 볼 수 있고, 해당 영상의 댓글에는 고작해야 몇 년 되지 않은 '그때'가 그립다는 10대들의 '추억 회상' 글들이 가득한 것을 볼 수 있다.

앞으로 소환될 복고의 성공 여부는 생경함과 희귀함이 어느 정도의 '재미'를 주는지, 그리고 능동적으로 소환해 낸 그들만의 문화가 또래들에게 어느 정도 공감대를 형성하는지에 따라 판가름 날 것으로 예상된다. 한마디로 젊은 세대에 의해 주도되는 새로운 복고 문화, 즉 영트로(Young-tro)가 확산될 것으로 보인다.

〈표 11-1〉 **복고 키워드 비교**

구분	레트로(Retro)	뉴트로(New-tro)	영트로(Young-tro)
의미	과거의 재현	익숙하지 않은 옛것	신(新)문물, 익숙한 옛것
소구	노스탤지어, 친밀감	새로운 콘텐츠 아날로그 감성, 참신함	재미(생경함, 희귀함), 공감
타깃	40~50대 이상 중장년층	10~20대	10~30대

출처 : 리테일토크(2024.02.21.)

(2) 신(新)복고 '영트로' 등장

10~30대가 어린 시절 갖고 놀던 추억의 '시크릿 쥬쥬' 인형이 최근 카카오 이모티콘으로 출시되기도 하고, 2000년대 피처폰 게임 '미니게임천국'이 앱 마켓 인기 순위 1위를 달성하는 등 2024년 신(新)복고 '영트로(Young-tro)'의 움직임이 벌써부터 심상치가 않다.

이러한 제품들이 이색 콜라보를 통해 새롭게 재출시되는 사례도 점점 더 많아지고 있다. 어린 시절 추억의 껌 '왓따'와 요즘 가장 핫한 캐릭터인 '산리오 캐릭터즈'가 콜라보를 통해 젊은층을 공략하고 있다. 오뚜기는 MZ세대에서 인기가 높은 '위글위글' 브랜드를 오뚜기 병잼에 콜라보 디자인을 도입하는 등 젊은층의 이목을 끌기 위한 기업들의 마케팅 전략이 점점 더 뚜렷해지고 있다.

흥미롭게도 이 같은 이색 콜라보 흐름은 중국에서도 나타나고 있다. 대표적인 전통주 브랜드 '마오타이'가 주류와는 전혀 생뚱맞아 보이는 '아이스크림'을 론칭해 화제가 된 바 있다. '노인들의 술'이라는 인식을 벗고 젊은층에게 다가가고자 아이스크림 사업에 뛰어들었다. 중국의 젊은 인플루언서들이 마오타이 아이스크림 먹는 장면을 SNS에 올리면서 이제는 오픈런이 벌어질 정도로 중국 내 '힙한' 제품으로 떠오르고 있다. 영트로(Young-tro)라는 복고 문화가 또 다른 이색 콜라보 제품의 인기를 견인하고 있는 것으로 볼 수 있는 대목이다.

(3) 진화하는 신(新)복고 세계관

'레트로', '뉴트로' 복고 문화와는 다르게 2024년의 '영트로(Young-tro)' 현상과 관련해서는 독특한 특징 한 가지를 기억할 필요가 있다. 바로 복고 콘텐츠의 '세계관'이 지속적으로 변화와 진화를 거듭하게 될 가능성이다. '영트로'는 주 소비층인 10~30대가 '그들에게 익숙한 옛것'을 소환하는 데서 파생하는 복고 문화다. 그만큼 과거 세계관에 몰입하면서 즐기는 놀이 문화가 하나의 메인 흐름이 될 가능성이 높다. 그리고 그 과정에서 콘텐츠 세계관도 함께 성장할 가능성이 크다. 어린 시절에 보던 만화 속 캐릭터가 나와 같이 성장해 함께 '직장인의 애로사항'을 공유한다든지, 어릴 땐 얄밉게 느껴지던 캐릭터인데 다시 보니 '대단한 어른'으로 재평가되는 등의 사례가 대표적인 예이다.

더 나아가, 최근에는 콘텐츠 소비자들이 주체적으로 콘텐츠 세계관을 이어가고 있기도 하다. 2023년 '더 퍼스트 슬램덩크'가 기록적 성과를 보이면서 그야말로 흥행 열풍에 올라탄 적이 있었다. 콘텐츠에 '과몰입'한 팬들이 만화 속 캐릭터 송태섭의 생일을 맞아 전시회를 열기도 했다. 이 갤러리에는 원작에서는 볼 수 없는 2차 창작물이 많이 전시됐는데, 예를 들면 'NBA 선수로 거듭난 송태섭', '유명 잡지 화보를 찍은 송태섭' 등으로, 캐릭터의 상상 속 미래 모습이 창작물로 재탄생되기도 했다. 어릴 때 유행하던 캐릭터에 감정 이입을 하며 복고 문화는 진화를 거듭하며 변화하고 있다.

따라서 향후 '영트로'라는 복고 콘텐츠로 젊은 세대를 공략하기 위해서는 단순히 옛것을 그대로 재현하기보다 이들이 공유한 세계관으로 접근하는 전략이 그 어느 때보다 중요해질 것으로 예상된다.

은퇴

Chapter 12

1. 은퇴의 개념

은퇴는 개인의 일생에 있어 가장 중요한 전환점으로 하나의 사건이나 계기로 사회적 직위와 변화를 의미하는 점진적인 하나의 과정이다. 은퇴의 정의와 개념은 학자들마다 조금씩 차이가 있다. 사전적 의미로 '퇴직'이란 현재 직업에서 물러나는 것을 뜻하며, '은퇴'는 직무상 맡은 책임, 사회활동에서 손을 떼고 한가히 지냄을 의미한다(최문정, 2005). 장은정(2005)이 정의한 은퇴란 경제활동과 사회활동이 있었음이 전제되어야 하고, 재취업의사가 없어야 한다고 하였고, 한국노동패널조사(Korea Labor and Income Panel Study)에서 '은퇴'는 소득 활동을 그만두고 현재 일을 하고 있지 않거나 소일거리 정도의 일을 하는 경우를 말하며 앞으로도 소일거리 정도의 일 말고는 다른 일을 할 의사가 없는 상태라 규정하였다(신현구, 2007).

은퇴의 의미는 받아들이는 개인마다 다를 수 있다(주재영, 2010). 은퇴를 새로운 삶의 시작으로 생각하고 미리 준비하였던 개인에게 은퇴란 원하는 것을 할 수 있게 되는 시간이 될 수 있지만 미리 준비하지 않은 상태에서 갑작스럽게 맞이하는 개인은 경제적 어려움을 겪게 되며 사회적 지위나 역할 상실로 인하여 부정적인 시간을 가지게 될 가능성이 높다.

애칠리(Atchley)는 은퇴를 은퇴자로서의 사회적 역할을 수행하는 하나의 연속적 과정으로 보고 7단계의 은퇴가 이루어지는 단계를 제시했다.

① 먼 단계(remote phase)이다. 은퇴 이전에 맞이하게 되는 이 단계에서는 사람들이 은퇴에 대한 준비를 하지 않고 있으며, 은퇴라는 사건을 믿지 않으려고 한다.

② 근접단계(near phase)이다. 두 가지 현상이 나타나는데 대부분 곧 그만두려는 태도(shorttimer's attitude)를 보이거나 은퇴 후 생활의 환상에 빠지게 된다. 이때 환상이 현실적이라면 은퇴생활의 전이를 쉽게 해주지만 비현실적이라면 전이를 어렵게 하고 환멸을 경험하게 하는 결과를 초래할 수 있다.

③ 밀월단계(honeymoon phase)이다. 은퇴한 사람이 의무적이며 시간 제약적인 직업 활동에서 벗어나게 되어 도취된 시기를 맞는 단계이다. 이 단계는 그동안 하고 싶었지만 시간이 부족해 못했던 일들을 하려고 할 것이며, 오랜 시간 동안 관심을 가졌던 흥미나 여가활동에 대부분의 시간을 소비하게 된다. 이 단계는 경제적 지출이 요구되므로 경제적으로 넉넉하지 못한 사람들은 밀월의 단계를 갖지 못한 채 바로 안정의 단계로 들어가게 되며 환멸의 단계에서 은퇴했거나 강제적으로 은퇴한 경우에도 밀월단계를 거치지 않는다고 한다.

④ 환멸단계(disenchantment)단계이다. 밀월단계를 벗어난 사람도 거의 안정의 단계에 들어가지 못한 채 은퇴 전에 가지게 되는 이상은 환상에 불과하다는 것을 깨달아 생활이 침체되고 환멸을 느끼고 우울한 상태로 빠지게 되며 절망감을 겪기도 한다.

⑤ 재지향의 단계(reorientation phase)이다. 환멸을 느낀 사람들이 대부분 한계성, 재정상태, 어떠한 특정한 일의 실천가능성을 재검토하여 비교적 정확한 현실을 인식하게 된다. 이 단계의 주요 목적은 안정적이면서 비교적 예측이 가능하고 만족스러운 생활양식을 정립하여 실현적인 선택을 하는 데 있다.

⑥ 안정단계(stability phase)이다. 안정단계는 은퇴자가 변화를 처리할 수 있는 기준을 확립했을 때 도달하게 된다. 안정을 얻은 사람은 자기충족적이고 자율적인 성인으로 진지한 일에 종사하게 된다.

⑦ 종결단계(termination phase)이다. 은퇴자 역할이 중단되는 단계인데 재취업을 하게 됨으로써 은퇴자의 역할이 중단되기도 하지만 질병이나 무능력으로 대부분이 더 이상 자기보호 같은 기본적이고 중요한 활동을 수행하지 못하게 됨으로써 은퇴자 역할은 환자의 역할로 뒤바뀌게 된다. 따라서 독립성을 상실하게 되며 의존성이 계속 증가하게 된다(김혜경, 1988).

2. 최신 은퇴 관련 이슈

1) 욜로족과 파이어족

저성장·고실업·불확실성 시대를 살아가고 있는 젊은이들의 삶의 풍속도가 바뀌어가고 있다. n포 세대부터 비계인(비정규직, 계약직, 인턴의 줄임말)까지 청년들의 애환을 담은 수많은 신조어들이 쏟아지고 있는데 그 중에 YOLO족과 FIRE족이 있다.

욜로(YOLO : You Only Live Once의 줄임말)는 '인생은 한 번뿐이니 하고 싶은 것을 하고 즐기자'라는 뜻으로 '지금을 즐기자'라는 뜻의 '카르페 디엠(Carpe Diem)'과 비슷하다. 2011년 캐나다의 힙합 가수인 드레이크의 'The Motto'라는 곡의 가사에 "You only live once, that's the motto, ni-a yolo"라는 내용이 있는데 현재를 중시하는 2030세대의 가치관과 부합하여 전 세계의 젊은이들에게 퍼져 나갔다.

욜로(YOLO)족은 미래의 가치를 위해 현재를 희생하지 않고 향유하고 싶은 문화나 소비를 꼭 해야만 하는 소비층으로 결혼, 주택구입 등이 어려워져 현재의 나와 한번뿐인 내 인생의 즐거움을 위해 적극적으로 투자한다. 건강보다 맛있는 음식을 찾아다니고, 독신을 주장하는 사람들이 많으며, 평생 벌어도 주택을 구입하기 어려워 월세를 살면서도 외제 승용차를 타고 다니는 사람도 있으며, 휴가철에는 1년 동안 모은 돈으로 친구들과 해외여행을 다닌다.

한편 이와 대비되는 '파이어족(FIRE : Financial Independence Retire Early)'도 등장하였는데 소비를 극단적으로 줄이고 저축과 투자에 몰두하는 밀레니얼세대(1981~1996년생)로 '경제적 자립(Financial Independence)'과 '조기 은퇴(Retire Early)'가 삶의 목표다. 파이어족은 1990년대 미국에서 처음 등장하여 2008년 미국의 리먼 사태로 촉발된 글로벌 금융위기 이후 미국을 중심으로 영국, 호주, 네덜란드 등 전 세계로 확산되었다.

이들은 주로 고학력 · 고소득자를 중심으로 확산되고 있으며 '짧게 벌고 적게 쓰기'를 철학으로 삼으며 늦어도 40대가 끝나기 이전에 조기 은퇴를 꿈꾼다. 극단적으로 소비를 줄이는 짠돌이형으로 퇴근 후 친구와 만나 술 한잔하는 일이 없으며, 안 먹고 안 쓰고 안 입는 대신 주식, 부동산, 창업, 갭투자 등 다양한 방법으로 돈 벌기에 열중한다. 주말이나 휴가 등 남는 시간이 있으면 투잡(two job)이나 파트타임(part time job)을 적극적으로 실천하고 돈 때문에 직장에 얽매이는 삶을 거부한다.

인생을 살아가는 방식이 개인의 가치관과 국가의 정치 · 경제 · 사회 · 문화적인 상황에 따라 다를 수 있으므로 욜로족과 파이어족 중 어느 쪽이 올바르다고 할 수는 없지만 생애설계 측면에서 극단적으로 치우친 이 두 부류는 삶의 방식을 조금 변경해야 한다. 생애설계의 영역 중 재무, 사회적 관계, 여가/취미 등의 측면에서 비교하여 보면 다음과 같은 문제점이 있다.

첫째, 재무적인 측면에서 보면 욜로족은 미래의 노후를 위한 대비가 부족하다. 현재를 즐기면서 살다 보면 돈의 씀씀이가 커지고 노후를 위한 저축이 뒷전으로 밀려 퇴직 후 30년 이상의 노년기가 암울해진다. 미래가 불확실하다고 해서 미래를 준비하지 않는 것은 더 위험한 일이다. 반면 파이어족은 조기 은퇴 후의 안정적인 삶을 준비하는 것은 고령사회를 살아가는 젊은 세대로서 바람직하지만 돈을 벌어들이는 행위 자체가 불법이거나 反사회적인 경우가 아닌지 스스로 경계해야 한다.

　둘째, 파이어족은 장년층이 되면 사회적 관계가 문제가 된다. 젊어서부터 소비를 극단적으로 줄이기 때문에 사교적인 모임이 없어 인간관계가 소홀해진다. 목표한 수준의 경제적인 부를 축적하고 조기 퇴직을 하게 되더라도 옆에 사람이 없어 인생 후반전이 외롭다. 사람의 관계는 계속하여 이어지지 않으면 단절되기 마련이며 장년이 되어서는 젊었을 때처럼 순수하고 진실한 새로운 사람을 만나기가 쉽지 않다. 옛말에 "열 길 물속은 알아도 한 길 사람 속은 모른다"고 하였다.

　셋째, 생애설계에서 여가/취미 부분도 상당히 중요한 영역인데 파이어족은 조기 퇴직 후의 여가와 취미생활에 어려움을 겪을 수 있다. 여가나 취미활동은 학생에서 30대 중반까지 확대되고 나이가 들어감에 따라 폭과 깊이가 축소되는데 젊어서 여가나 취미활동을 전혀 하지 않는다면 근력과 민첩성이 점차 감소하여 조기 퇴직 후 50대에 새로운 취미생활을 시작하기가 쉽지 않다는 것이다. 오늘 1,000미터 조깅도 힘들어 하는 사람이 내일 마라톤을 할 수는 없지 않은가?

　욜로족(YOLO)과 파이어족(FIRE)은 삶의 방식은 서로 다르지만 삶의 목적은 행복으로 같을 것이라 생각한다. 생애설계 관점에서 보면 행복의 조건으로 건강, 재무, 가족 및 사회관계, 커리어, 여가 및 취미 등 여러 부문이 있으며 이들의 적정한 조합으로 이루어진다. 어느 하나라도 완전히 배제한 상태에서는 고령사회를 살아가는 노년기의 삶이 행복하지 않다. 그러므로 욜로족이든 파이어족이든 노년기의 행복을 위하여 극단적으로 치우치지 않는 현명한 삶을 살아가야 할 것이다.

2) 최신 욜로족과 파이어족 이슈

(1) 욜로족의 종말

　그동안 성행했던 '욜로(YOLO) 라이프'에 대해서는 회의적인 시각이 커지고, 실현 불가능하다는 인식이 커진 모습이다.

　엠브레인 트렌드모니터가 전국 만 19~59세 성인 남녀 1,000명을 대상으로 '욜로(YOLO)' 라이프 관련 인식 조사를 실시한 결과, 대다수가 요즘 그 어느 때보다 '나 자신'이 중요하다는 생각을 하며(77.8%), 무엇보다도 내 행복을 우선시하려고 한다(73.7%)고 응답했다.

　그래서인지 자기 자신을 위해 투자하려는 성향도 강해 보였다. 소비자의 87.8%가 쓸 땐 쓰고 '나'를 위해 투자할 땐 확실히 투자하면서 살고 싶다는 바람을 내비친 것이다. 그렇다면 요즘 사람들이 자기 자신을 위해 투자하고 있는 대상은 무엇일까? 가장 우선적으로 꼽히는 것은 '건강관리'(49.4%, 중복응답)와 자신만을 위한 '쇼핑'(41.1%)이었다.

　40~50대 중장년층은 개인의 건강관리를, 20~30대 젊은층은 쇼핑을 더 중요하게 생각하는 모습이었다. 또한 최근 재테크에 대한 사회적인 관심을 보여주듯 스스로를 위해 재테크 공부를 하는 사람들(17년 25% → 21년 39.1%)이 크게 증가한 것도 눈에 띄는 부분이었다. 그 밖에 자기 자신을 위해 특별하고 맛있는 먹을거리(36.1%)와 운동(31.6%), 다양한 뉴스 습득(30%)에 투자하는 사람들도 많은 편이었다.

　최근 자신이 가치를 두는 제품이 있다면 다소 비싸더라도 과감히 투자하는 '가치 소비'의 성향이 강해진 것도 현재의 삶과 자기 자신을 중요하게 생각하는 태도와 연관지어 살펴볼 수 있었다. 소비자의 63.8%가 가치 소비의 경험이 있다고 응답한 것으로, 특히 중장년층보다는 20~30대 젊은층이 자신의 취향과 가치관을 대변하는 제품을 적극적으로 소비하는 경향(20대 73.2%, 30대 72.8%, 40대 56%, 50대 53.2%)이 두드러지는 모습이었다.

　다소 비싸더라도 '나를 위해' 과감하게 투자한 품목으로는 여행(43.4%, 중복응답)과 IT/전자제품(42.9%)을 주로 많이 꼽았다. 상대적으로 여성은 여행에 많은 돈을 지불하는 반면, 남성은 IT/전자제품에 고비용을 투자하는 성향이 강한 편이었다. 또한 고연령층일수록 여행을 가치 소비의 품목으로 인식하는 경향(20대 35.5%, 30대 45.1%, 40대 44.3%, 50대 51.1%)이 강한 것도 눈에 띄는 부분이었다. 그다음으로 음식/먹을거리(37.9%)와 의류(36.4%), 패션잡화(33.5%), 공연관람

(28.5%)을 위해 기꺼이 비싼 비용을 지불하는 소비자도 많이 찾아볼 수 있었다.

물론 욜로족으로 살고 싶은 마음이 없는 것은 아니었다. 기본적으로 전체 응답자의 65%가 우리나라에는 욜로 라이프를 꿈꾸는 사람들이 많다고 바라봤으며, 10명 중 6명(58.2%)은 스스로 욜로 라이프를 즐기고 싶다는 바람을 내비쳤다. 그러나 2017년 조사와 비교했을 때 욜로 라이프를 즐기고 싶어하는 마음이 전체적으로 옅어졌으며(17년 66.1% → 21년 58.2%), 특히 이런 변화가 20대(17년 75.6% → 21년 55.2%)와 30대(17년 66.4% → 21년 59.6%)에서 매우 뚜렷하다는 점이 의미심장하다 할 수 있다.

현재의 만족을 위해서만 소비를 하는 욜로 라이프를 지양하는 태도가 젊은층을 중심으로 커졌다는 해석을 가능하게 하기 때문이다. 게다가 마음만 먹으면 지금 당장이라도 욜로 라이프에 가까운 삶을 살 수 있다고 말하는 응답자도 29.4%에 불과했다.

그렇다면 왜 욜로 라이프를 지향하는 태도는 옅어지고, 실현 가능하지 않다고 보는 시각이 강한 것일까? 가장 근본적인 이유는 미래에 대한 불안감인 것으로 보여졌다. 노후 준비에 대한 부담감과 불안감이 크기 때문에(62.4%, 중복응답) 욜로 라이프의 실현이 어렵다고 보는 시각이 단연 많은 것이다. 이러한 시각은 2017년에 비해 더욱 커진 것으로(17년 51.5% → 21년 62.4%), 최근 코로나 시대를 맞아 미래에 대한 불안감이 더욱 높아졌다는 생각도 해볼 수 있었다. 이와 더불어 왠지 모를 불안감과 두려움 때문에(17년 25.9% → 21년 34.4%) 욜로 라이프가 어렵다는 의견도 더 많아졌다. 그 밖에 적은 규모의 소득(46.3%)과 책임져야 할 식구(33%), 불안정한 소득(32.9%)을 원인으로 꼽는 시각도 적지 않았다.

다른 한편으로 경제적 어려움이 욜로 라이프에 대한 기대감을 낮추고 있다는 생각도 해볼 수 있었다. 10명 중 8명 이상(82.7%)이 공감하는 것처럼 욜로 라이프는 결국 '돈'이 있어야 누릴 수 있는 것이지만, 현재 개개인의 경제적 상황은 물질적인 여유로움과는 거리가 멀기 때문이다.

특히 욜로 라이프를 가장 원할 법한 20대가 욜로 라이프도 결국 돈이 있어야 가능하다는 생각(20대 86.8%, 30대 83.2%, 40대 78.8%, 50대 82%)을 많이 하고 있다는 사실을 통해서 최근 젊은 세대의 욜로 라이프에 대한 바람이 옅어지는 이유를 확인해 볼 수 있었다.

전체 응답자의 75.3%가 욜로 라이프는 소비의 문제가 아니라 '가치관'의 문제라고 지적한다는 사실에서 그 해답을 찾을 수 있을 것으로 보인다. 현재 한국사회는 욜로를 너무 소비지향적인 관점에서만 바라보는 시각이 강한데, 이를 가치관의 문제로 받아들인다면 앞서 살펴본 것처럼 현재의 행복을 중시하고 나를 위해서 가치 소비를 하는 경향과도 충분히 부합할 수 있기 때문이다. 기본적으로는 욜로 라이프가 사람들에게 새로운 삶의 가치관을 제시한다고 생각하는 사람들(61%)도 많았다.

한편 욜로 뒤를 잇는 투자 열풍은 미래를 위해 시간을 쓰는데 그래서 개인 자기개발에 돈과 시간을 쓰는 2030세대가 굉장히 많이 늘어났다. 그래서 자기 일상의 루틴을 이렇게 관리하는 앱들의 이용이 높고 그것도 일종의 자기 개발을 생각하는 것이다. 또 하나는 투자 현상이다.

즉 욜로와 소확행을 외치며 취미생활과 자기계발 등 당장 하고 싶은 일에 돈을 아낌없이 쓰던 이들이 이제는 미래를 대비하겠다며 재테크를 공부하고 있다. 코로나 19로 인해 주식시장의 새로운 세력으로 등극했다. 서점에는 재테크 관련 도서들이 넘쳐나고 있고, 유튜브 경제 채널의 구독자 역시 폭발적으로 증가하고 있다. 그들은 다시 미래의 불투명한 나의 모습에 더 관심을 갖게 됐고, 욜로보다는 미래에 대한 투자로 이동하고 있는 것으로 보인다. 중요한 것은 적어도 이제는 욜로의 뜻을 흥청망청 돈을 모으지 않고 쓰는 것으로 해석하지 않고 각자의 목표와 인생에 맞게 변해가는 것으로 해석해 가고 있다는 것이다.

(2) 워너비 파이어족

은퇴에 대한 가치관도 세대교체가 일어나고 있다. 과거 자산관리에 대한 인식이 낮았던 부모세대의 경우 최대한 은퇴 시점을 늦추고 저축을 통해 노후를 준비하려는 입장이었다면, 최근 'MZ세대'라 일컬어지는 2030세대는 투자를 통해 모은 자산을 바탕으로 조기 은퇴 후 인생을 즐기겠다고 말한다.

이러한 경제적 자유를 통해 조기 은퇴를 바라는 사람들은 소위 '파이어(FIRE) 족'이라 불린다. 얼핏 듣기로는 유명 영화의 등장인물이 '한곳에 1억을 태우는' 것처럼 위험을 무릅쓰고 수익을 쫓는 '하이 리스크-하이 리턴' 투자를 고수하는 투자자처럼 받아들여지지만, 실제 극단적인 저축을 통해 조기 은퇴를 준비하는 사람들을 뜻한다.

파이어(FIRE)란 '경제적 자립, 조기퇴직(Financial Independence, Retire Early)'의 첫 글자를 따서 만들어진 신조어다. 고소득·고학력 전문직을 중심으로 지출을 최대한 줄이고 저축 등을 통해 재정적 자립을 추구하는 것을 말한다. 1990년대 미국에서 시작돼 2008년 글로벌 금융위기 이후 사람들 사이에 확산됐다. 초기 미국의 파이어족들은 30대 말이나 40대 초반을 조기 은퇴 시점으로 삼고 20대부터 허리띠를 졸라매는 '저축'으로 은퇴자금을 마련했다. 수입의 절반 이상을, 많으면 70%까지 저축에 쏟아부은 것으로 알려졌다.

BBC에 따르면 1990년대 미국에서 시작된 '파이어운동'은 전통적인 사회보장 제도가 붕괴되고 경제 불황이 지속되는 상황에 부모 세대인 베이비붐 세대가 은퇴 후에도 경제적인 어려움을 겪는 것을 본 밀레니엄세대(1980~2000년 초반 출생)들이 주목하기 시작했다.

파이어족은 이른 은퇴의 선행 조건을 재정적 자립에 둔다. 이를 위해 불필요한 소비에서 벗어나야 하며, 은퇴 이후에도 여유로운 생활보다는 안정적인 삶을 누리는 것이 우선되는 가치다.

조기 은퇴 후 안정적인 생활을 추구한 미국 본토 파이어족과는 달리 한국의 파이어족(K-파이어족)은 조기 은퇴를 추구하지만 은퇴 이후 삶도 즐길 수 있는 여유로운 재정이 뒷받침되길 바란다. 파이어족이 국내에서 부상하기 이전 2030 세대를 관통한 키워드가 '욜로(YOLO)'였던 만큼, 은퇴 이후 인생을 즐길 수 있는 수준의 자금이 갖춰져야 한다는 것이다.

때문에 K-파이어족이 은퇴 자금을 마련하는 방법은 '저축'보다 '투자'에 집중돼 있다. 마침 지난해 코로나19로 인한 증시 변동성에 주식시장으로의 자금 유입이 대거 이뤄지면서 투자 성공 사례를 쉽게 접할 수 있게 된 시대적 상황도 영향을 끼쳤다. 여기에 소위 '한방'을 통해 인생 대역전을 도모할 수 있는 '코인' 투자까지 선택지에 둘 수 있게 되자 주식과 코인 상승장을 통해 조기 은퇴 자금을 마련하려는 K-파이어족이 급증했다.

전문가들은 MZ세대의 경우 부의 축적이 갈수록 어려울 것으로 보는 가운데, 노후에 대해 국가와 사회에 의존하지 않고 스스로 준비해야 한다는 인식이 저변에 자리 잡은 것으로 보고 있다. 이 때문에 은퇴 자금의 마련 방법으로 주식투자 등 위험선호 투자에 적극적으로 접근하는 것으로 판단된다.

미국의 파이어족은 '25배의 법칙'을 조기 은퇴 전제조건으로 본다. 미국의 영상 제작자이자 작가인 스콧 리킨스가 쓴 저서 『파이어족이 온다』의 내용에 따르면 "연 생활비 지출의 25배를 저축하면 은퇴 준비가 가능하다"고 말한다. 1년 생활비가 5,500만 원이라면 13억 7,500만 원을 모아야 한다. 이 돈을 부동산이나 주식에 투자해 연 5%의 수익(6,875만 원)이 난다고 가정하면 4%(5,500만 원) 정도만 생활비로 사용해도 물가상승률과 시장하락에 대비할 수 있다는 것이다. 책에서는 이 4%를 '안전한 인출률'이라고 부르는 '4%의 법칙'이라 소개하며, 트리니티대학의 연구를 기초로 했다고 설명했다. 은퇴자가 원금을 사용하지 않는 범위에서 매년 인출할 수 있는 금액을 결정할 때 사용한다.

조기 은퇴를 위한 방법으로는 첫째, 소득의 70% 이상을 저축하기 위한 근검절약 둘째, 지출을 줄이는 데 한계가 있다면 투자 등을 통해 부가 소득을 올려야 한다.

여기에 노후 준비의 3가지 요소가 모두 포함돼 있다. 즉 '저축을 많이 한다. 운용수익률을 높인다. 일하는 기간을 줄인다'이다. 아무리 뛰어난 경제학자라도 이 셋의 범주를 벗어나서 조언을 해줄 수가 없다. 한 가지가 더 있다면 타인의 힘을 빌리는 것으로 부모나 제3자로부터 상속이나 증여를 받는 방법이 있다.

저축을 많이 하고 운용수익률을 높여 일하는 기간을 줄이는 방법을 극단적으로 실천하려는 집단이 파이어족이다. 하지만 그 반작용도 봐야 한다. 현재의 지출을 극단적으로 줄여야 하고 투자 위험도 감수해야 한다. 현재의 지출을 줄이다 보면 자신에게 투자하지 않아 직장에서 뒤처져 임금이 오르지 않게 된다. 혹은 위험한 투자의 결과로 운용 성과가 오히려 낮아질 수 있다. 자칫하면 재정 독립을 이루기 위해 더 오래 일해야 하는 사태가 발생한다.

파이어족의 부작용? '자신에 대한 소홀' 부추긴다

젊었을 때 소비를 극단적으로 줄여 조기 은퇴를 꿈꾸는 사람들을 '파이어족'이라고 한다. 우리나라에서도 지난해 청년 세대를 주축으로 열풍이 불었다. 하지만 부작용도 있다. 허리띠를 졸라매느라 자신을 돌보지 못한다는 것이다.

미국의 한 33세 여성 그웬 메르츠는 10년 전 '35세까지 약 63만 달러를 벌어 조기 은퇴하는 것'을 목표로 삼고 과도한 절약에 돌입했다. 연봉은 한 번도 8만 달러를 넘긴 적이 없었지만 건강 저축 계좌(HSA), 확정기여형 기업연금제도(401K) 등을 적극 활용해 5년 만에 20만 달러를 저축했다. 그는 "소득의 70%를 저축하는 등 정말 열심히 노력했다"고 말했다.

하지만 메르츠는 이제 파이어족의 부작용을 토로하고 있다. 그는 "어렸을 때 '돈 쓰는 법'을 배우지 못하면 어려움에 봉착할 것"이라며 "내 주변 사람들은 나와 달리 자신에게 투자하는 것을 두려워하지 않았다. 스스로를 방치하면서까지 힘들여 절약하는 내 자신의 행동에 의문이 들었다"고 말했다.

이어 "옷조차 중고로 구매하거나 친구에게 빌리는 나날이 반복되면서 정작 나에게 어떤 스타일이 어울리는지도 몰랐다"며 "과도한 저축에서 벗어나면서, 그제야 내 삶이 얼마나 제한되고 있었는지 깨달았다. 물론 절약하는 과정에서 경제생활 습관을 들이는 등 많은 혜택도 얻었지만, 그만큼 피해도 컸다"고 덧붙였다.

이후 그는 극단적 절약에서 벗어났다. 지금도 저축 습관은 지니고 있지만, 자신의 욕구를 불필요하게 억제하지는 않는다. 메르츠는 "페달을 덜 밟음으로써 유연성을 얻었다"며 "파이어족을 꿈꾸는 사람들에게 '조기 은퇴를 꿈꾸는 이유'에 대해 심사숙고할 것을 권한다. 무엇으로부터 은퇴하는지, 또 어떤 것을 향해 은퇴하는지 고민하라"고 말했다.

출처 : 포춘코리아(2023.11.29.)

참/고/문/헌

국내문헌

구명진 · 김난도 · 김소연 · 나종연 · 여정성 · 최현자(2015). 소비 가치 측정을 위한 척도개
　　발 연구. 소비자학연구. 26(6): 235-266.

권미화 · 이기춘(2000). 청소년소비자의 소비행동의 합리성에 영향을 미치는 요인. 한국가
　　정관리학회지. 18(2): 175-190.

미래창조과학부 미래준비위원회 · KISTEP · KAIST(2017). 10년 후 대한민국: 4차 산업혁명
　　시대의 생산과 소비. 지식공감.

미래창조과학부, 한국과학기술기획평가원(2016). 이슈분석 : 4차 산업혁명과 일자리의 미래.

박명희 · 송인숙 · 손상희 · 이성림 · 박미혜(2006). 생각하는 소비문화. 교문사.

박재흥(2009). 세대명칭과 세대갈등 담론에 대한 비판적 검토. 경제와사회, pp.10-34.

변영순 · 옥지원(2008). 여대생의 지각된 건강상태와 건강증진행위에 대한 연구. 지역사회
　　간호학회지. 19(4): 715-723.

서여주(2018). 소비자중심경영(CCM) 인증의 공신력이 소비자 성과에 미치는 영향에 관한
　　연구-신호이론의 접근을 통해. 고객만족경영연구. 20(3): 1-25.

서여주(2019). 고객서비스 능력 향상을 위한 고객응대실무(개정판). 백산출판사.

서여주(2020). 개인, 상황, 관계를 중심으로 한 인간심리. 백산출판사.

서여주(2021). 소비와 시장(2판). 백산출판사.

손광표 · 황원경(2021.09). 소비자가 본 ESG와 친환경 소비 행동. KB금융지주경영연구소.

양건열(2003). 소비: 나는 소비한다. 고로 존재한다. 시공사.

양윤 · 이은지(2002). 남녀 대학생의 가치체계와 제품속성의 중요도에 관한 인식 비교. 한국
　　심리학회지: 소비자 · 광고. 3(1): 63-87.

양윤(2014). 소비자심리학. 학지사.

우리금융경영연구소(2021). MZ세대가 주도하는 금융업의 미래.

원종현 · 정재은(2015). 소비 가치에 따른 1인 가구 세분화와 구매행동-Sheth의 소비 가치
　　이론을 중심으로. 소비자학연구. 26(1): 73-99.

월드데이터랩. GEN Z trend. https://worlddata.io

윤소영(2002). 우리나라 부부의 가계에 대한 경제적 기여도 평가를 위한 총노동시간 및 노
　　동분담률 분석. 대한가정학회지. 40(8): 23-36.

이명진(2005). 한국 2030 신 세대의 의식과 사회 정체성(Vol. 38). 삼성경제연구소.

이상률(1997). 문화와 소비. 문예출판사.

이상률(2015). 소비의 사회: 그 신화와 구조. 문예출판사.

이세준·이윤준·홍정임(2008). 통합적 미래연구방법론의 탐색 및 적용. 과학기술정책연구원.

이승신·김시월(2004). 소비자, 그리고 소비문화. 신정.

이은희·유현정·이준영(2017). 소비트렌드의 이해와 분석. 교문사.

장은지·김기옥(2018). 현대 소비자의 소비 가치는 소비상황에 따라 다르게 작용하는가?-
　　　여대생 소비자의 소비지향성과 소비목적에 따른 4가지 소비상황을 중심으로. 소
　　　비자학연구. 29(1): 83-107.

한경혜(2008). 라이프코스 관점에서 본 은퇴경험의 남녀차이. 한국사회학. 42(3): 86-118.

함인희·이동원·박선웅(2001). 중산층 정체성과 소비문화. 집문당.

허석재(2015). 세대연구의 경향과 쟁점. 미래정치연구. 5(1): 21-47.

홍승후(2001). 프로선수의 은퇴 태도에 관한 연구. 한국사회체육학회지. 16: 709-726.

IBM 기업가치연구소(2021). Z세대의 쇼핑 트렌드.

KPMG(2021.06.10). 변화하는 소비자와 글로벌 소비트렌드.

국외문헌

Atchley, R. C.(1982). Retirement as a social institution. Annual review of sociology. 8(1): 263-287.

Bandura, A.(1997). The anatomy of stages of change. American journal of health promo-
　　　tion: AJHP. 12(1): 8-10.

Belloc, N. B., & Breslow, L.(1972). Relationship of physical health status and health
　　　practices. Preventive medicine. 1(3): 409-421.

Bocock, R.(1996). The Cultural Formations of Modern Society, în Stuart Hall. David Held,
　　　Dan Hubert [i Kenneth Thompson, editori, 1996: 149-183.

Corrigan, P.(1997). The sociology of consumption: An introduction. Sage.

Gutman, J.(1982). A means-end chain model based on consumer categorization processes.
　　　Journal of marketing. 46(2): 60-72.

Hobbes, T.(1972, 1651). Leviathan. London: Fontana.

Holbrook, M. B.(1999). Introduction to consumer value. Consumer value: A framework
　　　for analysis and research. pp.1-28.

Janz, N. K., & Becker, M. H.(1984). The health belief model: A decade later. Health edu-
　　　cation quarterly. 11(1): 1-47.

Jung, G.(1961). Methods in Experimental Physics.

Kahle, L. R.(1986). The nine nations of North America and the value basis of geographic segmentation. Journal of Marketing. 50(2): 37-47.

Kasl, S. V., & Cobb, S.(1966). Health behavior, illness behavior and sick role behavior: I. Health and illness behavior. Archives of Environmental Health: An International Journal. 12(2): 246-266.

Kurzweil, R.(2006). The singularity is near. London, UK: Gerald Duckworth & Co. Ltd.

Leiss, W.(1983). The icons of the marketplace. Theory, Culture & Society. 1(3): 10-21.

Mannheim, K.(1952). The Problem of a Sociology of Knowledge. pp.134-190.

Marias, J.(1970). Generations, a historical method.

McCrae, R. R., & Costa, P. T.(1987). Validation of the five-factor model of personality across instruments and observers. Journal of personality and social psychology. 52(1): 81.

Miller, D.(1987). Material culture and mass consumption. Vol. 3. Oxford: Blackwell.

Nash, L. L.(1978). Concepts of existence: Greek origins of generational thought. Daedalus. pp.1-21.

Quick, H. E., & Moen, P.(1998). Gender, employment and retirement quality: A life course approach to the differential experiences of men and women. Journal of occupational health psychology. 3(1): 44.

Rokeach, M.(1973). The nature of human values. Free press.

Rosenstock, I. M.(1974). The health belief model and preventive health behavior. Health education monographs. 2(4): 354-386.

Rousseau, J.J.n(1984, 1755). A Discourse on Inequality. London: Penguin.

Sheth, J. N., Newman, B. I., & Gross, B. L.(1991). Why we buy what we buy: A theory of consumption values. Journal of business research. 22(2): 159-170.

Veblen, T.(1912, 1899). The Theory of the Leisure Class. New York: Macmillian.

Vinson, D. E., Scott, J. E., & Lamont, L. M.(1977). The role of personal values in marketing and consumer behavior. Journal of marketing. 41(2): 44-50.

Zeithaml, V. A.(1988). Consumer perceptions of price, quality, and value: A means-end model and synthesis of evidence. Journal of marketing. 52(3): 2-22.

저자
약력

서여주

이화여자대학교 일반대학원 경영학 석사
이화여자대학교 일반대학원 소비자학 박사

前 IDS & Associates Consulting 컨설턴트
　　경기연구원 연구원
　　한국직업능력개발원 연구원
　　과학기술정책연구원 부연구위원

現 알토스랩 대표
　　가천대, 강남대, 단국대, 을지대, 한양대 외래교수
　　우송대, 한남대 겸임교수

서여주 박사는 소비자에 집중된 수많은 이슈들에 관심을 가진 학자로서 최근에는 소비자가 인식하고 있는 기업의 가치, 즉 진정성(authentic)에 관한 연구를 중점적으로 진행하고 있다. 2016년 소비자정책교육학회와 2018년 고객만족경영학회에서 우수 논문상을 수상하였다. 소비자행동, 소비자심리 및 문화 그리고 소비자정책에 관하여 학계는 물론 실무적 영역에서 선도적인 문제제기를 하고 있다. 대학에서는 기업과 소비자에 대한 명확한 이해를 바탕으로 강의를 진행하면서, 소비자 중심적인 시각에서 소비자 만족과 효용을 극대화하는 가교역할을 담당하고 있고, 기업이 소비자 니즈를 재빨리 확인할 수 있는 소비행동에 대한 다양하고 심층적인 정보를 수집·가공하여 소비자 후생향상에 기여할 수 있는 정책연구 또한 꾸준히 개발하고 있다.

대표 저서로는 『고객서비스 능력 향상을 위한 고객응대실무』, 『소비자행동과 심리』, 『소비와 시장』, 『소비와 프로모션』, 『소셜 미디어와 마케팅』, 『ESG를 생각하는 소비와 소비자』, 『365 글로벌 매너 : 당신의 결정적 차이를 만들어 줄 법칙』 등이 있다.

저자와의
합의하에
인지첩부
생략

소비자 그리고 라이프스타일

2022년 2월 25일 초 판 1쇄 발행
2022년 8월 15일 제2판 1쇄 발행
2024년 8월 31일 제3판 1쇄 발행

지은이 서여주
펴낸이 진욱상
펴낸곳 (주)백산출판사
교 정 성인숙
본문디자인 오행복
표지디자인 오정은

등 록 2017년 5월 29일 제406-2017-000058호
주 소 경기도 파주시 회동길 370(백산빌딩 3층)
전 화 02-914-1621(代)
팩 스 031-955-9911
이메일 edit@ibaeksan.kr
홈페이지 www.ibaeksan.kr

ISBN 979-11-6567-907-1 93320
값 23,000원